中国外语教育研究

主编：文秋芳

中国英语学习者
L2句法发展研究

戴曼纯等　著

外语教学与研究出版社
FOREIGN LANGUAGE TEACHING AND RESEARCH PRESS
北京　BEIJING

图书在版编目(CIP)数据

中国英语学习者 L2 句法发展研究／戴曼纯等著. — 北京：外语教学与研究出版社，2012.12
(中国外语教育研究丛书／文秋芳主编. 二语习得研究)
ISBN 978-7-5600-8542-5

Ⅰ. ①中…　Ⅱ. ①戴…　Ⅲ. ①英语—句法—研究　Ⅳ. ①H314.3

中国版本图书馆 CIP 数据核字（2012）第 296445 号

悠游网—外语学习 一网打尽
www.2u4u.com.cn
阅读、视听、测试、交流、共享
提供海量电子文档、视频、MP3、手机应用下载！

出 版 人：蔡剑峰
责任编辑：杨雅琼
封面设计：袁　璐
出版发行：外语教学与研究出版社
社　　址：北京市西三环北路 19 号（100089）
网　　址：http://www.fltrp.com
印　　刷：北京京科印刷有限公司
开　　本：650×980　1/16
印　　张：13.5
版　　次：2012 年 12 月第 1 版　2012 年 12 月第 1 次印刷
书　　号：ISBN 978-7-5600-8542-5
定　　价：29.80 元
＊　　＊　　＊
购书咨询：(010)88819929　　电子邮箱：club@fltrp.com
如有印刷、装订质量问题，请与出版社联系
联系电话：(010)61207896　　电子邮箱：zhijian@fltrp.com
制售盗版必究 举报查实奖励
版权保护办公室举报电话：(010)88817519
物料号：185420001

该项研究得到国家哲学社会科学基金的资助（项目批准号为04BYY041）。

总　序

　　二语习得研究于上个世纪 60 年代成为一门独立学科。中国大陆二语习得研究开展相对较晚，始于上个世纪 80 年代末。我国早期的二语习得研究项目少、人员少、领域狭窄。发展到现在，我国二语习得研究队伍已初具规模，研究内容日趋丰富——既研究学习者内部因素、又研究学习者外部因素，既研究学习结果、又研究学习过程；研究视角日趋全面——逐步从认知视角拓展到社会文化视角；研究方法日趋多元——既使用量化方法，又使用质化方法或混合法。进入新世纪后，我国二语习得研究发展尤为迅速。2003 年在广东外语外贸大学召开了我国首届二语习得研究学术会议，2005 年至 2008 年间又分别在南京大学、北京外国语大学、苏州大学、华中科技大学召开了第二、三、四、五届学术会议，2008 年还举办了亚太地区二语习得研究论坛。更为可喜的是，我们已经正式成立了中国二语习得研究的学术团体，并建立了自己的网站（www. L2China.com）。有关二语习得研究的论文不仅数量迅速增加，而且文章质量也有显著提高。

　　策划出版本丛书的目的是为集中展现我国学者在二语习得研究方面的系统成果。这是一个开放性的系列丛书。先期出版的专著有：《中国学生英语过渡语研究》、《中国大学生英语口语能力发展的规律与特点》和《中国英语学习者 L2 句法发展研究》，新近出版的专著有《中国外语类大学生思辨能力现状研究》。这四本专著均是以中国英语学习者为研究对象，有自己的理论框架和明确的研究问题，文献综述详略得当，研究设计缜密，有大量的数据支撑与分析，研究结果可信，还有详尽的讨论。本丛书可供研究生和高校外语教师阅读，有助于他们了解二语习得研究的设计与实施过程，也便于学界了解中国英语学习者学习英语的普遍特点及其个体差异。

　　《中国学生英语过渡语研究》由蔡金亭撰写，书中基本内容源于他在北京外国语大学中国外语教育研究中心完成的博士后研究报告，该书既有理论探讨，也有实证研究。《中国大学生英语口语能力发展的规律与特点》由文秋芳与胡健共同撰写，内容源于一项耗时六年的国家社科基金项目（04BYY039）的结项报告，该项目跟踪研究大学生英语口语，分别报告了学生语音、语法一致性、句法、词汇、话语标记、语体特征与思维能力发展的研究结果，并据此对目前英语教学的改进提出系列建议。《中国英语学习者 L2 句法发展研究》由戴曼纯等撰写，内容源于国家社科基金项目（04BYY041）的系列研究报告，该书以生成语法为理论背景、以数据为基础，探索英语学习者的句法发展基本规律，是一项规模较大的语言学视角的二语习得研究。

《中国外语类大学生思辨能力现状研究》由文秋芳撰写，内容源于国家社科基金项目（08BYY026）的结项报告。该书详细记录了完成项目的整个过程。这是我国首个跨专业、跨学校、跨地区的大学生思辨能力现状研究。参加测试的高校有 66 所次，学生 22,473 人，涉及的专业有 123 个，参与组织的老师有 292 人，耗资 20 多万元。通过先导研究和两次正式研究，我们分析了外语类大学生与其他文科、理工科大学生在思辨人格倾向与思辨技能方面的异同，同时通过对 50 名学生的个案研究，探究了外语专业学生在思辨技能上存在的问题。

我相信本丛书的出版必将有力推动我国二语习得研究向纵深发展，使我国二语习得研究尽快达到国际水平。

文秋芳
于北京外国语大学中国外语教育研究中心

前　言

　　本书根据国家社科项目"中国英语学习者句法发展模式研究"(项目批准号：04BYY041)系列研究报告修订而成。此项研究以生成语法为理论背景、以中介语为本体、以中国的英语学习者为研究对象、以数据为基础、以创新为目标，探索英语学习者的句法发展基本规律，是一项规模较大的从语言学视角进行的二语习得研究。

　　我们选择研究二语习得者的句法发展，原因如下：1)句法发展是语言习得的核心部分，没有句法的二语习得是不可能实现的；2)二语习得的语言本体论研究包括句法、语义、语音、形态、语用等方面；对各项语言要素进行全面的研究有助于构建完整的二语习得理论，揭示复杂的二语习得现象，而国内专门探讨中国英语学习者句法的研究极少，因此，我们的研究是一种有益而必要的补充；3)句法的发展有别于语法的发展，前者是抽象知识的获得及与具体二语形态等的有机结合，后者往往指具体语法结构和规则的掌握，内容更广。在生成语法界，广义的语法包括句法、语义、语音、形态等构件，狭义的语法(如普遍语法)指抽象的运算体系，由原则与参数构成。在语言教学界，一般不强调句法而是强调教学语法，即讲授语言事实。此项研究关注的不是外在形态的掌握，而是抽象句法知识与具体形态的结合(即句法-形态映射)及决定这种结合的机制；4)句法是驱动语言运算的抽象形式知识，隐藏在语言事实中，迄今为止语言学家还没有充分揭示出句法的知识体系，句法知识不可能直接讲授。然而，语言事实是具体语言运用的有形产物，包括词、句、篇，语言课堂往往以此作为教学内容。把有形(包括屈折和移位)的语言事实和无形的句法知识结合起来进行研究，把研究重点放在揭示无形句法知识的发展规律上，有助于我们透过表面现象看本质；5)句法学是一个蓬勃发展的学科，近几十年推出了很多理论概念，催生了二语习得研究的新假说，很有必要在中国的英语学习环境下用实证研究检验其中有重要影响的假说。句法学在发展，作为语言学理论检验场之一的二语习得研究也在相应发展。

生成语法研究后期的最简方案推出的核心理论是特征理论，语言的一切运算（语句的生成）皆由特征驱动。可以毫不夸张地说，一切语言事实（词汇的构造、短语的生成、句子的生成）都离不开特征。特征的划分是二元对立的，即形态特征与形式特征、可解读特征与不可解读特征、强特征与弱特征等。一个简单的词汇形态就可能包含不同的特征，例如 him 这个代词包含形态特征 /him/ 和抽象的格特征 [+ACCUSATIVE]，/him/ 是该语类的物质外壳（发音），格特征决定该语类的句法运算（论元位置及特征核查）。又如，功能语类 C 是一组抽象形式特征的集合，包括表达疑问意图的 [C_{wh}]、表达陈述意图的 [$C_{declarative}$]、突出主题的 [C_{topic}] 等；它既可能为默认的零形式，又可能有具体的形态实现，如引导宾语从句的 that。

将特征应用于语言习得研究使我们更清楚地认识特征的本质和潜在价值，深刻了解语言的本质属性，同时也可能暴露出特征理论需要解决的问题。例如，我们可以用天赋特征库解释语言的可学性问题（learnability），（二语）语言习得者能识别语言输入中构成功能投射的特征，但功能语类的参数化取决于特征标注 (feature specification) 的恰当性和准确性。我们甚至可以根据特征来描写语言输入，但先决条件是弄清楚特征（值）的种类、数量、组合方式及其分布。根据 Liceras，Zobl 和 Goodluck（2008：8—10）的论述，至少五个方面的问题有待解决：1）确定特征库和特征界定标准。特征的界定仍然比较模糊，在确定形式特征库的时候要谨防扩大化；2）特征应该是原始构件，还是根据其他特征衍生出来。如果是原始构件，则需要严格的标准；如果是衍生产品，则容易扩大特征库。以主格为例，其特征可以看作 [Mood，Agreement, Tense]（情态、一致、时态）组合的结果；3）特征的分类仍有争议。有时候同一个术语的内涵和目的有可能不同，导致实际属性界定不清。例如 Tense 可能划为可解读特征，因为它有一定的语义，表达时间概念，也可能划为不可解读特征，仅用于形式运算；4）特征组成员之间的关系很微妙。我们需要弄清楚哪些特征更根本、哪些可缺省，弄清它们之间是否存在另一类结构或等级关系；5）特征库成员是否存在内在结构也值得研究，例如哪些特征与其他特征的组合潜力更大。特征的融合度决定其在功能语类中的分布，如英语的 C 不允许同时拥有 [C_{topic}] 和 [C_{wh}] 特征。

虽然这些有待解决的问题给特征在二语习得研究中的应用带来困难，

但是不会淹没特征在理论建设上的价值。特征为我们提出更深刻的研究问题，开拓新的研究视野，构建新的二语习得理论框架。我们在检验其他学者提出的假说基础上提出特征组合决定二语句法发展，即特征组合越复杂，句法运算越难，因而习得难度越大。这一观点与国外某些学者（如 Lardiere，2008）不谋而合。

我们的研究在理论构建上依据生成语法最新发展的研究思路和理论，在方法上针对多水平层次的受试进行多任务类型的横向研究。虽然可以避免单一任务和单一水平组可能造成的偏误，但是这样做也有一定的局限性，没有对相同受试组实施长期的纵向研究，也没有用统一的测试标准对所有受试组进行考查，得出来的结论还只是探索性的。

探索二语句法的发展是一项艰难的工作，有的句法概念无法进行实证研究。例如轻动词 v 在英语中没有具体的形态实现，V－v 移位很难确定，不便于我们寻找句法－形态映射的证据。如果汉语和英语有同样的 V－v 移位，甄别出二语习得的证据则可能更难。这也是为什么我们没有以此为研究内容的原因。研究中国英语学习者的句法发展情况尚属探索性工作，舛误在所难免，欢迎方家批评指正。

本书是集体研究创作的结晶，具体分工如下。戴曼纯负责理论构建和研究方案，监督实证研究的实施，撰写部分研究报告并负责所有文稿的修改、润饰和统校工作。参加实施实证研究的有高海英、柴奕、郭力、王严、梁毅、丁剑仪、高见、刘晓英、刘艾娟、康悦等同志（按照参加研究工作的先后排序），完成实证调查后他们还负责部分研究报告的撰写工作。没有研究小组的通力合作，这项工作是无法完成的。我们的研究工作还得到北京外国语大学、中国外语教育研究中心和外语教学与研究出版社的大力支持，在此对他们致以衷心的感谢。

戴曼纯

于中国外语教育研究中心

目　　录

表格目录

插图目录

第一章

绪 论

生成语法学家把语言看成一个运算系统（Chomsky, 1995），人类语言具有共性，语言习得的起始状态为普遍语法（UG），具体语言的形成涉及参数值的设定。语言运算的基础是一些相互作用、形成复杂结构的简单原则；UG 是语言初始状态的恒定原则体系，语言间的差异仅限于语音、词汇：词库的非实质性部分。语言的核心是一个运算系统加一个词库。语言的实际运用（即产出的语句）在形态词汇（morpholexical）层面上千差万别，但是支撑运用的核心语言知识（指语言本体知识，而非与语言相关的百科知识，如社会文化知识、交际技巧等）是恒定的，我们称之为语言能力。语言能力的核心则是语法。

Herschensohn（2000）阐述了二语习得研究采用生成语法框架的三个理由：第一，生成语法研究语言能力而不是语言运用，是适合二语习得研究且很有必要的理论。中介语语法是一种同质（homogeneous）的语言能力，二语习得者变化的语言运用反而给人以假象，对理解习得有误导作用（Gregg, 1989, 1990, 1996）。生成语法思路有利于避开二语运用的不足，提出可证伪的理论模式。第二，二语习得与一语习得一样也面临刺激贫乏问题，二语习得者能够习得无人讲授的 L2 知识，习得 L2 输入中信息提供不全面、不能被推理出的知识。第三，虽然二语习得与一语习得有很大差别，但是 L2 习得者能掌握极其复杂的语言知识且受普遍性制约，仅靠死记硬背或其他认知手段是无法完成习得的；生成语法理论为此提供了一个统一的框架。

生成语法理论的最新发展体现了一种简约主义，以最简方案为指导的生成语法研究旨在揭示语言最基本的运算规律。最简方案中最具代表性的理论概念是形式特征（formal features），它在近期的生成语法理论中占据突出的位置，Chomsky（1993, 1995, 1999, 2001, 2005a, 2005b, 2006）对此有过不同层面的阐述和应用。按照 Chomsky 的论述，语言包含功能语类和实义语类，形式特征是这些语类的基本构件，语言的参数差异源于形式特征的赋值。生成语法理论的这些新发展为我们研究二语习得提供了一个新视角。

二语习得的生成语法观承认普遍语法的存在及其作用，关注中介语语法及其表征。中介语由功能语类和实义语类构成，功能语类的特征设置与普遍语法有关，实义语类的掌握与功能语类特征的映射有关。我们提出用特征理论研究中介语的表征，属于自然语言的中介语同样含有 C，T，v，Agr 等功能语类。功能语类含有可解读／不可解读特征（[±interpretable]）。

特征不是最简方案中出现的全新概念，它最早见于 Chomsky 和 Halle（1968）的音系理论（Liceras，Zobl & Goodluck，2008：2），不过当时的特征指的是音素的属性，如 /+Voice/，/+Nasal/，与现在的特征不同，二者的分类与作用大相径庭。二十世纪七八十年代，原则与参数理论的发展也体现了特征的理论价值，因为原则与参数、核心语法与外围语法、标记理论都与特征（标记性）有关。

随着特征作为功能语类的重要构件成为参数化的核心，其理论价值日益凸显。例如，形式特征的强弱（strength）决定句法推导的差异。以英语和汉语的疑问句为例，其差异取决于功能语类 CQ 的 [WH] 形式特征值是 {+} 还是 {−}；英语为 [+WH]，所以疑问词短语显性移动至句首 [Spec，CP]，汉语为 [−WH]，所以疑问词短语滞留原位（WH-in-situ）。可以说，形式特征既简化了句法理论又增强了解释力。根据最简方案，语言运算体系拥有 C，T，Agr 等功能语类（Chomsky，1993，1995），后来简化为 C 和 v，功能语类选择实义语类，即 C 选择 T，v 选择 V（Chomsky，1999，2001）。

语言特征的分类大致有形式特征与非形式特征、可解读特征与不可解读特征、显性特征与隐性特征、强特征与弱特征、单特征与特征组等；其中形式特征是决定句法推导的关键，如果不可解读的形式特征（如格特征）在句法推导结束（拼读，SPELL-OUT）时还没有被删除，则推导失败。可解读特征则为句子的语义解读提供基本元素。

特征犹如人类语言的原子，亦如 DNA，构成决定具体语言结构的"基因"（功能语类）。习得一门语言就是语言输入激活特征，致使功能结构投射成该具体语言的形式（该形式不是指形式特征的形式，而是语言表现出的体系）。特征及特征组合所构成的功能语类在合并、移动与一致匹配操作中扮演重要角色，参数差异源于不同特征和特征值的选择，源于特征的组合方式（Liceras，Zobl & Goodluck，2008）。特征组合是决定二语习得的重要因素；从理论上讲，特征组合越复杂，习得难度越大。

随着特征理论的发展，特征这一概念对二语习得研究产生了革命性的影响，催生了大量的假说，如无值特征假说、局部损伤假说、功能特征失效假说、表层屈折缺失假说、可解读性假说等，为揭示二语习得规律提供了强有力的理论工具，为生成语法理论在二语习得研究中的应用提供了新的框架。

有学者指出，从最近的各类期刊和会议文集可以看到，特征对解释语言习得问题起着不可或缺的作用（Liceras, Zobl & Goodluck, 2008：vii）。形式特征在语言习得（包括二语习得）研究中有着广阔的前景，不少国外学者应用最简方案的特征理论进行了大量二语习得实证研究，提出了许多创见，下面仅举数例。

1）无值特征假说（Valueless Features Hypothesis）：虽然 L1 语法的其他方面可能迁移，但是与屈折有关的特征值不出现迁移；词汇投射和功能投射出现迁移，投射的中心语属性出现迁移，但是形态驱动的值（如一致呼应的强弱）不迁移（Eubank, 1993/1994）。该假说对于二语运用出现的表层形态偏误有较好的解释力。

2）局部损伤假说（Local Impairment Hypothesis）：L2 知识仅在屈折规则系统有缺陷，决定题元动词是否提升的形态句法特征在学习者成熟过程中被损伤，这种局部损伤导致 L2 语法与成人本族语者的成熟语法相比显得产出过度（overgenerate）（Beck, 1997, 1998）。这一假说不但涉及二语形态系统的偏误现象，而且与关键期假说有一定关联。

3）功能特征失效假说（Failed Functional Features Hypothesis）：对于以汉语为母语的英语学习者而言，其英语疑问句心理表征不是算子移位而是代名词约束（pronominal binding rather than operator movement），这种偏离本族人的表征是由于二语习得中功能语类的特征不可及造成的（Hawkins & Chan, 1997）。该假说对解释二语习得的普遍失败有一定的价值，虽然还有待检验。

4）表层屈折缺失假说（Missing Surface Inflection Hypothesis）：L2学习者具有（作为时态和一致呼应基础的）功能语类及特征的潜意识知识，但是学习者有时无法实现表层形态，只好使用非有定形式（non-finite forms）。也就是说，屈折缺失发生在形态层面，而不是抽象的特征层面（Prévost & White, 2000：103）。这一假说把表层形态的发展与抽象形式层面分开对待，与下一个假说异曲同工。

5）形式－形态分离说（Separation Hypothesis）：驱动句法运算的抽象特征模块与形态音系拼读的具体细节分离，L2 的形式和形态分开发展，二语习得者早在产出时态的形态屈折之前就掌握了诸如"有定"之类的语法属性；二语习得失败是因为二者的映射掌握得不完美（Lardiere，1998a，1998b，2000）。Lardiere用该假说明确了Chomsky的形式－形态分离观，将此观点直接用于解释二语习得现象。

6）可解读性假说（Interpretability Hypothesis）：L2语法中有狭义句法的合并与一致呼应，但是取决于特征的属性（一种是LF可解读特征：由于语义内容而在LF接口层可见的特征；另一种是不可解读特征：仅限于句法推导的特征，虽有PF实现却在LF中无用），可解读特征对于L2学习者而言是可及的，但是由于关键期的作用和L1的影响，L2输入中的不可解读特征不可及，或者难以识别和分析（Tsimpli & Dimitrakopoulou，2007）。这一假说从特征角度丰富了关键期假说，虽然还有待检验。

这些假说应用特征理论从不同角度用各自的证据证明抽象的形式特征在二语习得中的作用，相左相容者皆有之；有的还与其他假说（如关键期假说）结合起来试图对二语习得现象进行语言学角度的解释。它们明显具有以下共同特点：1）有语言理论作为研究背景，有助于建立系统的二语习得理论，并与现有语言学理论兼容；2）研究语言本体，而不是把语言习得放在更模糊、更不便于操作的外围环境中；3）操作性强，便于证伪，不至于造成这就是真理、唯此为大的假象。

关于特征在语言习得中的作用，有两点值得注意。一是特征在一语习得中可被激活并影响功能语类的投射，但是在二语习得中是否同样能被激活、如何被激活就很有探讨的必要。在探索L2学习者的中介语特征时，我们必须考虑L1与L2在此方面的差异。二是不可解读的形式特征在句法推导中起关键作用，在二语习得研究中应用前景广阔。可解读特征也同样可以应用于二语习得研究。即使有人反对抽象形式特征的存在，至少还有可解读特征的组合为解释二语习得提供新的视角。无论怎样，特征必将成为二语习得研究的利器。

原有参数理论完全可以纳入特征理论进行新的解读，因此，中介语的参数设置可以用特征的强弱（feature strength）进行解释。大多数成人二语习得者没有进行完整的L2参数设置，但是，中介语的运算系统是相同的，差异在于词汇形态层面，参数差异也仅局限于词库。二语句法的习得通过形态词汇（morpholexicon）的习得来实现，靠词项形态特征的习得来实现。掌握某个功能语类的特征就等于掌握某参数的设置。实义语类的习得取决于相关功能语类特征在该语类上的映射或连接。

　　早期中介语的表征中，形态特征标注还不充分，动词屈折的习得在以后的中介语发展中才得以形成（Eubank，1993/1994）。Eubank 认为形态句法（morphosyntax）的习得是连在一起的，形态习得指 Φ 特征的习得，句法习得指 [–interpretable] 特征的习得。

　　但是，仅研究中介语的表征方式不足以揭示二语习得的全貌；二语特征参数的设置不是一蹴而就，而是渐进地逐一掌握词汇形态结构。在探讨中介语表征的同时，我们不能忽略中介语的发展变化。表征式理论揭示 L2 知识在某阶段的状态，但没有解释某阶段如何发展为下一阶段，更没有解释语法不同构件（如不同功能语类、不同原则）的不平衡（非同速）发展。

　　中介语的发展就是中介语特征设置的发展，这一发展过程大致分为三个阶段。1）初始状态（即初级阶段）：L1 参数值存留期；2）中间状态（即中级阶段）：[±interpretable] 特征标注不充分（a. L1 未设置参数值，b. L2 结构被逐渐掌握，c. [+interpretable] 形态被逐渐习得）；3）最终娴熟状态（即高级阶段）：设置 L2 句法参数值，掌握词汇形态（Herschensohn，2000：112）。参数设置的逐渐变化论为我们解释中介语发展过程中的变异（variability）提供了较好的思路；我们不再把二语参数设置看成突然间出现的非此即彼的变化，而是由旧特征值／默认值变为目标语值的渐进过程。

　　中介语特征值的渐变性为考察不同 L2 水平二语习得者的句法发展提出了多个问题，例如：1）初、中、高级阶段二语学习者在掌握同一功能语类及其相应词汇形态属性上有何差异和规律；2）功能语类的发展是否真正表现出渐进性特征；3）不同 L2 水平阶段的功能语类习得是否都可以纳入 UG 解释范围；4）L1 参数值是否影响中介语的发展；5）词汇形态的习得是否预设相应功能语类的习得；6）论元结构的复杂性是否影响谓词的习得，等等。

　　我们的研究探索汉－英中介语句法系统某些功能语类（功能词）的发展规律、具体结构的掌握规律等，并将句法属性的习得与 L2 教学结合起来进行实证调查。为此，我们设计了九项实证研究（归为七类），考查汉－英中介语的几个有代表性的功能语类及结构的习得，并检验可教性问题：

　　1）导句词 that 的习得，涉及对最小树假设的检验；

2）英语主语及主题结构的习得，考察 L1 迁移及功能语类 C 的参数值设置，检验最小树假设及特征失效假说等；

3）助动词 have 和 be 的习得规律，区别特征复杂性，考察其助动词用法与主动词用法的掌握程度差异；

4）调查英语心理动词论元结构与二语习得的关系；

5）英语存在句的习得，考察 there 特征不稳定性问题；

6）调查英语附加语的习得情况及其反映出的推导位置掌握情况；

7）用实证研究从可教性及隐性／显性知识角度调查关系从句的习得等。

第一项研究以英语导句词 that 的习得为突破口，借鉴并批判 Vainikka 和 Young-Scholten（1994，1996a，1996b，1998a，1998b）的最小树假设（Minimal Trees Hypothesis）。该项研究通过调查中国学生英语陈述性导句词的使用情况，用实证数据证明缺乏显性导句词的表达形式并不能直接证明功能语类 COMP 不存在；二语习得中的功能语类缺失现象可能归咎于从语法特征到词汇表达之间的"映射重构（remapping）"。学习者先习得或具备 that 及 null-that 句法知识，然后才出现词汇 that 与句法 that 的匹配，从而习得词汇形态的 that。从某种意义上来说，本项实证研究支持了表层屈折缺失假设，认为功能语类缺失问题不能直接说明二语习得者的语法中功能语类或特征值方面有损伤；在第二语言中，即使在功能语类缺失的情况下功能语类的特征也可以是充分的。那么，第二语言普遍失败的根本原因可能不是出在功能语类上，而是在于其他方面。

第二、三项研究分别考查主语和主题结构的习得。第二项研究旨在考察中国成人学习者习得英语有定子句主语的规律。我们对比四组受试的零主语合乎语法性判断及改错成绩，发现：1）学生英语水平越高，对英语有定子句（finite clause）的零主语越敏感；2）受试对语篇环境下主句（matrix clause）指称性代词零主语的直觉判断最低；3）初、中级学习者对嵌入句（embedded clause）零主语的敏感程度胜过主句零主语，但是高级组在这方面不太明显；4）"显性代词制约（Overt Pronoun Constraint）"似乎对初、中级水平学生的判断有影响，对高水平学习者没有影响；5）形式－形态分离和形式－形态映射不充分是造成受试"合乎语法性判断"和"短文改错"成绩差异的主要原因。研究的结果能在"全迁移／全可及假设"（Schwartz & Sprouse，1994，1996）框架下得到合理的解释。第三项研究在前人基础上（Yuan，1995；Vainikka & Young-

Scholten，1994，1996a，1996b；Bhatt & Hancin-Bhatt，2002 等）考查了我国三个水平组 130 名学生习得英语主题结构的情况，结果发现：1）中国英语学习者理解和使用主题结构句子的能力不高，他们更倾向于使用非主题化结构；2）学生对左偏置结构的掌握优于对主题化结构的掌握；3）学生总体上倾向于使用非主题化结构来翻译汉语式主题句，高级组学生使用较多的介词短语引出主题结构，而不是 as for；4）各组学生都较成功地习得了英语特殊疑问句，对主题结构的掌握相对较差。以上结果不支持最小树假设、特征失效假说等。虽然学习者能成功地重设 L2 疑问导句词 C 的参数值，但他们还没有充分设置好主题化导句词 C 的参数值。

第四项研究旨在揭示中国英语学习者习得动词 be 的规律。我们通过测试初级、中级、高级英语水平学习者对动词 be 三种句法功能的使用情况并对结果进行分析后发现，中国英语学习者对动词 be 的习得有以下特点：1）初级水平学习者已经较好地掌握了主动词 be，且个体差异较小；2）初级水平者对半助动词 be 的掌握较差，随着 L2 语言水平的提高，掌握程度逐渐上升，高级水平者则已基本掌握好这一用法，但是个体差异比较明显；3）初级水平者对助动词 be 的习得较差，中级水平者则已掌握比较简单的助动词 be 结构，高级水平者的掌握程度较高，但仍然没有完全习得复杂结构中助动词 be 的用法。我们认为，be 的三类不同句法属性（即特征复杂性）决定了其习得难度和程度；其中助动词的用法最复杂，因而习得最差，半助动词次之，主动词 be 的习得与其他主动词的习得一样，句法操作上具有相通之处，因而掌握得最好。

第五项研究以 have 为内容。have 与 be 一样，是英语助动词系统的典型代表，身兼数项功能，功能语类与实义语类兼而有之，也是二语习得的难点之一。本项研究采用实证研究方法，调查了三个不同英语水平学习者掌握 have 的情况，并参照特征理论、移动理论及标记理论对调查结果进行分析和解释。调查发现，学习者的英语水平与 have 的掌握成正比；have 作为主动词的习得远胜于其作为助动词的习得，与 be 动词习得调查结果相同。分析显示，影响 have 不同用法习得的因素是 have 的形式特征和语义特征，特征组合越复杂，习得难度越大，学生的掌握程度越低。

第六项研究从心理动词论元结构及其子语类特征角度考察中国学生习得英语心理动词的规律。心理动词按其体验者的合并位置大致可以分为主语体验者类（SE）和宾语体验者类（OE）。体验者论元投射的任意性引发可学性问题。本项调查试图揭示心理动词的句法－语义属性与二语习得之间的关系。调查结果表明，物质状态变化动词（PH）的习得优于心理动词（PSY）；SE 动词的习得优于 OE 动词；OE 习得表现出 S 类 > N 类 > A 类 > H 类的规律；学习者的 L2 水平影响习得效果。研究结果证明心理动词的论元结构、子语类特征复杂性与习得密切相关。

第七项研究探讨中国学生习得英语存在句结构时表现出的规律。根据存在句的结构特点，我们将其分为五大类，十四小类，虚词 there 分为不同的子语类特征集。二语习得涉及形式特征的学习，特征及其运算的复杂性决定结构的习得程度。本项研究调查四组中国学生掌握这十四类存在句的情况，结果发现不同存在句结构的掌握程度有着梯度差异：受试英语水平越高，对存在句的掌握也越好。调查发现，学生对虚词 there 的掌握也呈现出不稳定现象，这一结果与特征设置的渐变论相吻合。

第八项研究根据广义左向合并理论（戴曼纯，2003）关于附加语的论述，用实证研究调查中国学生掌握英语附加语的情况。该理论认为，附加语靠合并进入推导，合并位置为 [Spec，VP]，[Spec，vP] 和 [Spec，TP]（TP 层有两个合并位置）。附加语在基础生成时成分统制被修饰对象，在 VP、vP 和 TP 三个层面上进行，不同性质的附加语与被修饰对象分别在四个位置合并，合并时所处的位置与推导后所处的位置对释义产生影响。本项研究用三个水平组调查附加语习得与英语水平的关系、不同位置附加语的发展规律等。调查发现，副词的习得整体上呈现由低到高的发展趋势。不同类型的副词发展由高到低排列顺序为：程度、时间 / 频率、地点、方式、评注、其他。学习者对评注副词和表焦点、限定、强调等意义的其他类副词掌握得最差，他们不能完全掌握附加语基础生成时的成分统制关系。但是，不同合并位置副词的习得以及不同类型副词的习得没有完全表现出组间显著性差异。

第九项研究以中国学生为研究对象，针对英语关系从句外置结构进行了教学实验研究，旨在结合句法习得研究探讨二语学习中语言结构的可教性问题。研究结果显示，接受显性语言输入的实验组（高中二年级第一学期学生）成绩显著高于接受隐性语言输入的对照组，但这两组实验后的成绩仍然显著低于高级组（英语专业四年级学生）。这一结果说明，受试处于学习该目标结构的准备状态而尚未达到习得它的水平；课堂教学有利于增加语言知识，提高语法运用和判断的准确率，但还无法构建完备的目标结构知识。句法知识的发展不能仅靠语言教学。

这九项实证研究尽量避开对比悖论（comparative fallacy），即二语习得研究者将 L2 学习者的知识与 L2 本族人的知识进行比较。这一比较法预设中介语知识的表征必须与 L2 本族人的语法知识一致，也就是说二语学习者的最终语法（end-state grammar）一定与 L2 本族人的语法相同。然而这一预设本身就是错误的，因为与 L2 语法不同的中介语语法完全可能属于 UG 允许的范围。对比法的另一误导是实验研究中控制组的运用。比较实验组与控制组的正确率不如比较学习者对合语法及不合语法句子的判断准确率。如果判断显著不同，就表明中介语语法已经具有适当的区分能力（White，2003a）。我们的九项研究有七项没有用本族语者作为参照进行比较，基本上是一次避开对比悖论的尝试。虽然关于心理动词和主语习得的研究增加了本族语组，但是这个组的参照对我们的结论没有起到决定作用。

我们的研究显示，在不用本族语对照组的情况下仍然可以揭示二语习得者的句法知识发展规律，采用生成语法最简方案的特征核查理论可以解释中介语知识发展与特征复杂性及其操作之间的关系：特征越复杂的语类或结构，学习者对其掌握的程度越低，其发展越缓慢。

虽然我们尽力结合国内外相关理论，以中国英语学习者为对象进行了数项实证研究，提出了自己的理论框架，验证了相关假设，并结合教学实践探讨了二语句法知识的可教性问题，但是由于时间、精力和财力的限制，我们不可能将仍然还在发展中的所有句法理论纳入研究范围并一一进行检验，我们的系列研究只能揭示极其复杂的二语句法习得中的一部分现象，还有很多问题有待进一步的探索。

（作者：戴曼纯）

二语习得研究的生成语法新范式

章节提要

本章探讨一种新的二语习得研究生成语法范式，分别阐述了采用生成语法范式的必要性、最简方案框架下的语言观、语言习得的逻辑问题、普遍语法可及性、二语习得的逻辑问题、中介语表征等。作者提出用中介语特征理论研究二语习得者的中介语表征、参数设置及其发展，并且根据 Herschensohn（2000）的发展观提出一系列研究问题。

2.1 引言

二语习得研究作为一个专门的研究领域经过几十年的发展已产生了不同的研究视角。语言行为涉及多少个学科就会有多少种不同的研究视角，总的来说有以下几种：教育学（包括教育心理学）视角、心理语言学视角、神经语言学视角、社会语言学视角、语言学视角等。它们都能探讨二语习得的本质，包括外在因素、内在过程和知识表征等（戴曼纯，2006）。

生成语法框架下的二语习得研究紧扣生成语法研究发展，应用普遍语法理论考察二语的知识表征及其发展规律。生成语法理论直接影响二语习得理论建设，催生二语习得的新思路。有人（Herschensohn，2000）采用最简方案框架研究二语习得，在试图回答语言知识的构成、语言知识的习得、一语习得和二语习得的异同时指出：二语习得并非完全异于一语习得，而是语言的再学习（relearning of language）；普遍语法模块引导（guide）一语习得，制约（constrain）二语习得。语言及语言习得的关键在于实义语类和功能语类，一语和二语句法习得的关键则在于掌握形态特征及其与功能语类的联系（the mastery of morphological features and their linking to functional categories）。

Herschensohn（2000：24–25）阐述了采用生成语法框架的三个理由：第一，生成语法研究语言能力而不是语言运用，不但适合二语习得研究而且很有必要；Gregg（1989，1990，1996）将中介语语法"理想化"，将其看成一种同质（homogeneous）的语言能力，二语习得者变化的语言运用反而给人以假象，对理解习得有误导作用。生成语法思路有利于避开二语运用的不足，提出可证伪的理论模式。第二，二语习得与一语习得一样，也面临刺激贫乏问题；二语习得者能够习得无人讲授的 L2 知识，习得 L2 输入中信息提供不全面、不能被推理出的知识。第三，虽然二语习得与一语习得有很大差别，但是 L2 习得者能够掌握极其复杂的语言知识且受普遍性制约，仅靠死记硬背或其他认知手段是无法完成习得的；生成语法理论为此提供了一个统一的框架。

本章仅从生成语法角度探讨二语习得的理论框架。首先阐述生成语法的语言观、语言习得观、二语习得观、中介语的表征，然后提出二语习得的特征理论框架及其相关研究问题。

2.2 生成语法的语言观

语言学家需要探索的问题是语言知识由什么构成、语言知识如何被习得、语言知识如何被应用（Chomsky，1991，1995）。普遍语法的提出为这些问题提供了部分答案（White，2003a）。管约论、最简方案的语段推导理论（Derivation by Phase；参见 Chomsky，1999）等均试图探索普遍原则及其参数，理论差别仅在于原则与参数的形式化方式。

生成语法学家把语言看成一个运算系统（Chomsky，1995），认为人类语言具有共性，语言习得的起始状态为普遍语法（UG），具体语言的形成涉及参数值的设定。生成语法框架下的语法属于心智表征，心智表征由普遍原则制约。语言普遍性归因于人类心智属性，语法则归因于这些普遍原则（White，2003a）。UG 是人类天赋生物禀赋——语言官能的一部分，人脑具有的这一语言官能是运用语言、理解语言的能力，其中包含产生结构表达式的生成程序。

语言学理论不仅要描述客观语言事实（成人的语言知识体系），而且需要阐释语言的初始状态（儿童开始习得语言时的知识体系）。因此，语言习得理论包含在语言理论之中，共同揭示人类心智的普遍性特征（即 UG）乃至习得语言的能力。UG 是关于语言官能相关构件初始状态的理论，它规定着具体的语言层面，每一个层面都是一个表征系统（representational system），为语言表达式提供系统的信息（Chomsky，1995：167–169）。关于具体语言的理论就是该语言的语法，如汉语语法、英语语法，而研究人类语言及其表达式的则是探讨 UG 的理论，如语段推导理论。

2.3 语言习得的逻辑问题

语言的某些属性极其抽象、微妙、复杂，语言学家耗尽心血也未能解释清楚，儿童如何能在短短几年之内掌握这些知识？如果不设想存在一种天赋的普遍语法知识体系，我们就无法解释它们如何被习得。换言之，儿童接触的语言输入非常有限，儿童习得的语言知识却极其复杂、抽象而微妙。语言刺激贫乏（poverty of stimulus）不足以支撑起纷繁复杂的语法体系，输入与产出出现了不匹配。这种不匹配被称为语言习得的逻辑问题。下面我们用已有研究成果说明语言习得的相同初始状态和刺激贫乏引发的逻辑问题。

如果 UG 作为语言习得起始状态是恒定的，那么儿童习得不同母语的初期将产出类似的结构、展示相同的天赋知识。我们甚至可以这样设想，儿童在语言习得初期展示出来的语法知识就是 UG 知识，他们的语言逐渐发展变化为成人语言，这恰好说明 UG 的参数值被成人提供的语言输入设置成具体语言的语法了。但是，我们不能把 UG 误解成语言习得理论，更不能把它与语言习得机制（LAD）等同起来。UG 只是语言习得机制的一部分，是语言官能的一部分；语言习得理论必须包含学习原理、加工原理、触发机制等（White，2003a：36）

以空论元参数（Null Argument Parameter）为例，成人英语和汉语在空论元参数的设置上存在明显的差异。我们根据 UG 观假设：英语儿童习得者和汉语儿童习得者的初始默认参数值相同，而他们接触的语言输入会设置具体语言的参数。

先看空主语参数（Null Subject Parameter，Jaeggli & Safir，1989：29）的定义：屈折形态完全统一的语言均允许空主语。所谓形态完全统一指的是要么所有形态都复杂（如意大利语，允许空主语），要么所有形态都不复杂（如汉语，允许空主语）。英语介于二者之间，不允许空主语。Wang 等人（1992）的研究考察了这种参数设置的规律。研究结果显示，英语儿童的早期语言确实是一种主语脱落语言，即使到了两岁，儿童语句的空主语出现频率仍有 25.89%；两岁至三岁期间语句长度为 3.5 至 4.5，空主语大幅度减少，此时可能发生了参数重设（指从 UG 默认值转变为英语语法的参数值）。英语儿童与汉语儿童不同，前者没有产出空宾语句子，后者的语言输出不但有空主语现象而且有空宾语现象。Wang 等人认为这都是由语言输入中的间接反面/正面材料造成的，不能表明儿童语言习得具有不相同的初始状态。

　　刺激贫乏论的合理性可以从 White（2003a）的论述中看出。White（2003a）借 Montalbetti(1984) 的显性代词制约(Overt Pronoun Constraint，简称 OPC）说明语言输入中无法学习到的微妙知识（尽管该制约条件有可能不是"真正的"普遍语法原则）。所谓显性代词制约指的是，在允许空代词和显性代词的空论元（null argument）语言中，显性代词不能有约束变项释义（bound variable interpretation），即显性代词的先行词不能为量化词短语或疑问词短语。OPC 适用于所有空论元语言，包括毫无亲属关系的西班牙语和日语。英语属于显性论元语言，（1）（例句引自 White，2003a）中的三个句子均必须带主语，宾语从句也必须带主语，句中的 he$_i$ 与主句的先行词可以有约束关系。

　　（1）a. Everyone$_i$ thought [he$_i$ would win].

　　　　　b. Who$_i$ thought [he$_i$ would win]?

　　　　　c. John$_i$ thought [he$_i$ would win].

　　（1）a 中的 he 可以受量化词 everyone 约束，具有同指关系；此时 he 不是指某一个具体的个体，而是指在场的任何一个人。这就是约束变项释义，he 的释义随约束项 everyone 的变化而变化。（1）b 的疑问词 who 也是变项，he 可被疑问词 who 约束，不指某一具体的个人，而是随 who 的所指意义变化而变化；但是，（1）c 的 he 指主句中的具体个体 John，John 不是变项，he 的所指意义明确。当然，所有这三个句子中的 he 均允许指句外的个体，句中没有"先行词"。

　　在日语这样的空论元语言中，子句的空代词可以与量化先行词或者指称先行词同指，也可以不同指，这一点类似于英语显性代词，如（2）a 和（2）b。但是，显性代词受更严格的制约，即不能有量化先行词，如（2）c，虽然显性代词可以与句内指称先行词同指，如（2）d。

　　（2）a. Dare$_i$ ga 　[ø$_i$ kuruma o 　katta 　to] 　itta no?
　　　　　who NOM 　　 car 　ACC bought 　that 　said Q
　　　　　Who$_i$ said that (he$_i$) bought a car?

　　　　　b. Tanaka-san$_i$ wa [ø$_i$ 　kaisya 　　de itiban da 　to] 　itte-iru
　　　　　Tanaka-Mr TOP 　company in 　　　best 　is 　that saying-is
　　　　　Mr Tanaka$_i$ is saying that (he$_i$) is the best in the company.

　　　　　c. * Dare$_i$ ga [kare$_i$ 　ga kumura o 　katta 　to] 　itta no?
　　　　　who NOM 　he NOM car 　ACC bought 　that 　said Q

　　　　　d. Tanaka-san$_i$ 　wa [kare$_i$ kaisya de itiban da 　to] 　itte-iru
　　　　　Tanaka-Mr TOP he NOM company in best is 　that saying-is

White（2003a）认为这么复杂微妙的句法属性不是通过学习来掌握的，而是源自内置式（built-in）知识。根据刺激贫乏论，语言习得者得到的输入不一定包含明确的语法知识，儿童在认知能力非常有限的情况下不可能通过分析、归纳、推理等思维活动来认知此类知识，也不可能通过询问成人得到这些知识，因为成人自己也不能清楚地解释这些复杂关系。

2.4 普遍语法可及性与二语习得的逻辑问题

虽然（成人）二语习得与一语习得在完整性、习得的轻松度、已有语言知识、语言知识的僵化（Schachter，1988）、习得速度、最终水平等方面有很大的差别，但是二语习得者的中介语也是自然语言，同样受语法的制约。一种具有充分解释力的语言学理论也必须能够描写、揭示并解释二语习得规律。如果把儿童二语习得与儿童一语习得看成相同的过程，那么二语习得研究中最值得揭示的问题之一则是儿童二语习得与成人二语习得之间的异同，即所谓的年龄差异。

二语习得的生成语法观承认普遍语法的存在及其作用，属于先天论范畴。Long（2007）在探讨二语习得研究中存在的问题时曾归纳出三类先天论观点：1）特殊先天论（如 White 和 Krashen 等学者）认为成人二语习得者能够继续利用由生物基因决定的语言学习能力，包括高度抽象的句法原则与参数天赋知识、普遍语义知识。2）普通先天论（如 O'Grady 和 Wolfe-Quintero）认为二语习得无需普遍语法之类的天赋语言知识和能力，而是利用模块化的普通认知机制完成习得。O'Grady（1987）设想的天赋机制有五大模块：感知、命题、概念、运算和学习。这些模块足以应付语言和其他类型的学习，成人二语习得的相对失败归根结底是因为五大模块中有三种降低了能力或利用率。3）混合先天论（如 Clahsen & Muysken，Bley-Vroman）为一语习得的特殊先天论（相信 UG 制约语言习得）、二语习得的普通先天论（认为二语习得靠各种问题解决程序）兼而有之。这些理论试图从不同角度解释二语习得的成败和规律。

成人早期中介语（early interlanguage）是否受 UG 制约，是涉及儿童和成人二语习得异同的最大争议之一，包括参数化原则和非参数化原则（Kanno，1996）。普遍语法在二语习得中的可及性已经引起了许多学者的关注，目前主要有直接可及、间接可及（部分可及）、不可及三大类观点（戴曼纯，1998a）。Herschensohn（2000：77–80）一方面指出不可及说错在将参数设置当作 UG 可及性的最重要诊断手段，即使在参数设置完整的一语习得中，参数设置也不一定可以诊断 UG 的可及与否；另一方面又声称充分可及说的概括性太强。

（成人）二语习得者是否可以利用制约其母语语法发展的相同 UG 原则？或者反过来问，（成人）二语习得是否主要依靠非语言专用（not linguistic-specific）的一般学习机制？有人从习得顺序角度专门针对这两种对立问题进行了研究；UG 模式预测成人二语习得者和儿童二语习得者遵循相同的习得顺序，一般学习机制思路则预测二者有不同发展顺序。研究结果表明 UG 模式的预测是正确的（Schwartz，1992）。

有人认为 UG 原则可以直接迁移至中介语，早期二语语法属性由此造成（参见 Clahsen & Muysken，1989；Kanno，1996）。Kanno 通过实证研究考察了一项非参数化普遍原则——空语类原则（ECP）在英-日中介语中的发展情况，发现操英语的成人日语习得者懂得格省略的制约；二语习得者能将 ECP 应用到母语中不存在的新语言现象上。这就表明 ECP 这个非参数原则在早期中介语中也是可及的。承认 UG 的存在有利于探讨其可及性问题，所谓证明 UG 原则不可及的研究只能说明 UG 理论还在发展、还不够完善（戴曼纯，1998a），我们不能因为某一"原则"不再被成人 L2 学习者利用就声称 UG 在成人二语习得中不可及。

二语习得也面临语言习得的逻辑问题，例如，二语学习者是否获得超越其 L2 输入的无意识语言知识，即抽象微妙的二语知识不是从输入或教学中获得的。这个问题也与 UG 联系在一起。如果二语学习者能获得超出输入范围的语言知识，那么可能有两种获得方式，一是来源于普遍语法，二是来自母语语法。White（2003a）从刺激贫乏的角度阐述二语习得的逻辑问题。有的 L2 知识不可能是靠观察分析 L2 输入、多次接触、教学、类比推理等获得的，但是一语习得和二语习得的逻辑问题有差异：一语的微妙抽象知识只能来源于先天知识，二语的微妙抽象知识还有可能来源于一语，所以二语习得研究者首先需要弄清这样的抽象知识不是单靠母语获得的（White，2003a：23）。甄别知识来源的困难和分歧导致了不同的普遍语法可及性观点。

再看一例研究。Kanno（1997）研究了 28 名操英语的日语学习者对日语空代词和显性代词的共指关系的解读，这些知识涉及空代词制约（OPC）。英语与日语相反，不是空论元语言，允许显性代词有约束变项释义，因此不可能出现母语迁移，而且受试没有接触过任何这方面的教学内容。研究结果显示，L2学习者能正确运用OPC，成绩可以与日语本族人相媲美，受试个体与整体均表现出相当一致的判断水平。这一结果反驳了UG不可及论和间接可及论。受试的L2输入中空代词和显性代词在许多情况下允许相似的先行词，显性代词和空代词的区别不一定很明显，L2输入不足以提供清晰的知识，学习者在刺激贫乏的情况下发展了OPC知识。但是，Kanno没有由此得出二语习得完全依靠UG的结论，反而指出UG可能只解释众多二语习得现象中的一小部分而已。

White（2003a, 2003b）指出此类二语习得研究中存在的方法问题——对比悖论（comparative fallacy），即二语习得研究者多将L2学习者的知识与L2本族人的知识进行比较。这一比较法有这样的预设，即中介语知识的表征必须与L2本族人的语法知识一致，也就是说二语学习者的最终语法（end-state grammar）一定与L2本族人的语法相同。然而这一预设本身就是错误的，因为与L2语法不同的中介语语法完全可能属于UG允许的范围。对比法的另一误导是实验研究中控制组的运用。研究者将实验组与控制组的合乎语法性判断和语言运用的正确率进行比较，而White认为没有必要拿二语组的成绩和本族人的高正确率进行比较，比较学习者对合语法及不合语法句子的判断反而更有意义。如果合语法句子的判断与不合语法句子的判断显著不同，就表明中介语语法具有适当的区分能力（即使二语组与本族人的表现还存在差别）。从这个角度看，Kanno关于OPC研究的意义不在于二语组与本族人是否存在显著差异，而在于二语组是否接受显性代词允许量化先行词，或者说是否区分合法的先行词与不合法的先行词。

Lakshmanan和Selinker（2001）认为，对比悖论偏向目标语，导致低估或高估L2学习者的语言能力。研究方法上的弊端必然导致不恰当的结论，须修正研究设计、避免偏见才能更准确地考察二语习得中的UG可及性问题。为避免对比悖论，二语习得实证研究无需控制组作为参照。

2.5　中介语的表征

生成语法框架下的中介语不再是Selinker（1972）当初界定的中介语概念。Selinker认为，L2学习者试图产出符合目标语标准的语言输出时，既非L1亦非L2的语言运用事实表明存在中介语。语言迁移、训练迁移、二语学习策略、二语交际策略、目标语材料的泛化（overgeneralization of

TL linguistic material）等五大心理语言过程（均不是中介语本体）影响着二语学习，导致了中介语的形成。虽然 Selinker 的论述有利于了解中介语的成因，但是他没有从语言学角度对中介语的表征方式、形式属性进行讨论。

我们在此关注的中介语指的是 L2 学习者的中介语语法及其表征。中介语属于自然语言，如果发现某些中介语表征是任何自然语言不曾发现的属性，那么就表明中介语不被 UG 制约。White（2003a：30）指出，中介语表征大致可以分为两种：1）中介语表征遵循自然语言属性（虽然不一定是 L2 属性）；2）与成人自然语言有根本性差别（虽然不一定是永久性差别）。

与第一类相关的假设是 UG 充分可及说，中介语的语法表征受 UG 制约。功能语类及其投射从一开始就直接源自普遍语法（Epstein et al., 1996）或者源自 L1 语法（Schwartz & Sprouse, 1996；Herschensohn, 2001；Haznedar, 2003b）。Schwarts 和 Sprouse（1994, 1996）认为中介语的初始状态就是 L1 语法（White, 2003a：30）。他们的观点建立在两项研究（一项是母语为土耳其语的德语学习者习得德语词序，另一项是法语本族人习得英语）之上，发现学习者的母语形式特征构成中介语初始形式特征。中介语表征也许在发展后期仍不与 L2 语法一致，但是，当 L1 表征无法与 L2 输入协调时，学习者利用 UG 做出新的选择；一旦 L2 输入导致这样的新选择，中介语表征将出现重新构建（restructuring）（White, 2003a）。

Epstein 等人（1996）及 Flynn（1996）的看法与此不同，他们认为中介语的初始表征不是 L1 语法而是 UG，UG 为中介语早期语法提供了所有功能语类、特征、特征值，中介语无需利用 L1 就可以形成适当的表征（转引自 White, 2003a）。由此推理，学习英语的法国人不会遇到语序困难，学习法语的英国人也能正确进行主动词提升操作（verb raising）。但是，这样的观点和推理与 White（1989, 1991）报告的结果不一致。虽然上述观点在 L1 的作用上有很大分歧，但是它们均表示，中介语表征有来自 L1 或者 UG 的功能语类，中介语语法在起始状态和后期发展中都是 UG 所允许的。

第二类中介语表征观点有 Vainikka 和 Young-Scholten（1994, 1996a, 1996b, 1998a, 1998b）的最小树假设（Minimal Tree Hypothesis）。该假说声称功能语类的形式特征（formal features）在中介语初期不强也不弱，

而是无赋值或者处于惰性状态。也就是说，中介语初期只有实义语类(N，V，P 等)，缺少功能语类；这一观点与 UG 充分可及论不同。最小树假设认为实义语类源自母语语法，因此体现出与母语相同的属性，这与 UG 充分可及论吻合。Vainikka 和 Young-Scholten 认为二语输入中的显性句法分布或显性形态作为正面语言材料逐渐触发功能语类的形成。

White（2003a）指出了最小树假设的几个问题。首先，Vainikka 和 Young-Scholten 的分析建立在屈折形态上，认为没有屈折形态就没有功能语类。他们忽视了功能语类不一定实现为具体形态这一基本事实，如英语疑问句的 C、主题化功能语类 Top。其次，他们声称中介语早期语法由于缺少功能语类投射不会出现有定动词的移动，而事实上操法语的英语学习者显然将 *Mary sees rarely John 中的主动词 sees 提升至 T 位置，出现法语允许、英语不允许的语序。这一错误的句子恰好表明中介语语法有功能语类 T，否则 V 无法移动至 T（即使将此解释为母语迁移，也不能回避有功能语类这一事实）。第三，最小树假设认为中介语的功能语类逐步发展，一语习得的功能语类亦如此；这也表明 Vainikka 和 Young-Scholten 认为一语习得和二语习得在这方面是相似的。

我们可以从中介语初始状态缺少功能语类的观点推断出中介语句法系统有缺陷。虽然 Eubank（1993/1994，1994）与 Schwartz 和 Sprouse（1994）一样认为 L1 语法（功能语类及实义语类）是中介语初始状态的主要构成部分，但是其研究显示母语的参数值并没有充分迁移至中介语。Eubank 认为中介语初期的特征值没有被充分设置，甚至是惰性值（inert）。实义语类和功能语类投射只出现了弱迁移，这些投射的中心语属性（headedness）出现迁移，但是形态驱动的特征值（morphology-driven values of features）（如一致的强弱）没有迁移。正因为如此，法－英中介语初期出现语序变异，即学习者交替使用 *Mary sees rarely John 和 Mary rarely sees John 语序。White（2003a）对此有不同看法。她认为有定动词出现提升 / 不提升现象似乎没有（特征）理论依据，因为具有惰性值或者特征值标注不够充分的功能语类无法驱动移动操作。但是，鉴于一语习得中也存在语序变异现象，我们认为二语习得中功能语类特征值的设置在中介语发展初期也有可能还不够稳定，UG 默认值、L1 设置的值以及 L2 输入提供的新特征值出现竞争，有些特征值仅仅是中介语语法的临时属性。

从理论上讲，中介语的初始状态有以下几种组合方式：1）L1 语法，

无 UG；2）L1 语法及 UG；3）仅有 UG；4）部分 L1 语法及部分 UG
（Herschensohn，2000：105）。1）比较容易排除（见 Kanno，1997 的研究），
3）也可以被证伪，因为有研究（如 Eubank 1993/1994，1994 的研究）显
示 L1 语法影响中介语语法的形成。2）和 4）才是二语习得研究需要重
点探讨的问题。

　　但是，仅研究中介语的表征方式不足以揭示二语习得的全貌。在探
讨中介语表征的同时，我们不能忽略中介语的发展变化。表征式理论揭
示 L2 知识在某阶段的状态，但没有解释这一阶段如何发展为下一阶段，
更没有解释语法不同构件（如不同功能语类、不同原则）的不平衡（非
同速）发展。此外，抽象特征值与显性形态之间的关系是一个有争议的
问题，一种观点是二者相关联：缺少显性形态表明缺少功能语类，或者
特征值受损；另一种观点则是二者相分离：抽象功能特征与显性形态是
分开的（Rule & Marsden，2006：193）。前一观点将句法的抽象属性与词
项的具体形态等同起来，显然出现了概念上的错误。后一观点虽然将二
者分开看，但不否认抽象属性与具体形态的结合，因而更加合理。

2.6　中介语特征理论

　　最简方案（Chomsky，1995）为我们研究二语习得提供了一条新的
思路。最简方案虽然仍按照原则与参数体系探索 UG（即语言习得的起
始状态），把语言看作运算系统（词库和运算程序），但是，理论的表现
形式有了很大变化。词库包含功能语类和实义语类，这些语类都带特征，
包括语义特征、形式特征、形态特征、音系特征等。词项的形态特征包
括与时体、人称、性、数（一致）、格相关的有形（显性）或无形（隐性）
的形式特征，是最简方案相关理论的核心（Marantz，1995）。功能语类的
作用就是核查形态特征以保证推导成功，所有词项均已有充分的屈折变
化，含有可解读 / 不可解读特征（[±interpretable]）。可解读特征（如单复
数）一直保留至 LF 语义接口层，表达意义；不可解读的特征则必须在进
入 LF 语义解读和音系 PF 之前被删除，否则推导失败（Chomsky，1995；
Herschensohn，2000）。

　　功能语类特征有 C，T（后来 Chomsky 在语段推导理论中将其划为
实义语类），v，Agr，Top，Focus 等。功能语类 T 仅携带形态（屈折）特征，
用于核查 DP，V 的特征（Marantz，1995：363）。推导式中的 T，v，Agr
之类的功能节点不包含词库中调取的词项，节点位置不是屈折词缀插入

之处，屈折词缀全部附加在词项上。形式特征对接口层面（解读语义和语音信息之处）没有作用，必须在运算过程中删除。这种删除操作即核查操作（feature checking）。

语类的特征有以下类别：1）语类特征；2）Φ特征（如单复数）；3）格特征；4）强特征 F（当 F 为语类时）（Chomsky，1995：277）。1）和 2）属于可解读特征，3）和 4）为不可解读特征。Marantz（1995：366）以名词短语 DP 为例说明特征的来源——作为一个整体的 DP 获得的特征有如下来源：中心语 D 携带的特征（DP 内的成分携带的特征，包括这些成分从词库带来的格、性、数特征，必须在推导的某处与 D 的特征核查）、（源自 D 的补足语 NP 所含中心语 N 的特征）格特征和 Φ特征。

Herschensohn（2000：61）举例说明实义语类 eat 的语类属性：eat 包含 1）音系属性 [it]；2）语义属性 to ingest nourishment through mouth；3）句法属性 [+V，–N]，[+animate]___[+concrete，+edible]（即带有灵性主语与表示可食用的宾语）；4）形态属性（有不规则过去式 [et]）。eat 在词库中的语义信息和句法信息决定了其论旨角色(theta roles)、论元结构，形态属性决定了与屈折形态相关的一致特征。

因此，二语习得者产出的 *John eat what 就违背了以上部分属性对 eat 的要求。我们可以用特征理论来解释这一不合语法的中介语句子。该句论元结构完整，但是语序和 eat 的形态不正确，中介语知识存在以下缺陷：1）句子投射缺少导句词 C_{wh}，整句推导仅至 TP 就结束，表明没有掌握功能语类 C；2）与 C 相关的疑问词短语没有提升至 [Spec，CP]，未完成特征核查，表明不具备 C_{wh} 带强特征的知识；3）没有进行与疑问词短语移动相关的 do 支持（do-support）操作；4）eat 形态不正确，表明还不具备相关屈折形态知识和特征一致核查操作知识。树形图（3）可以说明该句的推导缺少的操作。根据 Vainikka 和 Young-Scholten（1994，1996a，1996b）的最小树假设，中介语还缺少功能语类，该句推导在 VP 层结束；而根据 Schwartz 和 Sprouse（1994）的观点，中介语的功能语类特征值尚未被正确设置，部分操作（wh 短语移动）尚未完成。

(3)
```
          CP
      C_wh    TP
            T    vP
              v    VP
                DP    V
                    V    DP
                John
                    eat
                        what
```

　　Herschensohn（2000：72–82）指出，参数设置可以用特征的强弱（feature strength）进行说明；大多数成人二语习得者没有进行完整的 L2 参数设置。语言间的运算系统是相同的，语言差异在于词汇形态层面，参数差异局限于词库。因此，二语句法的习得可以通过形态词汇（morpholexicon）的习得来实现，句法习得靠词项形态特征的习得来实现，掌握某个功能语类的特征就等于掌握某参数的设置。Herschensohn 把 UG 分为形式（form）和策略（strategy），前者是结果（product），后者为过程（process）。她认为，形式部分是语言的普遍性构件和普遍原则，如移动、经济原则，这些都是二语习得者仍然可以通达的知识；策略部分指二语词库的习得，关键期（Critical Period）以后不再受 UG 驱动，但是二语习得者仍然可以利用一语习得的许多相同手段来实现，因为一语习得和二语习得的词汇学习和参数调校（parameter alignment）任务相同。Herschensohn（2000：204）指出，对于二语习得者而言，语序或空主语之类的参数差异比词汇形态差异更易于掌握，中介语的变异也主要在于词汇形态方面。

　　根据 Eubank（1993/1994）的论述，早期中介语的表征中，形态特征标注还不充分，动词屈折的习得在以后的中介语发展中才得以形成。Eubank 认为形态句法（morphosyntax）的习得是连在一起的（go hand in hand），形态习得指 Φ 特征习得，句法习得指 [–interpretable] 语类特征 F 的习得。Herschensohn（2000：108）认为，句法和屈折的掌握情况反过来证明句法习得（如动词提升）不依赖形态（特征标注），二语习得中的句法特征和形态特征的关系与一语习得不同。

　　一语习得与二语习得的根本差异不在句法本身的习得，而在于（体现句法属性的）词汇形态属性的习得及其对句法的映射。一语习得者通过习得一部分实义语类及其特征属性来掌握相应的功能语类及相关原则与参数设置;一语习得者的词库大小因人而异,但他们的语法知识相同。二语习得者也可以通过习得部分实义语类来逐渐发展中介语系统,但是他们掌握的词汇形态属性往往不够完整,在与功能语类、原则与参数值进行匹配映射时容易出现问题。

以(3)为例,如果what这个实义语类赋予了 [+wh] 特征,该推导的算式库还提供了功能语类 C_{wh},且给 C 赋予强特征值,就足以驱使疑问词短语移动操作。然而,(3)显示这些特征均标注不充分(underspecified)。实义语类 what 的完整习得与功能语类 C_{wh} 的习得密切相关,可以说后者需要通过前者来实现。疑问句的习得在词汇形态层面上还涉及助动词的习得、主动词的形态属性及论元结构等。问题的复杂性使我们很难仅用一个特征、一个原则来分析疑问句的习得。反过来,这种(系统的)语言运用也为研究者提供了丰富的中介语信息,从语类特征角度发现:1)功能语类 C 的特征设置不正确;2)助动词 do 的操作还未掌握;3)一致特征操作没有掌握;4)主动词的形态特征知识不全;等等。

2.7 结语

二语特征参数的设置不是一蹴而就的,而是靠渐进地逐一掌握词汇形态结构,首先仅设置参数的部分新值,例如法语二语习得者先掌握否定的定位(negation placement),后掌握动词的定位(Herschensohn,2000:110)。中介语特征设置的发展大致分为三个阶段:1)初始状态(即初级阶段):L1 参数值存留期;2)中间状态(即中级阶段):[±interpretable] 特征标注不充分(a. L1 未设置参数值;b. L2 结构被逐渐掌握;c. [±interpretable] 形态被逐渐习得);3)最终娴熟状态(即高级阶段):设置 L2 句法参数值,掌握词汇形态(Herschensohn,2000:112)。参数设置的逐渐变化论为我们解释中介语发展过程中的变异(variability)(戴曼纯,1999)提供了较好的思路,我们不再把二语参数设置看成突然间出现的非此即彼的变化,而是由旧特征值/默认值变为目标语值的渐进过程。

中介语特征值的渐变性为考察不同 L2 水平二语习得者的句法发展提出了众多问题,例如:

1)初、中、高级阶段二语学习者在掌握同一功能语类及其相应词汇形态属性上有何差异和规律；

　　2）功能语类的发展是否真正表现出渐进性特征；

　　3）不同 L2 水平阶段的功能语类习得是否都可以纳入 UG 解释范围；

　　4）L1 参数值是否影响中介语的发展；

　　5）词汇形态的习得是否预设相应功能语类的习得；等等。

　　中介语特征理论在二语习得研究中有广阔的应用前景，我们希望它能催生新的二语习得研究成果。

（作者：戴曼纯）

第三章

形式－形态分离假说与句法－形态映射

章节提要

本章的探讨将二语习得者中介语的研究看作语言学研究的一部分。中介语语法是既非 L1 语法亦非 L2 语法的自然语法，语法知识并不总是有形态表现，形态运用不能作为二语习得的充分必要证据。形式和形态不是同一个概念；形式是抽象的、看不见的，形态则是具体实现，二者未必有一一对应关系。作者指出，显性形态的习得与抽象句法知识的习得可能是分离的，并非同步，句法和形态的映射才是二语习得的关键；中介语语言能力取决于学习者的句法－形态映射。

3.1　引言

二语习得研究的不同目的决定研究者的视角。目前大体上有两种视角：揭示语言本源属性的本体论和服务于教学的工具论。以解释二语知识如何被掌握的研究必然倚重语言学，参照语言学关于语言本质的理论对二语知识的表征及发展变化进行本体探索。以提高二语教学效果为己任的研究一般在不重点考虑语言本质属性或参照语言学理论的情况下探讨影响二语习得的教育、教学、心理等语言之外的因素。仅从语言学角度来看，二语习得研究角度与语言学流派一样多，例如形式语言学、认知语言学、功能语言学等都为二语习得提供理论框架或背景。本章不涉及其他语言学角度的二语习得研究，仅从生成语法角度探讨中介语研究需要重视的几个认识论问题，尤其是形式－形态分离观（form-morphology separation）与句法－形态映射（syntax-morphology mapping）问题。此处探讨的问题在从语言学角度进行的二语习得研究中有一定的共性。本章首先阐释从语言学视角研究二语习得的必要性。

3.2　作为语言学的二语习得研究

语言学需要解答的问题之一是"语言知识是如何习得的"（Chomsky，1991，1995）。语言习得理论包含在语言理论之中，共同揭示人类心智的普遍性特征（即普遍语法 UG）乃至习得语言的能力。UG 作为语言习得理论的重要构件，是关于语言官能相关构件初始状态的理论，规定具体的语言层面，每一个层面都是一个表征系统（representational system），为语言表达式提供系统的信息（Chomsky，1995：167-169；Chomsky，2006：1）。某一语言的具体理论就是该语言的语法，如汉语语法、英语语法，而研究人类语言及其表达式的则是探讨 UG 的理论，如语段推导理论（Derivation by Phase）。也就是说，人类语言语法的共核是普遍语法，UG 不是有具体形态的体系，而仅仅是一套抽象的原则，是制约语言运算的条件。虽然我们对这套原则知之有限，甚至有误解，但是它的存在从哲理上讲是不争的事实。

二语习得是人类语言活动的重要组成部分，语言学也有必要解释二语知识如何被习得。虽然二语习得研究缘起于解决实际问题，但是语言学理论在二语习得学科发展过程中产生了巨大的影响。语言学理论不仅要描述客观语言事实（成人的语言知识体系），而且需要阐释语言的初始状态（儿童开始习得语言时的知识体系）。语言学为二语习得研究提供了丰富的理论基础，使其赖以提出可证伪的假说，如 UG 可及性假说（White，1996；戴曼纯，1998a）、最小树假设（Vainikka & Young-Scholten，1994，1996a，1996b）、特征失效假说（Hawkins & Chan，1997）。由此衍生出的二语习得研究不可能只局限于解决实际问题，还需要探讨不一定有明显或预期应用价值的理论问题（如普遍语法在二语习得过程中的可及性问题），二语习得领域也成了检验语言学理论的实验场。二语习得研究发展了半个多世纪，但还只能算是一门新兴的学科，五花八门的研究视角使其学科归类不甚明了。建立在生成语法、功能－类型学、认知科学基础之上的二语习得研究依然是该领域的主流（戴曼纯，2006），对语言学的倚重使其难免被人看成语言学的一个分支。

3.3 中介语语法的构成

3.3.1 语法的含义

从语言学角度进行的二语习得研究非常重视二语习得者的中介语语法发展规律，但关于什么是语法，至今尚无统一见解。如果问普通本族语者什么是语法，答案会五花八门，从学校教授的规定语法（如用 ain't 不正确）到描写语法（如规则动词过去式加 -ed）（Braidi，1999：1）不等。了解语言学的人还会给出更多的答案，如生成语法、系统功能语法、格语法、构式语法等。

广义的语法概念包括音系、语义、形态、句法等四大核心，狭义的语法概念仅限于词法和句法，但有时候我们把语法与句法等同起来。显然，正如人们对语言有不同的理解而衍生出不同的语言学流派一样，"语法"这个范畴也有不同的理解视角和含义，成为区分不同语言学流派的关键构念（construct）。对于语言教学而言，语法指的是语言"物质外壳"表现出的规律，是有"形态表现"的规则，可以阐述成文，或描写，或解释；"教学语法"是教学语法研究者归纳总结出来的条条框框，研究者将具体语言事实进行归类整理，分门别类进行罗列，以便于学习者参考模仿。这一意义上的语法是某种具体语言的语法。对于理论语言学家而言，语法指的是语言事实隐含的抽象规律，是产生具体语言物质形态的知识体系，是心智中的语言知识表征。以房屋建筑比喻语言，大致如下：具体语言的语法犹如具体建筑物的设计蓝图。一般人只能看到摩天大楼的一隅，而对指导施工的设计图一无所知。摩天大楼就像我们听到见到的有形的语言事实，设计图就像我们并不完全了解的具体语法；制约建筑设计的力学就像普遍语法，影响建筑设计外观的美学就像影响我们语言的文化；建筑设计者表达出的思想就像语言的语义和语用。理论语言学家犹如力学专家，具体语法研究者犹如建筑设计师，语言教师犹如施工者。不懂力学的建筑师设计出的房屋是危房，不懂力学和建筑学的施工者建造出的是劣质房屋。语言教学同理。

语法知识并不总是有形态表现，例如名词单复数和动词时体特征在不同语言中的形态表现有很大差异，即使在同一门语言中单复数的形态实现方式也并非总是整齐划一，例如英语的复数在词汇形态上可能实现为 [-s]/[-z]/[-iz]/[-ø]（此处词汇形态指发音，不是书写），computers 的复数有形态表现 [-z]，而 people 指"人"时复数没有形态表现，指"民族"则有。研究语法就是要揭示语言的抽象知识体系及其运算方式。这种意义上的语法不局限于某一具体语言的语法，而是人类语言的运算共核。

3.3.2　中介语语法的构成

中介语是自然语言，中介语语法也是自然语法——尽管其既非 L1 语法也非 L2 语法。中介语语法的初始状态可能有如下几种组合方式：1）L1 语法，无 UG；2）L1 语法及 UG；3）无 L1 语法，仅有 UG；4）部分 L1 语法及部分 UG（Herschensohn，2000：105）。1）比较容易排除（见 Kanno，1996，1997 的研究），3）也可以被证伪，因为有研究（如

Eubank，1993/1994 的研究）显示 L1 语法影响中介语语法的形成。2）和
4）才是二语习得研究需要重点探讨的问题。但是，二语习得研究主要考
查的是正在发展的中介语语法知识，不是起始阶段的萌芽知识。如果选
择二语习得的起始阶段研究中介语语法初始状态，该阶段应该有多长，
目前尚无统一看法。如果选择发展中的中介语作为研究内容，那么此时
能否分析出中介语语法的初始状态亦未可知。

　　语法知识是语言的核心，但不是语言的全部。语言由核心语法和
边缘部分构成。核心语法是一种理想化系统（Chomsky，1981：8），
Schachter 则进一步指出语法由核心语法（core grammar）与边缘语法
（peripheral grammar）构成（1988）。核心语法遵循语言的普遍原则，边
缘语法则不受此限制，个体特征明显。中介语语法也包含核心与边缘两
部分：一语及二语共有部分和相似部分趋向核心语法。UG 可及性问题涉
及核心语法，用边缘语法习得现象反驳或否定 UG 可及性是没有意义的。
如果 2）或 4）的组合方式正确，那么 L1 的核心语法与边缘语法影响着
中介语语法的形成。正确区分核心语法和边缘语法对此类研究有着重要
的理论建设意义，但能否正确区分有赖于语法理论的发展。作为语言学
研究一部分的二语习得研究寸步不离语言学理论的发展，随时汲取新的
理论观点，调整自己的方向和方法。

　　二语习得是否受 UG 的引导和制约曾是二语习得研究领域关注的重
要问题之一。UG 可及性问题颇具争议，但是所谓证明 UG 原则不可及的
研究只能说明 UG 理论还在发展、还不够完善（戴曼纯，1998a）。我们
不能因为某一"原则"不再被成人 L2 学习者利用就声称 UG 在成人二语
习得中不可及。UG 理论在深入，具体语言的语法理论也在发展，中介语
的语法理论也在相应地更新。

3.3.3　语法习得的判断依据

　　如何判断二语语法知识被习得并以此折射 L1 语法和 UG 的作用，是
二语习得研究的一个关键问题。根据形式－形态分离论（参见 Lardiere，
2000），表层形态的缺失不足以证明抽象知识的缺损。根据表层屈折缺失
假说（the Missing Surface Inflection Hypothesis），中介语语法中的形态缺
失或形态的不稳定运用反映的是表层形态实现方面的问题，而不是功能
语类投射或特征强弱方面受损（Haznedar，2003a）。

　　L2 学习者可能在具备抽象 L2 知识的情况下还不能恰当地将这种知

识映射在具体词汇形态上，例如学习者知道了"时体特征"但还无法正确使用动词的形态变化，如 *John have read the book。此时，学习者虽有普遍语法知识，但尚未建立起完整的 L2 语法体系。因此，我们要把学习者是否掌握了词汇的形态与是否掌握了相关语法知识区别对待。当调查学习者是否掌握一组动词的时体特征时，发现他们的合乎语法性判断及语言运用准确率不高，能不能由此认为学习者没有抽象的时体知识呢？恐怕很难下此结论。因为我们不可能等学习者掌握了"所有动词"的相应时体变化才认定"时体"已被习得。这就如一个车工的偶尔失误不能说明他技术不行或不了解图纸要求。

以 L2 学习者掌握英语所有动词为其充分习得动词特征的依据是不合理的，在理论建设上不可取，从实证研究来说不现实，因为本族语者也一样不可能掌握并运用本族语的所有动词。有时候，学生能正确使用常见动词形态，而在学习新动词时出现形态错误，显然不能以运用该新学动词时出现的形态错误判断学生尚未习得时体功能特征。仅以 *John have read the book 中表达时体的 have 为例：中高级学习者偶尔出现第三人称单数一般现在时 have 的误用，并不足以证明学生根本没有时体知识或无法进行 have 的正确运算。只要学习者在完成体语句中使用了 have，have 在疑问句和否定句中的句法位置正确，就不能依据形态方面的失误证明学习者缺少时体知识，即形态事实不是判断时体知识习得的充分必要证据。

学生此时的问题仅在不能准确地将抽象时体特征映射至动词形态上。形态出错只能说明学习者还没有成功地将句法知识与具体词语匹配起来，属于句法知识与词汇的连接不当。

但是，我们也面临一些难题：have 掌握到什么程度才算被完全习得呢？能正确运用多少个动词才可以算作完全习得了时体呢？掌握了多少个动词以后 L2 学习者的时体知识才不再是中介语语法知识呢？只有最后一个问题比较好回答：只要学习者的 L2 语法知识有不同于目标语语法的内容，他的 L2 语法就是中介语语法。但我们通常考查的问题涉及的是微观的 L2 语法知识点。要解答好上述难题很不容易。不过，我们认为，只要某一语法知识的形态能被有规律地正确运用，并超出几率水平（above the chance level），就应该表明学习者已经具备了这一语法知识。

二语语法知识"习得"的判定还与语言知识的类型有关。按照陈述性知识与程序性知识二分法，前者指关于语法的表述，是二语习得者对二语语法的了解，贮存于学习者的记忆中，可能被利用，也可能被传承下去或者被人忘记；后者指直接参与完成语言生成过程的知识，是实施、控制心理程序的能力。程序性中介语语法知识虽然能被二语习得者习得并用于生成句子，但不一定能被口头表述、传承。程序性知识是启动、实施语言运用的基础，但是其性质依然非常神秘。语言学家、二语习得研究者能阐述的是陈述性知识，对于中介语程序性知识知之甚少，调查起来难度较大。

语言运算所使用的抽象形式知识通常超出我们的意识，属于程序性知识范畴，是语言运用中的潜意识知识。而具体的 L2 形态知识易于进入学习者的意识状态，成为陈述性知识，甚至可以说词汇的学习不经过有意识的思考是不可能的（参见戴曼纯，1998b 关于接口的讨论）。形式与形态的匹配实际上在于两类知识之间的连接。然而，一个形式特征可能有若干个形态实现方式，再有更多的具体词汇承载这若干个形态实现。如何考查二者之间的匹配是判断二语语法知识习得的关键。但目前还没有研究能做到这一点。

值得思考的问题是，如果语言学家、二语习得研究者揭示的陈述性语法知识、中介语语法知识不是我们生成句子时实际运用的程序性知识，那么研究、讲授这些陈述性知识有何实际意义？语言学家提出的种种理论都只是关于语言属性的假设性知识，还不能称其为真理性知识，与人脑实际运用的语言知识尚有差距。用假设性语法知识考查二语习得者掌握 L2 的程度，本身就是一个方法论错误。教学语法提供的是陈述性知识，与人脑实际运用的语法知识没有一一对应关系，更不存在等量关系。理论语言学家提出的语法是另一套陈述性知识，虽然可能更接近心智中的语法知识，但还不是真理性知识，不是句子生成过程实际运用的程序性知识。二语习得研究者关于各种理论和假说的争论，其结果的输赢没有任何理论建设意义。

3.4 形式－形态分离论

二语习得研究的难点之一是如何正确分离形式与形态并考查二者的关系。常见问题是把二者混为一谈，不承认具体形态背后有隐藏的形式特征，理由是"眼见为实"。"眼见为实"在宏观世界和微观世界的研究中很容易起误导作用。例如，我们看见太阳从东方升起，围绕地球转；而实际上是地球围绕太阳转，"东"和"西"也是相对的。又如，电是看不见的，但却是实实在在地存在的。所以，以看不见为由否认语言抽象形式特征的存在是不科学的。

　　形态和形式是语言的两个层面：前者具体，为语言的物质外壳；后者抽象，是语言的精神内容。形态是由具体语音实现的，而形式是抽象的知识，不一定有语音表现。然而，在二语习得研究中，形态特征（morphological feature）和形式特征（formal feature）往往被误解成同一概念。研究者有可能忽视同一形式特征有不同形态表现这个事实，倾向于用收集到的 L2 语料构建中介语的知识体系。

　　所谓 L2 学习者的抽象形式知识，指的是关于最短距离移动（Shortest Move）的知识，或者疑问导句词 C_{wh} 是否带强特征之类的知识，不是指运用语言的具体技能（如听、说、读、写技能）或词语、短语、语句等具体词句和结构。从句法角度看，形态表现就是形式特征的具体实现，句法能力则是句法结构的心理表征，尤其是功能语类（functional categories）及特征的表征（参见 Lardiere，2000：102）。Lardiere（2000）在讨论特征在形式上的映射时狭义地界定了形态形式（morphological form），用其指以显性方式实现的屈折词缀或词素上的音系变化，显然模糊了"形式"这个概念。

　　形式指抽象特征，如 Chomsky（1995：277）曾区分过的特征：语类特征、Φ 特征、格特征、强特征 F（当 F 为语类特征时）。把形态和形式特征区分开来的理论称为分离说（Separation Hypothesis，参见 Lardiere，2000：103）。根据这一假说，动词屈折变化可以表现为抽象的特征，而不是语音上拼读出来的具体形态（Chomsky，1995：381）。

　　如果形态和形式特征属性是分离的，且有的没有一一对应起来，那么仅靠语音上已经实现的形态来探寻形式特征属性就会遇到困难，即如何揭示那些没有在语音上实现的特征属性。二语习得研究也面临句法学类似的问题。抽象特征的强弱（strength）可以参数化，强特征驱动提升操作以便核查特征，弱特征不能驱动移位操作，如疑问句 What have you bought?（你买了什么？）。英语的疑问句投射的 C 就带强特征，wh 短语提升至其 [Spec，CP] 位置，而汉语疑问句的 C 带弱特征，wh 短语不提升至 [Spec，CP] 位置核查相关形式特征。然而，确定参数值的唯一方式就是看是否有显性提升操作（overt raising），这就面临需要避免的循环论证问题（Lardiere，2000），即通过设计句法特征的属性解读提升操作，然后通过有提升操作的语料证明句法特征的存在。儿童在习得母语的过程中很早就知道所习得的语言是否有动词提升，而此时他们并没有习得数量众多的相关形态差异。White（2003a）在批判 Vainikka 和 Young-Scholten（1994，1996a，1996b，1998a）的最小树假设（Minimal Trees Hypothesis）时不赞成屈折形态表明功能语类的观点，认为功能语类不一定实现为具体形态，例如英语疑问句的功能语类 C、主题化功能语类 Top 等在英语中就没有实现为具体形态。

语言学理论关于语言知识表征方式和表现形式的观点直接影响我们对二语知识系统发展的看法及考查方法。如果语言知识是抽象的，我们有必要弄清 L2 学习者如何从具体词句的掌握透析出有关抽象知识及其在具体词句上的应用。也就是说，调查 L2 学习者掌握具体词句及结构是否能证明 L2 抽象知识的习得。

抽象知识（形式知识）与具体词句（形态表现）之间的关系与发展有以下几种可能：

1）L2 学习者先有抽象知识（即所谓二语习得初始阶段的形式特征），后掌握具体词句。习得过程就是把抽象知识赋予或映射在具体词句上，但有可能出现抽象知识的映射出错。然而，如上所述，即使某一词语的掌握出现差错，也不一定表明学习者缺乏相关抽象知识。普遍语法可及论、母语迁移等观点均暗示二语的此类发展模式。因此，中介语语法知识有可能超出现有 L2 输入蕴含的语法。

2）L2 学习者开始习得二语之前没有相应的二语抽象知识，所有抽象知识来自已经掌握的具体词句，由其透析出来。没有掌握的词句结构不能透析出正确的抽象知识，所以无助于二语知识系统的正确发展。倘若如此，L2 学习者掌握的中介语抽象知识必然少于其接触过的具体词句和结构蕴含的知识，即学习者不可能掌握 L2 语言输入之外的知识。这种关系完全排除了母语知识和普遍语法知识的影响。普遍语法不可及论、母语无迁移观均暗示二语知识以此类方式发展。中介语语法知识只可能少于现有 L2 输入蕴含的语法。

3）二语抽象知识源自习得者接触的二语具体词句与结构。因为用于透析出抽象知识的词和结构不一定被掌握，所以中介语知识也包含不正确的内容。中介语抽象知识体系小于所接触的语言事实蕴含的知识，且包含错误的二语知识。母语迁移被忽略。这一关系与上一种的区别仅在于，中介语发展之时，二语词句是被接触而非已经被完全掌握运用。同上，中介语语法知识只可能少于现有 L2 输入蕴含的语法，但是多于上一种中介语语法。

4）L2 学习者的抽象知识和具体词句、结构等并行发展，相互影响。掌握了抽象知识就意味着具体词句不会出错，反过来也可以说运用具体词句和结构不出错就意味着已经具备了抽象知识，如果具体词句使用出错就说明没有掌握相应的抽象知识。这一并行发展的关系似乎忽略了母语抽象知识对 L2 知识体系发展的影响，更忽略了人类语言共核知识的存在。这种关系暗示形态即形式。研究者以形态的正确运用作为形式特征被掌握的依据，形态与形式的发展不分先后。

以上关系都有待进一步的研究论证加以确定。

3.5 句法－形态习得

如果 L2 学习者能正确使用某一句法结构（例如不定式结构）的形态，我们就认为他已经习得了该结构所需的二语知识。但是，如果某一形态使用不正确，是否就表明学习者不具备与形态有关的形式特征属性方面的知识呢？我们是否可以仅根据形态的正确性和有无来确定抽象的形式属性知识呢？这些都是二语习得研究必须回答的问题。

一语习得有这么一种现象，在成人语言要求使用有定动词（finite verbs）的情况下儿童有时却用了非有定动词（non-finite verbs），这一结构被称为根不定式（root infinitive）。Lardiere（2000）就此提出两个问题：1）形态上非有定的形式（指结构）是否在句法上也为非有定性质？2）习得有定形态是否为有定所涉功能语类句法表征的必要先决条件？换言之，语言运用中没有出现某一形态是否表明使用者的句法中缺少某一（些）功能语类或者功能语类特征呢？显而易见，在没有掌握任何形态的情况下是不可能有句法推导的。虽然形态是句法推导的先决条件，但是这不等于说必须掌握所有相关形态才能进行句法推导。尽管对于形态缺陷在多大程度上反映句法缺陷还有争议，但是形态的缺失和变异不是杂乱的，而是与某些句法属性呈系统的相关性：动词提升与动词的有定屈折相关，有定屈折变化的动词进行提升操作，非有定或默认屈折形态的动词则不提升；有定屈折运用起来准确率高，儿童的形态错误多属于缺失类（omission）错误；习得屈折形式丰富的语言的儿童与习得屈折形式不丰富的语言的儿童相比，根不定式的使用不常见；尽管儿童省略一致呼应（agreement）的形态变化，但不会使用错误的人称呼应词缀；儿童习得一语时就已知晓形态简化带来句法后果，形态与句法特征之间的映射业已发生（Lardiere，2000：112–115）。

二语习得的形态与句法之间的关系似乎更为复杂。成人在形态使用上出现的问题多为形态缺失（missing），而不是错误的屈折形态（Lardiere，2000：115）。一语习得被认为受普遍语法制约，但对于二语习得是否受普遍语法制约尚有争议（戴曼纯，1998a）。有些二语习得研究者根据一语习得和二语习得表现出的相同性提出二语习得也受普遍语法制约；而有些学者则根据二者之间的差异认为二语语法不受普遍语法制约。然而这两种观点未必合乎逻辑——尤其在我们都认为母语知识在影响二语发展的过程和结果方面有着重要作用（Lardiere，2000：108）的情况下。且不说二者之间的比较存在很大的对比谬论问题（参见 Lakshmanan & Selinker，2001）；一语和二语即使有差异，也并不表明二语就没有遵循普遍语法，只是中介语在普遍语法制约下形成了与一语略有不同的系统而已。鉴于具体形态屈折与抽象形式属性不完全一一对应，仅靠观察、分析一语和二语的形态异同就得出普遍语法可及性、中介语的发展规律等结论显然有待商榷。有关研究论断的分析如下。

具体语言在形态上体现出来的具体特征存在语际差别，二语习得研究往往假定具体形态的可识别属性（detectable properties）为学习者提供了信息，确定哪些功能语类应该投射在中介语的短语结构中（Lardiere，2000）。Vainikka 和 Young-Scholten（1994，1996a，1996b，1998a，1998b）以德语 L2 学习者的中介语早期语法运用中极少出现屈折功能语类（如 IP）及特征为依据，提出最小树假设，指出中介语初期的相关二语功能语类知识无法靠 L1 迁移获得，动词一致方面依然不完整，因此，他们认为没有基础生成后缀的 INFL（IP 表屈折的功能语类）或 Agr（表示一致的功能语类）位置，即中介语初期无功能语类投射。功能语类是在初始状态之后受输入驱动逐渐构建的：中介语最初阶段的句子结构是 VP，然后是 IP（TP），最后才是 CP。Eubank 等人（1997）也认为中介语特征值的确定取决于语言输入中出现的有关词缀，黏着词缀（bound affixes）不是从一语迁移至二语的，相关特征值也无迁移。这样一来，Eubank 等就把显性形态与其包含的句法特征画上了等号。把具体黏着词缀看成貌似相同的抽象特征，是一种有悖形式－形态分离事实的观点。

有实证研究（Lardiere，2000）显示分离说更可取。L2 学习者的语法中可能包含语音词汇形式为空但句法位置并不为空的抽象功能语类，例如中国英语学习者（尤其是中高级水平学习者）可能把空导句词形式

(null-that) 作为默认值，用其替代显性导句词 that。因此，必用显性导句词 That 的句法位置上缺失显性导句词并不意味着句法性质上的真正缺失。根据 Herschensohn（2000）的句法词汇知识习得论述，句法知识的掌握先于词汇知识（包括句法知识和词汇知识的匹配），因此，可以认为学习者先习得或具备 that 及 null-that（正体表示词汇形态，斜体表示抽象形式）句法知识（即抽象的形式特征属性），然后才出现词汇形态的 that 与句法特征 *that* 的匹配，从而习得词汇形态的 that/*that*（参见第四章）。

Lardiere（2000）用三类证据（代词主语的格、否定和副词的语序、有无显性导句词的子句）论证 L2 句法知识与动词形态标记明显分离（sharply dissociated）。根据最简方案，主格的指派与 T（P）的有定 / 无定特征（[±finite]）标示密切相关，（英语的）T 带有定形式特征时，DP 提升至 [Spec，TP]，与其核查格特征。英语只有代词作主语时能看出格的形态标记，所以 Lardiere 研究代词主语及时态变化，检验是否有 T 出现并标示出特征强弱和有定属性。她发现，学习了八年半的受试 Patty 在必须使用一般过去时的情景下只用了约34%，比率相当低，但是代词的格使用得相当完美，有定子句的主语用主格代词，宾语用宾格。因此，Lardiere 认为 Patty 的语法表征有 T 这个功能语类，且带标示出强弱和有定属性的特征。其次，受试主动词一致呼应词缀的使用率极低（约4%），而否定 Neg 和副词结构中没有出现动词提升，动词提升似乎没有成为一种可选的操作（就英语而言，这一结果恰好是正确的）。Lardiere 依此认为受试的主动词缺少显性一致呼应词缀是其英语中介语的僵化特点，而其句法表征里并非特征不足，也就是说，即使这类词缀从未被习得，成人 L2 学习者仍然能确定目标语的动词提升情况。第三，有证据表明受试的子句短语结构表征有 CP 投射，其中有非常复杂的多重嵌入式结构、自由关系子句、特殊疑问句、是非疑问句和各种显性导句词，如 Why do you want me to go? Something that have to show the unbeliever that you are in spirit 等。Lardiere 指出，一般认为 CP 投射的出现蕴含其他较低功能语类投射的习得，尽管受试的词缀形态贫乏，但功能语类的表征是完整的。Lardiere 的研究和分析表明，显性形态的习得与抽象句法属性的习得可能是分开的，不一定并列进行。

3.6　形式－形态分离的理论意义

形式－形态分离和句法－形态习得分离的观点对二语习得实证研究和理论建设有着重要的指导意义：

第一，作为语言学一部分的中介语研究与语言学理论密切相连，对语言属性的重新认识能深化对二语习得现象的理解，有利于理论建设。

第二，学习者语言使用过程中时对时错的形态特征不再是完全令人困惑的现象，适当将应用相同句法知识的不同形态实现（如充当主语的代词、名词短语、子句等带有相同的形式特征，以便进行正确的句法推导）分开处理，从中分析出学习者已经具备的抽象句法知识。

第三，对研究方法提出新的要求，例如在论证过程中，尤其需要甄别并排除那些被学习者作为语块（chunk）死记硬背、未曾解析的语料。

第四，实证研究设计上无须考虑将 L2 学习者与本族语者进行对比，避免所谓对比悖论（comparative fallacy）。

形式－形态分离观为认识二语学习者的语言能力（此处指的不是广义的交际语言能力，而是狭义的语言能力）提供了一个新视角，我们有必要重新审视二语语言能力。让我们设想一下二语学习者处于这样一种状态：1）部分 L2 句法知识缺失，无所谓形态与形式匹配的问题，产出的语料（一般为背诵的语块，如学习初期产出的 Good morning. What's...?）对研究中介语的发展无意义；2）部分句法知识与形态匹配得当，运用的形态正确，即我们通常所说的学生掌握了这部分"语法"；3）部分句法知识与形态匹配不当，出现映射（mapping）失误，学习者的语言运用出现形态上的差错，即学习者未掌握这部分"语法"；4）在 L2 学习者对有形态的输入进行有意识思考的同时，其语言习得机制潜意识处理形式知识与形态之间的关系，将抽象句法知识映射在具体形态上。句法和形态的映射是二语习得的关键。这种复杂状态致使二语学习者语言运用呈现出个体差异。

以上论述的必然结果是：中介语语言能力取决于学习者的形式－形态映射或句法－形态映射。如果这一假设正确，语言能力的测试除了参照学习者运用语言形态的水平外，还必须考虑形式－形态问题。

3.7　结语

本章从语言学角度讨论了二语习得研究的几个基本问题。作者除了论述二语习得研究作为语言学一部分的必要性外，还详细探讨了语法的含义及语法习得的判断标准，论证了形式－形态分离说及其对二语习得研究的指导意义。形式－形态分离论的必然结果是学习者的形式－形态映射决定其中介语语言能力。

（作者：戴曼纯、康悦）

英语导句词THAT的习得

章节提要

在学习者的早期中介语使用中常出现功能语类省略或者使用不当的现象。以 Vainikka 与 Young-Scholten 为代表的二语习得研究者以此现象为论据，认为二语系统的初始状态中不存在功能语类。本项研究通过调查中国学生英语陈述性导句词的使用情况，用实证数据证明，缺乏显性导句词的表达形式并不能直接证明功能语类 COMP 不存在；二语习得中的功能语类缺失现象可能归咎于从语法特征到词汇表达之间的"映射重构"（remapping）。

4.1 引言

近年来，功能语类在中介语系统中的发展状态成了二语习得研究领域里的热点问题。二语习得者（尤其是初学者）普遍存在省略和误用功能语类的现象，甚至在某些初学者的早期中介语使用中看不到功能语类。二语研究界针对这一现象提出了各种解释，目前大致形成了两派互相对立的观点：一些研究人员，如 Vainikka 和 Young-Scholten（1994，1996a，1996b，1998a，1998b），Eubank（1993/94，1994，1996），Beck（1997）及 Hawkins（1998），认为功能语类的特征在第二语言中不充分，他们甚至由此来解释二语习得者普遍失败的现象。另一些研究者，如 Lardiere（1998a，1998b，2000），Prévost 和 White（2000），Haznedar（2001）等则认为中介语中缺少或运用过多变异形式（不同的表达形式表达功能语类的现象）反映的仅仅是表层形态实现的问题，并不意味着功能语类或特征值有损伤，而在于抽象特征值与这些特征值在表层形态上的形态音位表征之间的映射问题。

二语习得者是否具备 CP（Complementizer Phrase）这种语段（关于 Phase 语段的论述，请参阅 Chomsky，1999）句法知识的重要表现之一是二语习得者从属子句的句法表达。其中，从属子句导句词的使用是一个重要标志。二语习得者的语料中出现显性导句词被视作二语习得者具备 CP 语段知识的重要依据。但是，问题在于，语料中缺乏显性的导句词表达形式是否如 Vainikka 和 Young-Scholten 等人（1994，1996a，1996b，1998a，1998b）所认为的一样，二语语法中就不存在功能语类 COMP 呢？是否可以得出二语语法中无 CP 功能语类投射的结论呢？

为探讨上述问题，本项研究采用横向研究法对中国学生使用英语陈述性导句词的情况做了实验调查，试图在结合前人研究的基础上从这个角度论述二语语料中功能语类缺失背后的深层原因。

4.2　理论背景

4.2.1　最小树假设

Vainikka 和 Young-Scholten（1994，1996a，1996b，1998a，1998b）以中介语早期语法运用中极少出现功能语类的情况为重要证据，提出最小树假设（Minimal Trees Hypothesis），认为二语初始状态只存在实词投射，不存在功能语类的迁移，也不存在功能语类投射。功能语类是在初始状态之后受输入驱动逐渐构建的：中介语最初阶段的句子结构是 VP，然后是较低级功能的 IP（TP），最后才是较高级功能的 CP。

最小树假设赖以构建的重要依据是早期二语语法中缺失与功能语类投射相应的语音词汇表达形式。Vainikka 和 Young-Scholten（1994，1996a，1996b，1998a，1998b）分别调查了母语为朝鲜语、土耳其语、西班牙语和意大利语的成年人习得第二语言（德语）的情况。他们发现，在所收集的实验数据中功能语类极少出现在早期二语语法运用中。因为功能词（具体化的词语）与功能语类（抽象化的句法实体）密切相关（例如导句词 that 与功能语类 COMP 的关系），他们认为实验数据中出现系统性的功能词缺失情况表明二语习得者的早期语法中不存在功能语类。那么，依据他们的观点，在实验数据中二语习得者没有使用导句词表明其语法中没有出现 CP 层次的功能语类投射。

4.2.2　表层屈折缺失假设

最小树假设受到的严重挑战来自 Lardiere（1998a，1998b，2000），Prévost 和 White（2000），Haznedar（2001）等人提出的表层屈折缺失假设（Missing Surface Inflection Hypothesis）。针对二语早期语法极少出现功能语类的情况，该假设认为，二语语法包含抽象的语类与特征值，出现表层形态缺失或使用过多变异表达的问题在于：抽象特征值与这些特征值在表层形态上的形态音位表征之间存在映射问题。Lardiere

(1998a/1998b) 考察了一个在美国居住了 18 年、母语为汉语的人习得英语的情况。她的研究表明,尽管受试的语言表达水平较低,但仔细分析其语句的句法结构发现,该习得者从抽象意义上来说已掌握了时态及一致关系。由此,Lardiere 认为二语习得普遍失败的原因不能归咎于功能语类及其特征值,而应该在形态投射方面找原因。此外,Prévost 和 White (2000) 考察了成人二语习得者习得法语与德语的情况,Haznedar (2001) 跟踪调查母语为土耳其语的一名儿童习得英语的情况。他们均找到类似证据,支持 Lardiere 的观点,认为中介语语法存在从抽象特征到表层形态表达之间的映射问题。

表层屈折缺失假设的实证证据主要来自考查二语习得者语法中的动词屈折变化,涉及 CP 层次的导句词研究则很少。从上述假设出发,本研究将全面考查中国学生使用英语陈述性导句词 that 的情况,其中着重调查初级水平学习者的具体使用情况,以检验最小树假设所提出的相应观点。

4.3　实证研究

4.3.1　受试

受试有三个组,共 109 名学生。他们属于三个不同的教育层次,分别代表三种不同的语言水平:其中初级组 42 人,来自湖南省某中学初中二年级的一个自然班级,据调查他们在初中入学前未接受过任何形式的英语教学,参加实验时刚刚接触陈述性名词从句的知识;中级组为湖南大学英语专业二年级学生,共 32 人;高级组受试为该校英语专业四年级成绩优异的学生,共 35 人。

4.3.2　测试材料

本项实验研究所测句子结构参照 Nakajima (1996) 的分类模式,如 (1) 所示:

(1) a. I think that/ Ø he's awake. (Ø 表示此处可以不用 that)

　　b. I am sure that/ Ø he's awake.

　　c. We must show the proof that/* Ø this is correct. (* Ø 表示不用 that 时该句不可以接受)

　　d. That/* Ø he's awake is certain.

　　e. That/* Ø he's awake, I don't know.

f. I am sure, because I have been at home, that/* Ø he's awake.

引导陈述性从句的导句词 that 有时可以与其对应的空导句词（null-that）互相替换，有时这两者之间又不可替代。null-that 可以出现的位置与 that 相比有很强的局限性。根据 nakajima（1996）的分析，这两个导句词实质上是两种不同类型 CP（一种是标准结构表达 CP，另一种是有标记性的结构表达 TopP）的中心语，具有不同的类别特征。当陈述性名词从句处于一般动词、形容词的补语位置时，导句词 that 及其相对应的空导句词 null-that 可以互相替换（见（1）a，（1）b）。但在陈述性名词从句充当名词补语（见（1）c）或出现在主语位置（见（1）d）以及从句与中心语分离，出现主题化、外置结构等情形（见（1）e，（1）f）时导句词不允许为空，而必须使用显性词 that。

因此，本实验主要考查五类句子结构，分别对应例句 [（1）a—（1）f]。这五类句子结构包括陈述性名词从句处于一般动词的补语位置（如（1）a），在实验中简称为 VC 结构（Verb Complement）；处于形容词的补语位置（如（1）b），在实验中简称为 AC 结构（Adjective Complement）；处于名词补语位置（如（1）c），在实验中简称为 NC 结构（Noun Complement）；出现在主语位置（如（1）d），在实验中简称为 SP 结构（Subject Position）以及从句与中心语分离，如从句与中心语被中间主题化、外置结构等情形（如（1）e，（1）f），在实验中简称为 DP 结构（Displaced Position；这个 DP 不是 Determiner Phrase）。当然，上述分类并未穷尽所有分布情况，但因其他分布属特殊情况，不具代表性，就没有包括在研究范围之内 [1]。

4.3.3　测试工具

为全面考查受试关于英语陈述性导句词的产出性知识和接受性知识，我们让受试在规定时间内先完成两项产出任务（语句翻译和选择填空），然后再做可接受性判断。在语句翻译任务中，要求受试完成 10 个句子（包含 5 类句子结构，每类句子结构分配 2 个测试语句）的翻译。接下来，在进行选择填空任务之前，我们先向受试示范具体作法（在 a，b，c，d 四个选项中选择其中一个填入空白处），并特意解释 b "不填" 与 d "不

1　例外情形如：在非桥动词（non-bridge verb）后只可出现显性导句词 that（Stowell，1981），子句内的成分不能越过非桥动词外移，在某些外置结构位置上 that 可以省略，如 Mary is a dunce, I think. 但 I think, I believe 等可被看成插入语作附加语使用。

知道填"的区别，所示范例句如（2）所示：

（2）I said very loudly _____ it was raining.

　　　a. that　　　b. 不填　　　c. that 或不填　　　d. 不知道填

受试按照示范完成 10 个句子的选择填空任务，这 10 个句子同样包含了 5 类句子结构，其中 6 个句子必须使用显性导句词 that。

可接受性判断被安排在最后进行。实验设计依照 Dube（2000）的模式：一共五个句子结构，每个句子结构两个例句，每个例句又分为使用和不使用显性导句词 that 两种情况，这样共计 20 个测试句子，并随机排列。在实验前，我们向受试同时用口头和书面的形式解释答题方法，要求受试根据对句子可接受性程度的估测选择相应的数字，数字 1 表示"完全不能接受"；数字 5 表示"完全接受"；数字 2，3，4 介于其间。同时，我们向受试说明每个句子在拼写、时态、标点等方面无误。

为了控制词汇难度，所有用于测试材料的单词均不超出中学英语教学大纲。因而对中级组和高级组而言，他们在实验过程中不会遇到任何新单词。至于初级组，在实验前一周所有实验中涉及的新单词由其任课教师教给他们。在实验中我们还准备了新单词词汇表，供初级组成员人手一册使用。这就保证了所有受试在实验中无词汇因素的干扰。

4.4　分析与讨论

4.4.1　数据分析

本项实验调查一共收回 105 份有效测试结果，其中初级组 39 份，中级组 31 份，高级组 35 份。我们采用 SPSS11.5 对所得数据进行描述性分析和方差分析。

4.4.1.1　翻译

各组在语句翻译任务中使用陈述性导句词 that 的比率如下所示：

表 4.1　在语句翻译任务中使用显性导句词 that 的比率

结构	初级组（n=39）	中级组（n=31）	高级组（n=35）
VC	6.2%	55.2%	28.3%
AC	7.9%	62.3%	33.5%
NC	8.5%	74.1%	92.5%
SP	4.3%	71.9%	93.2%
DP	3.2%	68.5%	75.3%

上表显示，初级组在语句翻译任务中很少使用显性导句词that，平均使用比率仅为6.1%，另外，在五种结构中导句词使用情况非常接近，比值相差不大；中级组在三组中使用that的平均比率是最高的（67.9%）；高级组在that必须出现的语境中（NC，SP，DP）正确使用率最高（87%），而在that可省略的语境（VC，AC）中的比率相对中级组反而回落较大（30.9%）。

显然，初级水平学习者很少使用显性导句词that，那么他们的头脑里是否具备相应的CP句法结构知识呢？我们分析了初级组在语句翻译任务中陈述性从句方面的其他表现因素，包括除导句词以外Phinney（1981）所指出的其他三个必备的触发性条件，即两个动词（主句动词和从句动词）、从句主语和时态。结果统计如下所示：

表4.2　三个触发性条件在初级组语句翻译任务中出现的频率

	VC	AC	NC	SP	DP	合计
两个动词	70	69	78	75	71	363
从句主语	74	70	72	73	65	354
时态	60	59	58	69	67	313

如表4.2所示，Phinney所指出的陈述性从句的其他三个触发性因素在初级组的语句翻译任务中出现频率极高，最低一项（时态）也达到了79%的水平。Phinney（1981）提出，英语陈述性导句词和关系代词在非正式用语中经常可省略，因而作为陈述性从句触发性条件之一的导句词的必备性效果减弱。从上述结果我们可以看出：初级水平学习者的语法中虽缺少功能语类COMP，但存在陈述性补语成分。

4.4.1.2　选择填空任务

在选择填空任务中应区分that可省略的语境（VC，AC）和that必须出现的语境（NC，SP，DP）。各组在这两种不同语境中产出任务统计结果分别由表4.3和表4.4所示：

表4.3　VC和AC结构的选择填空结果

	初级组（n=39）	中级组（n=31）	高级组（n=35）
That	91（23.4%）	57（18.2%）	37（10.7%）
不填	143（36.6%）	64（20.5%）	49（13.9%）

（续表）

	初级组（n=39）	中级组（n=31）	高级组（n=35）
That 或不填	104（26.6%）	171（55.3%）	253（72.3%）
不知道填	52（13.4%）	18（6%）	11（3.1%）

表 4.4　NC，SP，DP 结构的选择填空结果

	初级组（n=39）	中级组（n=31）	高级组（n=35）
That	110（28.2%）	182（58.8%）	265（75.7%）
不填	134（34.4%）	61（19.6%）	40（11.5%）
That 或不填	95（24.5%）	47（15.2%）	32（9.2%）
不知道填	51（12.9%）	20（6.4%）	13（3.6%）

　　表 4.3 和表 4.4 所示结果与前面语句翻译任务结果相比基本一致。从表 4.3 可看出，在 that 可省略的语境中选择显性词 that 的比率很低，且三个水平组的倾向都十分明显。表 4.4 进一步表明学习者语言水平越高，所测试结果的正确率就越高。

4.4.1.3　可接受性判断

　　我们在可接受性判断测试中设定的评分标准依照受试对句子的可接受程度进行，从完全不能接受到完全能够接受的 5 个等级分别计分为 0，1，2，3，4 分。各组在可接受性判断测试中的统计结果由表 4.5 所示：

表 4.5　可接受性判断测试得分统计

结构	初级组（n=39）		中级组（n=31）		高级组（n=35）	
	得分	标准差	得分	标准差	得分	标准差
VC+	2.0756	2.6	3.0931	1.2	3.5578	0.8
VC−	3.1335	2.1	2.8913	0.8	3.6576	1.1
AC+	2.2674	3.2	3.1032	1.5	3.6289	1.3
AC−	3.0975	2.8	2.9827	1.3	3.7046	0.9
NC+	2.4087	5.6	3.0842	1.9	3.5632	0.9
NC−	3.0859	2.3	2.2089	1.2	1.8948	1.1
SP+	2.3464	6.5	2.9676	1.8	3.4070	1.2

（续表）

结构	初级组（n=39）		中级组（n=31）		高级组（n=35）	
	得分	标准差	得分	标准差	得分	标准差
SP–	3.1840	2.8	2.3088	1.3	2.0094	0.8
DP+	2.2836	7.4	2.5532	2.4	3.1646	1.4
DP–	2.8931	1.9	2.3298	1.8	2.0441	0.8

注："+"表示有显性导句词 that 的句子；"–"表示使用空导句词的句子。

产出任务的结果在可接受性判断测试中进一步得到了证实。方差分析（ANOVA）表明，语言水平因素的影响非常显著（$F_{(2,102)}$=15.23，$p<0.004$），随后的检验显示初级组分别与中级组和高级组的结果存在显著差异（$p<0.05$）。另外，结构类型因素的影响同样显著（$F_{(4,100)}$=5.22，$p<0.01$），在比较组间差异时 t 检验表明中级组和高级组的数据在 that 可省略的语境（VC 与 AC 结构）和 that 必须出现的语境中（NC，SP，DP 结构）差异显著，其中 NC 结构与 SP、DP 结构又存在显著差异，而结构因素对初级组的影响不大。

上述三项实验结果一致表明：1）初级组在产出性测试中经常省略陈述性导句词（在语句翻译任务中达 93.9%），在理解性任务中明显表示出接受有空导句词的句子，他们不能正确区分陈述性导句词 that 可省略的情况和 that 必须出现的情况；2）尽管在初级水平学习者的语法中很少出现显性导句词，但却存在陈述性补语成分；3）与初级者相比，中级组与高级组能区分陈述性导句词 that 可省略的情况和必须出现的情况；4）中级组在陈述性导句词 that 和空导句词皆可出现的环境中交替使用两种形式，而高级组则表现出与初级组相似的省略导句词的偏好；5）受试对目的语结构的掌握表现出一定的发展趋势：英语语言水平越高，掌握得越好。

4.4.2 讨论

以上数据显示，不同水平的中国学生在使用陈述性导句词时皆表现出一定程度的缺失倾向，这在 that 可省略的语境中表现得尤为明显。对于初级水平学习者而言，他们分不清 that 可省略的句法语境和 that 必须出现的句法语境，极少使用陈述性导句词 that。那么，这些导句词缺失现象背后的原因是什么呢？初级水平学习者的语法是否如 Vainikka 和

Young-Scholten 所认为的一样，因为表层表达中缺少功能语类 COMP，从而句法结构无 CP 功能语类投射呢？为此，我们将中国学生省略使用陈述性导句词 that 的可能性原因分析如下。

首先，这些学生的母语为汉语，在汉语里除"的"这个较特殊的语素外一般无显性导句词引导陈述性从属子句。另一方面，这些学生的目标语为英语，在英语中有两个陈述性导句词，即 that 及其相对应的空导句词 null-that。这两个陈述性导句词实质上是两种不同 CP 类型的中心语。它们在动词、形容词后的补语成分中可以交替出现，但在名词之后及在远离中心语位置（如主语位置、主题化位置、外置位置）时陈述性从属子句不能由空导句词引导。从这些学习者的母语和目标语之间的句法差异性以及实验语料数据表现出的系统性省略情况来看，中国英语学习者——尤其是初级水平学习者——很有可能迁移了母语的空导句词引导从属子句的结构特点。

汉语里的空导句词是无标记的形式。英语里无标记的形式是显性导句词 that，空导句词 null-that 是有标记的形式 (Liceras, 1985)。从标记性的角度来看，当母语中的无标记形式为二语中的有标记形式时迁移效果最为显著 (Eckman, 1977)。这就合理地解释了中国英语学习者（尤其是初级水平学习者）的中介语出现系统性缺失显性导句词的现象。

其次，有些缺失显性导句词的现象可能是由学习者过度概括空导句词的用法引起的。即使是使用正确率较高的高级水平学习者也会出现误用空导句词的现象。他们在处理动词和补语之间有插入性的副词或介词词组成分的结构时，误用空导句词的比率达到 24.7%。究其原因，很有可能是受类似的双宾结构影响，从而出现过度概括使用空导句词的情况。在非正式用语中，英语本族语者经常省略导句词 that (Phinney, 1981)。从经济性的角度来看，在导句词可省略的语境中，使用空导句词显得经济省力，因而更易为人所用。学习者接触到这样的语料输入时有可能过度概括其用法，即在 that 必须出现的语境里也省略不用。

中国英语学习者，尤其是中高级水平学习者可能借助于空导句词形式作为默认值来替代显性导句词 that。在这种情况下，即使在必用显性导句词 that 的语境中，缺失显性导句词并不意味着句法性质上的真正缺失。显然，这有别于最小树假设的前提假设——缺失与功能语类相关的表层语音词汇表达形式意味着不存在功能语类。

与中高级水平学习者相比，初级水平学习者显然没有掌握陈述性导句词的正确用法（Vainikka 和 Young-Scholten 把 60% 的使用正确率作为掌握标准），其实验结果出现了不分句法语境的系统性缺失导句词现象。这与 Lakshmanan 和 Selinker（1994）以及 Dube（2000）的研究结果非常相似。Lakshmanan 和 Selinker 调查了两名分别以西班牙语和法语为母语背景的人习得英语导句词的情况。他们发现尽管两名受试的母语都不允许出现空导句词，在其二语习得的早期实验语料中没有出现显性导句词 that，却出现了另一个导句词 if。为此，Lakshmanan 和 Selinker 的解释是表层形式导句词的习得滞后于相应语法知识。正如 Hyams（1996）所言，在一语和二语习得的早期阶段出现缺失词汇形式导句词的现象说明应该区分习得补语成分和习得导句词两个概念。前者涉及句法、语义现象，而后者涉及词汇学习。

事实上，表层导句词习得的相对滞后反映了语法和语音之间映射的重构问题。在 Dube（2000）的研究中，母语为英语的人在习得第二语言祖鲁语的早期阶段时也出现了缺失陈述性导句词 *ukuthi* 的现象，而 *ukuthi* 在祖鲁语中是引导陈述性子句必须出现的词汇形式导句词。Dube 还发现，受试在习得祖鲁语的初始阶段还表现出明显接受缺失导句词且结构为 VC，AC 的句子，这说明二语初始状态有功能语类的迁移。结合上述两个相关研究来看，初级水平学习者很少使用显性导句词的合理解释是表层导句词的词汇形式习得相对滞后。初级组在产出任务里很少使用显性导句词，但他们的语法中存在陈述性补语成分，这说明初级水平学习者可能具备以 CP 结构作补语成分的知识，但没有同步习得表层词汇形式的导句词。Herschensohn（2000）关于句法词汇知识习得的论述也说明，句法知识的掌握先于词汇知识（包括句法知识和词汇知识的匹配）。换言之，学习者先习得或具备 that 及 null-that 句法知识，然后才出现词汇 that 与句法 that 的匹配，从而习得词汇形态的 that。

如果以上分析合理，那么本项研究对二语学习者实验语料中缺失词汇形式导句词的现象提供了与最小树假设不同的解释。根据最小树假设，二语早期语法中缺乏显性的导句词表达形式是说明二语初始状态无功能语类 COMP 存在，从而无 CP 功能语类投射的主要证据。而本项研究的实验语料数据表明，二语学习者在其早期的语法中无显性导句词却有相应的补语成分，这说明二语学习者的早期语法包含抽象的功能语类 COMP，此功能语类虽说语音表现形式为空，但其句法位置却并不为空，足以引导后面的从属子句。

4.5　结语

本项研究调查了中国学生使用英语陈述性导句词的情况，其中初级水平学习者是重点受试。结果表明，不同水平的中国学生皆表现出一定程度上的省略陈述性导句词 that 的倾向，其中初级水平学习者不能正确区分不同句法语境，在产出性测试中极少使用显性导句词。本项研究结果和分析不支持最小树假设。调查显示，尽管在初级水平学习者的产出结果中很少出现显性导句词，他们的语法却存在陈述性补语成分。显然，这与最小树假设认为中介语早期语法无功能语类投射的观点不符。结合相关研究，我们认为，缺乏显性的导句词表达形式本身并不能直接说明功能语类 COMP 不存在；相反，二语学习者的语法中可能包含语音词汇形式为空但句法位置并不为空的抽象功能语类。

本项研究还分析了中国学生省略陈述性导句词 that 的可能原因：1）母语迁移；2）过度概括空导句词的用法；3）空导句词作默认值使用；4）初级水平学习者对导句词语音词汇形式的习得相对滞后等。这些原因可归纳为二语学习者从语法特征到表层表达之间的"映射重构（remapping）"问题（Lardiere，2000），所谓表层表达就是我们所说的词汇形态层面。

从某种意义上来说，本项实证研究支持了表层屈折缺失假设，认为功能语类缺失问题不能直接说明二语习得者的语法中功能语类或特征值方面有损伤；在第二语言中，即使在功能语类缺失的情况下功能语类的特征也可以是充分的。那么，第二语言普遍失败的根本原因可能不是出现在功能语类上，应该到其他方面寻找原因。

（作者：戴曼纯、柴奕）

英语主语的习得

章节提要

本研究旨在考察中国成人学习者习得英语有定子句主语的规律。514名中国学生和15名英语本族语者参加了此次调查。作者对比四组受试的零主语合乎语法性判断及改错成绩，发现：1）学生的英语水平越高，他们对英语有定子句（finite clause）的零主语越敏感；2）受试对语篇环境下主句（matrix clause）指称性代词零主语的直觉判断最低；3）初、中级学习者对嵌入句（embedded clause）零主语的敏感程度胜过主句零主语，但是高级组在这方面不太明显；4）"显性代词制约"（Overt Pronoun Constraint）似乎对初、中级水平学生的判断有影响，对高水平学习者没有影响；5）形式－形态分离和形式－形态映射不充分是造成受试"合乎语法性判断"和"短文改错"成绩差异的主要原因。本研究的结果能在"全迁移/全可及假设"（Schwartz & Sprouse, 1994, 1996）框架下得到合理的解释。

5.1 引言

在二语习得研究中，零主语（null subject）现象一直是一个有趣的话题。汉语是零主语语言，允许不同语境下零主语的存在，而英语不是零主语语言，其语法主语必须是显性的。母语习得研究表明，英语为母语的儿童在起始阶段会使用零主语（Hyams, 1986, 1989, Valian, 1991, 1994，转引自 Roebuck, et al., 1999）。因此，Hyams（1986）认为，语言习得中参数设置的默认值是零主语，操英语儿童必定在某一阶段重设参数。有研究显示，英语儿童大约在26至28个月年龄的时候重设参数，此时零主语的平均比例为25%（参见 Wang, et al., 1992）。那么，中国的英语学习者会重设他们的主语参数值以适应英语体系吗？若如此，他们何时重设主语参数值？

有人发现，零主语语言的英语学习者在起始阶段由于受母语参数的制约而倾向于省略主语代词，但随着英语水平的提高，他们最终会习得目标语的参数（参见 White, 85；Yuan, 1997；杨小璐, 2001）。然而，另有考察即兴英语口语素材的研究表明，东亚语（如汉语、日本语和韩国语）国家的儿童从一开始就不省略主语（Park，2004）。实际上，即使是在针对中国成人学习者习得英语的非零主语（non-null subject）的研究中，相同性质的研究（如横向研究）也报告了不同的结果和结论（例如 Kong，2005；Yuan，1997）。Yuan（1997）用合乎语法性判断的方法收集了 159 名中国学习者习得英语主语和宾语的相关数据。Yuan 的研究结果显示，与母语不同的二语功能语类特征原则上是可重设的。而 Kong（2005）用两个合乎语法性判断和一个完形填空的方式收集了 75 名中国学习者习得英语主语和宾语的数据。Kong（2005：227）分析认为，"功能语类的参数值对关键期之后的二语学习者而言是不可及的"。鉴于此，本研究旨在调查中国成年学习者习得英语有定子句主语的情况，为零主语参数（Null Subject Parameter）的可及性提供更多的实证证据。

Kong（2005）表示，自己关于零主语位置对受试合乎语法性判断影响的研究结果与 Yuan（1997）的不相同。尽管 Yuan（1997）一文中并没有关于主句/嵌入句区别的明确报道，Kong（2005：234-235）却提到，"Yuan（1997）调查了主句/嵌入句区别，他的研究结果显示，主句/嵌入句区别对受试的合乎语法性判断几乎没有影响"。Kong（2005）的研究结果表明，受试在拒绝主句零主语时的成绩显著高于拒绝嵌入句零主语时的成绩。关于主句/嵌入句区别这一现象，Rizzi（1994）也提到，儿童英语的早期零主语似乎遵循明显的分布限制（a strong distributional constraint）。它们倾向于出现在句首位置，而不出现在前置成分（如 wh-疑问词）的后面和嵌入句中。尽管早期儿童零主语也许受语言运用因素的影响（如较少使用嵌入句），零主语位置已引起研究者们的关注。Yip（1995：93）指出，"我们应该进行更深一步的研究，考查二语学习者的中介语零主语是否也受某一分布限制，或者是由于母语迁移而更接近母语的模式"。本研究将调查中国学习者习得英语主语的情况，重点考查不同主语位置（主句和嵌入句）和主语类型（指称性和非指称性）是否影响学习者对英语零主语的合乎语法性判断和改错，"显性代词制约"（一条只在汉语而不在英语中起作用的语法原则）是否影响学习者对英语零主语的合乎语法性判断。

5.2 理论背景

5.2.1 参数设置假说

关于参数在中介语语法中的作用，二语习得研究者们提出了几类不同的观点（参见 White, 2003b）：1）"整体损失说"（Global Impairment Hypothesis），持此观点的研究者否认二语习得过程中参数设定的存在，认为中介语的损伤是整体的（如 Clahsen & Hong, 1995）；2）"局部损失说"（Local Impairment Hypothesis），以 Beck（1998）为代表的研究者认为，二语习得过程中关于功能语类强度的参数设置是不能习得的，中介语的损伤是局部的；3）"无参数重设说"（No Parameter Resetting Hypothesis），持此观点的研究者（Hawkins & Chan, 1997；Kong, 2005；Liceras, 1997；Smith & Tsimpli, 1995；Tsimpli & Roussou, 1991）认为，关键期之后的二语学习者（post-critical-period L2 learners）不能习得那些与母语不同的目标语参数值；4）"参数重设说"（Parameter Resetting Hypothesis），此阵营的研究者（如 Yuan, 1997；White, 1991）认为，即使是与母语不同的二语参数值也能被关键期之后的学习者习得。White（2003b）指出，前两种观点与后两种观点的根本区别在于：研究者是否认为中介语受普遍语法的制约。事实上，已有大量研究表明中介语语法受普遍语法的制约。即使在输入刺激贫乏的条件下，二语学习者仍能习得高度抽象的语言知识（如 Kanno, 1996, 1997，另见 Herschensohn, 2000；White, 2003b）；中介语语法中并不存在"无章语法"（wild grammars），即便中介语的某些语言形式既不属于母语，也不属于目标语，但它们却总是属于某一自然语言。本研究假定中介语语法是一个完整的体系，它们受普遍语法的制约。本调查的研究焦点是目标语中不同于母语中的参数设置是否能被关键期之后的二语学习者习得。

持"参数重设说"的学者对母语在二语习得过程中的作用有不同看法。一些学者（如 Epstein, Flynn & Martohardjono, 1996，转引自 White, 2003b；Flynn, 1996）认为，目标语的参数值设置是直接通过普遍语法的作用而获得的，二语习得过程中没有一个只显现母语参数值的阶段。此种观点被学界称为"全可及／无迁移"观点（Full Access without Transfer）。更多的学者（如 Schwartz & Sprouse, 1994, 1996，转引自 Kong, 2005；White, 2003a, 2003b）却认为，母语的参数值会显现在二语习得的起始阶段。换言之，在二语习得过程中，学习者会从母语的参数值出发，但他们最终会习得目标语的新参数值。此种观点通常被称作"全迁移／全可及假设"（Full Transfer/Full Access Hypothesis）。在中国学生零主语参数的二语习得研究中，大部分的研究结果支持"全迁移／全可及假设"（如 White, 1985；Yuan, 1997；杨小璐, 2001）。但是，也有针对中国成人英语学习者的相关研究结果支持"无参数重设说"（如 Kong，2005）。

5.2.2　显性代词制约

Montalbetti（1984）提出了"显性代词制约"（Overt Pronoun Constraint，OPC）：在可以使用零代词的位置出现的显性代词不能获得约束变项释义（a bound variable interpretation），即不能拥有量化或疑问先行词（quantified or wh-antecedents）。"显性代词制约"被认为是语法的一条普遍原则，但它只在零主语语言中得到体现（White，2003b；Rothman，2005）。Xu（1986）所举例子表明，汉语嵌入句中的零代词主语与显性代词主语拥有不同的指称。

（1）每个人 $_i$ 希望 [e] $_{i/j}$ 能幸福。

（2）每个人 $_i$ 希望他 $_j$ 能幸福。

而在非零主语语言（如英语）中，必须出现的嵌入句主语代词既能指主句中的量化主语，又能指语篇中的对象。如（3）所示：

（3）Every woman $_i$ thinks that she $_{i/j}$ is beautiful.

因此，有学者把"显性代词制约"看作与零主语参数设置相关的一个特征（Rothman，2005）。"显性代词制约"是中国学生头脑中语法知识的一部分。在可以使用零代词的位置出现的显性代词不能获得量化或疑问先行词的同指解读。我们可以假设，在需要获得量化或疑问先行词的同指解读时，中国学生会倾向于使用嵌入句零代词主语，而他们头脑中的汉语零主语参数值也允许如此。本研究试图考查中国学习者头脑中"显性代词制约"这一零主语参数特征是否对习得英语非零主语有影响。换言之，在一定的语境中，主句主语为量化名词短语时，中国学习者是否会认同嵌入句零主语，来获得与主句主语（量化词）的同指解读（详见5.3.2.1）。

5.2.3　研究假设

本研究考查的对象包括不同类型（指称性和非指称性）以及不同位置（主句与嵌入句）的主语代词。其中指称性主语代词指的是如 I，he，she，you，we，they 之类的主语（如（4）所示）。

（4）I once met Mary's boyfriend. He was very tall.

非指称性主语代词指的是如 it、there 之类的主语（如（5）、（6）所示）。

（5）We did not go to the beach yesterday. It rained all day long.

(6) Our campus is very beautiful now. <u>There</u> are many flowers.

我们还设计了含不同指称嵌入句主语的句子，以期调查"显性代词制约"是否对英语有定子句主语的习得有影响。具体研究问题如下：

1）学生对英语有定子句零主语的直觉判断（判断其错误，下同）是否随语言水平的提高而增强？

2）学生对英语有定子句零主语的直觉判断是否不受主语代词的类型和位置影响？

3）"显性代词制约"是否对学习者习得英语有定子句主语有影响？

尽管相关研究对零主语参数的可及性有不同结论，它们的结果却都显示，中国学生对英语有定子句中零主语的直觉判断随语言水平的提高而增强（Kong，2005；White，1985；Yuan，1997；杨小璐，2001）。据此，我们提出以下假设：

假设1：学生对英语有定子句零主语的直觉判断随语言水平的提高而增强。

其次，根据"全迁移/全可及假设"，关键期之后的中国英语学习者若能习得英语零主语参数值，那么他们在不同类型的主语代词缺失判断中的成绩就不会有显著性差异。据此，我们就第二个研究问题提出两个假设：

假设2："指称性主句零主语"（简称"指主零"，下同）与"非指称性主句零主语"（"非指主零"）的学生成绩（至少在高水平阶段）无显著性差异。

假设3："主句零主语"（"主零"）与"嵌入句零主语"（"嵌零"）的学生成绩（至少在高水平阶段）无显著性差异。

此外，如果母语迁移存在，初级水平学生的"带不定指称及量化主句主语的嵌入句零主语"（"不量嵌零"）与"带确定指称及量化主句主语的嵌入句零主语"（"确量嵌零"）成绩会有显著性差异（详见5.3.2.1）。受"显性代词制约"的影响，前者的成绩会低于后者的成绩。但是，根据"全迁移/全可及假设"，学习者最终能习得英语非零主语，那么这种差异会随着学生英语水平的提高最终消失。因此，第三个研究问题引出两个相关假设：

假设4：初级水平学生的"不量嵌零"成绩显著低于"确量嵌零"成绩。

假设5：在一定发展阶段，学生的"不量嵌零"与"确量嵌零"成绩无显著性差异。

5.3　实证研究

5.3.1　受试

本研究采用定性和定量相结合的方法，以三组不同英语水平的中国学生为受试，调查他们习得英语有定子句主语的情况。来自湖南省衡阳地区四所不同层次的中学、湖南科技大学及北京交通大学的 514 名中国学生（实验组）和 15 名英语本族语者（控制组）参加了此次测试。其中实验组收回 295 份有效答卷，控制组 15 份答卷全部有效。由于我们调查的是关键期之后的二语学习者习得英语有定子句主语的情况，所以那些 12 岁（初中入学的普遍年龄）之前开始学习英语的受试（共计 64 份）没有进行统计。其次，所有受试此前没有出国经历，学习环境主要是课堂教学。因此，本研究的受试为关键期之后的二语学习者。

抽样选取了初二、高二及英语专业大二的学生，使受试学习英语的年份呈等距分布。但我们认为，由于九年制义务教育的实施以及语言输入质量的不同，学习英语的年份不能作为衡量受试英语水平的绝对标准。为了提高实验各组内语言水平的同质性，我们采用了牛津大学语言中心开发的一套语法测试题（English Placement Test，EPT）来测试学生的水平。该试题包括 50 个选择题，共计 100 分。231 名学生及 15 名本族语者的 EPT 成绩被输入 SPSS 13.0 进行探究测试（explore tests）分析。根据此分析得出的百分比（percentiles），三个实验组的分数段被确定：初级组 42–56 分，中级组 58–76 分，高级组 78–90 分。最终对 132 份学生答卷进行数据分析。表 5.1 列出了各组人数、EPT 分数段、EPT 组平均成绩、年龄段及学习英语的年份。一元方差分析结果显示，四组受试的 EPT 组平均成绩有显著性差异（F = 376.210，p = .000 < .05）。可以认为，三个实验组的学生属于不同英语水平的学习者。

表 5.1　受试分组情况

组别	人数	EPT 分数段	EPT 平均分	年龄段	学习英语年份
初级组	31	42–56	48.71	14–15	2
中级组	67	58–76	67.04	17–19	4
高级组	34	78–90	84.35	20–24	6
控制组	15	80–100	93.33	–	母语

5.3.2 测试工具

5.3.2.1 合乎语法性判断

合乎语法性判断任务共有44个英语句子，其中包括32个含目标项的句子和12个干扰句（参见表5.2）。为了控制随机变异（random variation），每个目标项设计了两个句子。16个句子含主句零主语，其中8个涉及指称性主语，8个涉及非指称性主语。另外16个句子含嵌入句零主语，其中8个句子给出的语境没有限制嵌入句主语的指称。为了考察"显性代词制约"的影响，4个句子的主句主语为量化名词短语。在相应的汉语句子中，可能出现的零主语和显性主语会有不同的指称，如（7）a和（4）b所示。

（7）* (The new film is very boring.) Nobody $_i$ says [e] $_{i/j}$ will see it. ("不量嵌零")

a.（这部电影很乏味。）没有人 $_i$ 说 [e] $_{i/j}$ 会看（它）。

b.（这部电影很乏味。）没有人 $_i$ 说他 $_{?i/j}$ 会看（它）。

依据"显性代词制约"，（7）b中的显性代词主语"他"不能与"没有人"作同指解读。于是，为了获取与"没有人"的同指解读，说话人将倾向于使用嵌入句零主语（7）a。如果母语迁移存在，中国学生在习得的起始阶段将倾向于在类似（7）的英语句子中使用嵌入句零主语。试题设计中，另外4个句子的主句主语为专有名词。在相应的汉语句子中，"显性代词制约"将不起作用。换言之，汉语显性嵌入句主语既可指主句主语，也可指语篇中的第三人，如（8）b所示。

（8）* (This car is very comfortable.) John $_i$ says [e] $_{i/j}$ will buy it. ("不专嵌零")

a.（这台车很舒服。）约翰 $_i$ 说 [e] $_{i/j}$ 会买下。

b.（这台车很舒服。）约翰 $_i$ 说他 $_{i/j}$ 会买下。

在另外8个含嵌入句零主语的句子里，我们采用了同样的设计模式，即其中4个句子受"显性代词制约"的影响，另4个不受"显性代词制约"的影响。不同的是，我们给出的语境限制了嵌入句主语的指称。

（9）* (I know Bill's brother $_j$.) Everyone $_i$ thinks that [e] $_j$ is very clever. ("确量嵌零")

a.（我认识比尔的弟弟 $_j$。）每个人 $_i$ 都觉得 [e] $_j$ 很聪明。

b.（我认识比尔的弟弟 $_j$。）每个人 $_i$ 都觉得他 $_j$ 很聪明。

在句子（9）的汉语对应句中，语境让嵌入句中的隐性主语和显性主语都可接受。

　　总之，这里嵌入句主语指称不定与确定的设计理据是：由于汉语的"显性代词制约"作用，人们倾向于在类似（7）的句子中省略嵌入句主语。我们试图用"合乎语法性判断"测试调查中国学生在判断英语零主语句子合乎语法性时是否受"显性代词制约"的影响。换言之，我们设计了"不量嵌零"和"确量嵌零"两类句子，考查中国学生在这两类句子的"合乎语法性判断"是否会出现差异，即相对于类似（9）的英语句子（"确量嵌零"），他们是否会更倾向于接受类似（7）的英语句子（"不量嵌零"）。因为在（7）的汉语对应句中，说话人为了获取嵌入句主语与主句量化主语的同指解读，他们将倾向于使用嵌入句零主语。若母语迁移存在，学生将接受类似（7）的英语句子，而拒绝类似（9）的英语句子。

　　为了消除 that 一词的影响，含嵌入句的一半句子省略了该词。此外，由于 wh- 疑问词也许会对初级组学生的判断造成影响，我们没有设计带 wh- 疑问词作主句主语的句子。为了避免正确句子的提示作用，"合乎语法性判断"的考查重点放在不合乎语法性的句子上。本研究所用测试句均摘自相关文献及语法书，有些句子经过了我们的简化，以便降低难度。由于此部分测试的是句法结构知识，试题提供了超纲词汇的汉语意思。受试被要求判断句子的合乎语法性，正确的画"√"，错误的画"×"并改正。

5.3.2.2　短文改错

　　设计短文改错任务有两个目的：一是测试学生对语篇环境下零主语的直觉判断，二是增加含嵌入句句子的主干谓语动词的类别。在"合乎语法性判断"部分，为了考察"显性代词制约"的作用，主句的谓语动词局限在"说"（say）和"认为"（think）两大类。然而，在"短文改错"部分，主句的谓语动词类别更加丰富（如 hope, think, complain, know, be sorry）。

　　"短文改错"部分包括两篇英语短文，由初二年级的完形填空补充材料改编而成。试测显示，本章词汇和句子结构难度适合本研究的初级组。短文含零主语、宾语缺失、主谓一致等方面的语法错误，共 34 处，受试被要求改正错误。其中目标项包括 12 个主句零主语（6 个指称性，6 个非指称性）和 6 个嵌入句零主语（见表 5.2）。

5.3.2.3　面谈

　　测试结束之后我们马上进行了面谈以获得口头汇报素材。所有面谈由我们亲自执行，采访一名学生大约花 15 分钟。我们共采访了 35 名学生（17 男 18 女），要求他们陈述判断句子合乎语法性时所参照的标准。所有面谈在征得学生同意后当场录音。为了保证数据的一致性，最后我们只采用了那些答卷进入数据分析的学生的采访材料（共 17 例，7 男 10 女）。这些采访材料辅助考查中国学生习得英语有定子句主语的情况。

5.3.3　数据收集

测试任务以笔试形式进行，包括 EPT，"合乎语法性判断"及"短文改错"三部分。测试过程中学生不得使用词典及其他参考资料。测试时间没有硬性规定，但各组都在预计的时间内完成了任务。各组最长测试时间分别为：低级组 110 分钟，中级组 70 分钟，高级组及控制组 60 分钟。各组的测试内容相同，但是实验组的测试指令为中文，控制组的为英文。

本研究的自变量为"语言水平"，因变量为"学习者对不同语境下零主语的直觉判断"（包括"指称性主句零主语"（"指主零"），含"合乎语法性判断"中的"指主零 1"与"短文改错"中的"指主零 2"；"非指称性主句零主语"（"非指主零"），含"合乎语法性判断"中的"非指主零 1"与"短文改错"中的"非指主零 2"；"主句零主语"（"主零"），含"合乎语法性判断"中的"主零 1"与"短文改错"中的"主零 2"；"嵌入句零主语"（"嵌零"），含"合乎语法性判断"中的"嵌零 1"与"短文改错"中的"嵌零 2"；"不量嵌零"和"确量嵌零"）。控制变量为"英语学习起始年龄"（onset age）。评分方式如下：如果受试找到错误并改正，计 1 分；但如果受试只是在目标项上做标记而未改正，计 0 分。我们采用 SPSS 13.0 对所得数据进行了统计分析，主要比较各组在某目标项的组平均成绩（用 one-way MANOVAs），实验组在某两个目标项的平均成绩（用 paired-samples t tests）。数据统计中所有 p 值设为 0.05。

数据统计之前，我们用 SPSS 13.0 对两个测试工具（"合乎语法性判断"和"短文改错"）进行了信度分析。结果表明，本研究的测试工具具有较高的信度（Cronbach's Alpha = 0.906）。

表 5.2　"合乎语法性判断"与"短文改错"的语言项数量分布情况

测试工具	主句零主语（简称"主零"）		嵌入句零主语（简称"嵌零"）								零宾语	主谓一致	其他	合计
	指称性主句零主语	非指称性主句零主语	不定指称				确定指称							
			不定量化嵌零主语（量化主句主语）		不定专有嵌零主语（专有名词主句主语）		确定量化嵌零主语（量化主句主语）		确定专有嵌零主语（专有名词主句主语）					
			[+that]	[-that]	[+that]	[-that]	[+that]	[-that]	[+that]	[-that]				
合乎语法性判断	8	8	2	2	2	2	2	2	2	2	3	3	6	44
短文改错	6	6				6					3	12	1	34

注：结构类型

指称性主句零主语（简称"指主零"）：* I once met Mary's boyfriend. Was very tall.

非指称性主句零主语（简称"非指主零"）：* Our campus is very beautiful now. Are many flowers.
　* We did not go to the beach yesterday. Rained all day long.

不定量化嵌零主语（简称"不量嵌零"）：* That house is too expensive. No one said that would buy it.
　* The new film is very boring. Nobody says will see it.

不定专有嵌零主语（简称"不专嵌零"）：* This guy is very famous. Mary said that had heard of him.
　* This car is very comfortable. John says will buy it.

确定量化嵌零主语（简称"确量嵌零"）：* I once met John's wife. Someone thought was beautiful.
　* I know Bill's brother. Everyone thinks that is very clever.

确定专有嵌零主语（简称"确专嵌零"）：* Why isn't John here? Mary said broke his arm.
　* John will not be in class today. Alice said that had a doctor's appointment.

零宾语：* Tom will arrive at 3 o'clock. I will meet at the station.
主谓一致：* John is very smart. He usually know the right answer.

例句

[+that]：嵌入句中的 that 一词出现；[-that]：嵌入句中的 that 一词省略。

5.4 分析与讨论

5.4.1 数据分析

5.4.1.1 受试各目标项的平均成绩比较

为了考查学生对不同语境下零主语的直觉判断，我们比较了各组在不同目标项的平均得分（详见表5.3）。结果表明，学生的语言水平越高，他们对英语有定子句中的零主语越敏感。此外，学生在"合乎语法性判断"中的各项成绩准确率都高于"短文改错"。

表5.3 各组不同目标项（括号内为分值）的平均成绩及准确率比较

组别	人数	指主零1 (8)	指主零2 (6)	非指主零1 (8)	非指主零2 (6)	嵌零1 (16)	嵌零2 (6)
初级	31	3.97 (49.63%)	0.9 (15.00%)	2.06 (25.75%)	0.65 (10.83%)	9.39 (58.69%)	0.97 (16.17%)
中级	67	5.48 (68.50%)	2.67 (44.50%)	5.46 (68.25%)	3.34 (55.67%)	12.58 (78.63%)	3.69 (61.50%)
高级	34	7.59 (94.88%)	4.65 (77.50%)	7.74 (96.75%)	5.47 (91.17%)	15.62 (97.63%)	5.62 (93.67%)
控制	15	8 (100%)	5.53 (92.17%)	7.93 (99.13%)	5.93 (98.83%)	15.73 (98.31%)	5.73 (95.50%)

注：1. 由于"指主零1"与"非指主零1"构成"主零1"，"指主零2"与"非指主零2"构成"主零2"，因此这里没有另外列出"主零1"和"主零2"。2. 变量名带1属于"合乎语法性判断"，带2属于"短文改错"。

单因素多元方差分析（one-way MANOVAs）结果显示，在所有目标项中都存在显著的组别效应（group effect）：Pillai's Trace value = .571（指主零），.740（非指主零），.698（主零），.654（嵌零），F (6, 286) = 19.029（指主零），28.007（非指主零），25.543（主零），23.144（嵌零），p = .000 < .05。受试间效应（between-subjects effects）检验结果显示，受试总体上判断不同种类零主语的合乎语法性成绩存在显著性差异：指主零1：F (3, 143) = 31.220，p = .000 < .05；指主零2：F (3, 143) = 57.495，p = .000 < .05；非指主零1：F (3, 143) = 79.164，p = .000 < .05；非指主零2：F (3, 143) = 105.016，p = .000 < .05；主零1：F (3, 143) = 60.431，p = .000 < .05；主零2：F (3, 143) = 98.948，p = .000 < .05；嵌零1：F (3, 143) = 22.347，p = .000 < .05；嵌零2：F (3, 143) = 84.259，p = .000 < .05。事后 Scheffe 检验表明，三个实验组之间在每个

目标项上的平均成绩有显著性差异，高级组与控制组之间没有显著性差异（见表 5.4）。由此我们可以看出，数据结果支持本章提出的假设 1：学生对英语有定子句中零主语的直觉判断随语言水平的提高而增强。这与 Yuan（1997）及杨小璐（2001）等人的研究结果相似。

表 5.4　各目标项的单因素多元方差分析多重比较 p 值

项目	初级组－中级组	中级组－高级组	高级组－控制组
指主零 1	.002	.000	.903
指主零 2	.000	.000	.240
非指主零 1	.000	.000	.984
非指主零 2	.000	.000	.688
主零 1	.000	.000	.940
主零 2	.000	.000	.320
嵌零 1	.000	.001	1.000
嵌零 2	.000	.000	.994

5.4.1.2　各组目标项间的平均成绩比较

为了考查中国学生对英语有定子句中零主语的直觉判断是否受主语代词的类型和位置影响以及"显性代词制约"是否对学习者习得英语有定子句主语有影响，我们比较了各组在不同目标项上取得的平均成绩。具体比较的三对目标项为"指主零"－"非指主零"，"主零"－"嵌零"和"不量嵌零"－"确量嵌零"。

1）"指主零"与"非指主零"的成绩比较

为了考查中国学生对英语有定子句零主语的直觉判断是否受主语代词的类型影响，我们比较了各组的"指主零"与"非指主零"平均得分。结果显示，在"合乎语法性判断"中，学习者能很好地判断这两类零主语，尽管在其习得的初级阶段呈现出项目间差异。但是，在"短文改错"中，学习者对非指称性主句零主语比对指称性主句零主语更敏感。

我们把受试的成绩输入 SPSS 13.0 进行配对 t 检验（paired-samples t tests）。结果显示，初级组的"指主零 1"与"非指主零 1"成绩有显著性差异（$t = 6.627$，$p = .000 < .05$），"指主零 2"与"非指主零 2"成绩无显著性差异（$t = 1.017$，$p = .317 > .05$）。从表 5.3 我们可以看出，"合乎语法性判断"中，初级组的"非指主零 1"成绩远远低于"指主零 1"成绩。而在"短文改错"中，他们的"非指主零 2"和"指主零 2"成绩都很低，没有显著性差异。

中级组和高级组的"指主零 1"与"非指主零 1"成绩无显著性差异（中级组：$t = .078$，$p = .938 > .05$；高级组：$t = -1.000$，$p = .325 > .05$）。但是在"短文改错"任务中，中级组和高级组的学习者对指称性主句零主语的直觉判断不如非指称性主句零主语，他们的"指主零 2"成绩显著低于"非指主零 2"成绩（中级组：$t = -4.031$，$p = .000 < .05$；高级组：$t = -5.759$，$p = .000 < .05$）。然而，控制组在这两个目标项上的成绩之间没有显著性差异（指主零 1 - 非指主零 1：$t = 1.000$，$p = .334 > .05$；指主零 2 - 非指主零 2：$t = -1.871$，$p = .082 > .05$）（参见图 5.1 与图 5.2）。

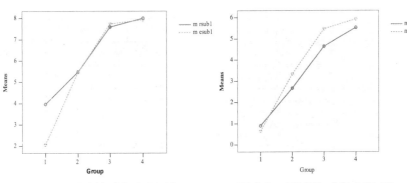

图 5.1　受试的"指主零 1"（mrsub1）与"非指主零 1"（mesub1）平均分

图 5.2　受试的"指主零 2"（mrsub2）与"非指主零 2"（mesub2）平均分

注：图中 Group1，2，3，4 分别代表初级组、中级组、高级组、控制组。下同。

由此可见，数据结果部分支持本章提出的假设 2：在"合乎语法性判断"中，中级组和高级组学习者的"指主零 1"和"非指主零 1"成绩没有显著性差异；在"短文改错"中，中级组和高级组学习者的"指主零 2"和"非指主零 2"成绩有显著性差异。学习者对指称性主句零主语的直觉判断不如其他类型的主语。我们认为，汉语的"主题语链解读规则"是造成这一现象的主要原因之一（详见 5.4.2 讨论）。

2）"主零"与"嵌零"成绩比较

为了考查中国学生对英语有定子句零主语的直觉判断是否受主语代

词的位置影响，我们比较了各组的主句零主语（"主零"）与嵌入句零主语（"嵌零"）平均得分。数据结果显示，中国学习者在习得的起始阶段和发展阶段对嵌入句零主语的直觉判断胜过主句主语。在习得的高级阶段，这种区别在"合乎语法性判断"任务中消失，然而在"短文改错"任务中依然明显。

配对 t 检验结果表明，初级组和中级组的学生在"嵌零 1"中的成绩显著高于"主零 1"中的成绩（初级组：$t = -5.143$，$p = .000 < .05$；中级组：$t = -3.589$，$p = .001 < .05$）。在高级组和控制组，受试在这两个目标项上的成绩没有显著性差异（高级组：$t = -1.537$，$p = .134 > .05$；控制组：$t = 1.382$，$p = .189 > .05$）。图 5.3 清楚地显示出这种变化趋势。

但是，"短文改错"的情况有所不同。我们对受试的"指主零 2"、"非指主零 2"和"嵌零 2"成绩进行了双因素混合方差分析（two-factor mixed design ANOVA），两个因素分别为重复测量因素（repeated measures factor）和独立组别因素（independent groups factor）。结果显示，不同类型的零主语有显著主效应（main effect）（$F = 11.952$，$p = .000 < .05$）。受试者内部对比（within-subjects contrasts）分析显示，"指主零 2"和"非指主零 2"之间存在显著性差异（$F = 12.428$，$p = .001 < .05$），"非指主零 2"和"嵌零 2"之间不存在显著性差异（$F = 1.450$，$p = .230 > .05$）。此外，组别效应显著（$F = 114.838$，$p = .000 < .05$）。事后 Scheffe 检验表明，实验各组之间在这三个目标项上的成绩具有显著性差异（$p = .000 < .05$）。但高级组与控制组之间的成绩没有显著性差异（$p = .549 > .05$）。另外，交互效应（interaction effect）显著（$F = 3.720$，$p = .001 < .05$）。从图 5.4

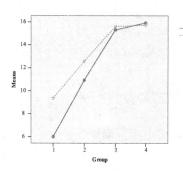

图 5.3　受试的"主零 1"
（MNSub1）与"嵌零 1"
（ENSub1）平均分

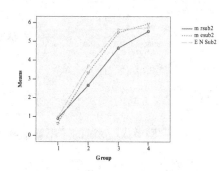

图 5.4　受试的"指主零 2"
（mrsub2），"非指主零 2"（mesub2）
与"嵌零 2"（ENSub2）平均分

中我们可以看出，初级组在这三个目标项上的成绩都很低。中级组和高级组的"指主零2"成绩低于"非指主零2"和"嵌零2"成绩。但控制组此三项的成绩差别很小。由此可见，中国学习者对语篇环境下指称性主句零主语相对不敏感，即使在其习得的较高级阶段也如此。

由此可见，数据结果部分支持本章提出的假设3：学生的"主零"与"嵌零"成绩（至少在高水平阶段）无显著性差异。受试在"合乎语法性判断"中的表现证实了此假设，但是他们在"短文改错"中的表现却不能为此假设提供充分证据。我们认为，在"短文改错"中，高级学习者的"主零2"与"嵌零2"项目差异归因于他们较低的"指主零2"得分，因为"指主零2"与"非指主零2"构成"主零2"（参见表5.3）。

3）"不量嵌零"与"确量嵌零"的成绩比较

为了考查"显性代词制约"是否对学习者习得英语有定子句主语有影响，我们比较了各组在"不量嵌零"与"确量嵌零"项目上的平均得分。配对t检验结果表明，初级组和中级组的学生的"不量嵌零"得分显著低于其"确量嵌零"的得分（初级组：$t = -3.112$，$p = .004 < .05$；中级组：$t = -3.860$，$p = .000 < .05$）。然而，这种显著差异在高级组与控制组均不存在，即高级组与控制组在"不量嵌零"与"确量嵌零"这两个目标项上的平均成绩没有显著性差异（高级组：$t = .000$，$p = 1.000 > .05$；控制组：$t = -1.000$，$p = .334 > .05$）。从图5.5可以清楚地看出这种变化趋势。

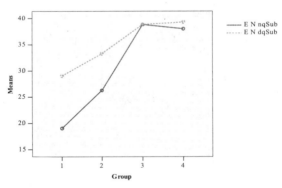

图5.5 受试的"不量嵌零"（ENnqSub）与"确量嵌零"
（ENdqSub）平均分

由此可见，数据结果支持本章提出的假设4和假设5：初级水平学生的"不量嵌零"成绩显著低于"确量嵌零"成绩；在一定发展阶段，学生的"不量嵌零"与"确量嵌零"成绩无显著性差异。

5.4.2 讨论

本节将讨论造成上述结果的可能原因。必要时，我们将使用从面谈中所获取的材料来支持从理论角度所做的推断。

5.4.2.1 主题语链解读规则

Li 和 Thompson（1976）把语言分为"主题突出型语言"（topic-prominent languages）和"主语突出型语言"（subject-prominent languages）。汉语属于前者，英语属于后者（另参见 Huang，1984）。在类似汉语的语言中，为了避免行文中不必要的重复，同指的主题名词短语（co-referential topic NP）通常被省略，从而导致主题语链（a Topic Chain）的形成（Huang，1984：549）。Yip（1995）的例子清楚地展示了这一现象：说话人把"张三"当作主题，放在句首。在接下来的各小句中，这一主题名词短语被省略。

(10) 张三我已经见过了，[e] 昨天打电话给我，[e] 讲了半个钟头，[e] 给了我很多主意，他的想法不错。

然而，在类似英语的"主语突出型语言"中却没有"主题语链解读规则"（Huang，1984：550）。换言之，英语的有定子句主语必须是显性的。

我们认为，"主题语链解读规则"影响了受试对英语零主语的合乎语法性判断。有学者认为，尽管英语是一门"主语突出型语言"，但仍然有少量主题存在（Yip，1995）。由于缺乏反面证据（negative evidence）的启示，中国学习者也许受母语迁移影响而扩大了目标语（英语）的主题范围。在本研究中，受试受汉语"主题语链解读规则"的影响，倾向于接受语篇环境下指称性主句代词主语的缺失，对语篇环境下指称性主句代词零主语的直觉判断不如其他类型的主语。但是，这一现象并不能说明 Kong（2005）所谓的目标语参数值不能被成人学习者习得。虽然其他以中国成人英语学习者为对象的相关研究显示，的确存在"足够高级"的学习者，他们的英语水平测试成绩与本族语者无显著差异（例如 Kong，2005；Yuan，1997；杨小璐，2001），但是本研究的高级组并不是英语水平达到本族语者水平的"高级"学习者，他们的成绩还不能代表中国英语学习者的二语习得最终高级阶段——如表 5.1 所示，高级组与控制组的 EPT 成绩有显著性差异。然而，表 5.4 显示，高级组与控制组所有目标项的平均成绩之间没有显著性差异。高水平学习者在拒绝英语

零主语时都有近似本族语者的表现，只有语篇环境下指称性主句零主语
（"指主零 2"）这一项的得分相对偏低。也就是说，我国英语学习者在没
有充分习得英语的情况下就已经重设了二语的某些参数值，具有与本族
语者相近的直觉知识，这一推断与 Kong（2005）的结论相反。

综上所述，本项研究的结果基本支持"全迁移 / 全可及假设"：中国
英语学习者更改母语中实现的零主语参数，以适应目标语非零主语参数
的现实。尽管如此，汉语中的"主题语链解读规则"在受试的二语习得
过程中发挥了较为明显的作用。

5.4.2.2　显性代词制约

本研究的数据显示，初、中级组受试"不量嵌零"的得分显著低于
"确量嵌零"得分，中国学习者在习得英语非零主语的起始阶段似乎受
"显性代词制约"的影响。高级学习者则不受此制约的影响，两个目标项
（"不量嵌零"和"确量嵌零"）的成绩之间没有显著性差异。

我们从面谈中获得的数据进一步证实了根据定量研究数据得出的推
论。面谈录音数据显示，受试共采用了六类判断嵌入句零主语合乎语法
性的标准：

1）显性主语："英语句子（作者注：应为'有定子句'）必须有主语，
从句也一样"。

2）无明确理由：无明确理由说明为什么加主语（而受试答卷上添加
了缺失的主语），有的受试的解释是"这里缺了什么"、"如果不加，我觉
得不行"等，其他受试无明确表态。

3）句子意义："为了使句子意义完整，应该加主语"。

4）不同主语：嵌入句应加的主语和主句的主语不同。

5）相同主语:嵌入句的隐性主语可以与主句主语（量化词"每个人"、
"没有人"等）同指。

6）指称明确：嵌入句隐性主语的所指出现在前一句，界定明确。

为了考察"显性代词制约"对中国学习者习得英语有定子句主语的
影响，我们比较了受试判断"不量嵌零"与"确量嵌零"的理由，发现
初级组和中级组添加主语的理由各异。而且，"确量嵌零"添加主语的原
因种类多于"不量嵌零"。这一规律符合"显性代词制约"的要求。高级
组添加主语的理由只有一个，即 1）所示的"英语有定子句必须有主语"。
由此也可以推断，本研究的高级学习者已经重新设定了主语的参数，不
受"显性代词制约"的影响。面谈数据与测试数据相吻合。

当嵌入句主语为不定指称时，初级组与中级组提到更多不加主语的原因。而当嵌入句主语带确定同指时，他们只提到两种不加主语的原因。这一规律与定量分析结果一致：初级组与中级组的"确量嵌零"成绩显著高于"不量嵌零"成绩。当嵌入句主语为不定指称时，初级组与中级组的受试倾向于接受嵌入句主语的缺失。但是，当嵌入句主语的指称能根据上下文确定时，他们倾向于拒绝嵌入句主语的缺失。我们进一步考查初级组与中级组所提的具体原因后，发现当嵌入句主语的指称不能根据上下文确定时，5)（"相同主语"）是受试接受嵌入句零主语的普遍原因。当嵌入句主语的指称被上下文确定时，4)和6)（"不同主语"和"指称明确"）是受试拒绝嵌入句零主语的普遍原因。由此可见，在对嵌入句零主语的判断中，初、中级水平学生似乎出现"显性代词制约"迁移，影响了他们对二语的判断。

"显性代词制约"对中国学习者习得英语有定子句的影响表明，母语迁移在二语习得中有一定的作用。中国学习者在习得英语的起始阶段受母语特点（此处为"显性代词制约"）的制约。但是，随着学习者英语水平的提高，这种影响越来越不明显。因此，本研究不支持"全可及/无迁移"观点（Epstein et al., 1996，转引自 White, 2003b；Flynn, 1996；Slabakova, 2002）。

5.4.2.3 主句/嵌入句零主语的合乎语法性判断差异

本研究发现，初、中级学习者对嵌入句零主语的判断比主句零主语更敏感。但是，高级组的这种区别不太明显。此点与 Kong（2005）所报道的情况相反。Kong 发现中国学习者对主句零主语比嵌入句零主语更敏感。他把这一现象归因于学习者的假设，即每个句子中心语位置上的某个主题必须是显性的。Kong 得出的结论是：中国学习者并没有重设参数，只是对主题链的应用作了微调。很显然，Kong 的假定并不能很好地解释本研究的结果。有趣的是，本研究的受试判断零主语合乎语法性时表现出来的主句/嵌入句区别与 Roeper 和 Weissenborn（1990），Valian（1991）（转引自 Rizzi, 1994）和 Rizzi（1994）所报道的情况很相似。这些关注儿童英语习得的研究发现，早期零主语的位置只出现在主句，而一般不出现在前置成分（如 *wh-* 疑问词）的后面和嵌入句中。Rizzi（1994：250）详细分析了成人英语语法系统中的一些"根句零主语"（root null subjects，即我们所称的主句零主语）现象后声称，根（主）句零主语代表普遍语法的真实情况。他继而提出一条空语类（识别）原则：空语类必须通过与成分统制它的先行词形成语链关系来识别。

换言之，如果有一个潜在的空语类识别项（比如成分统制空语类的最大投射 X^0），那么空成分（empty constituent）必须按照这条原则来识别（Rizzi，1994：262）。根据这条原则，主句的指示语位置不受其限制。主句指示语位置上的空成分失去子句内识别而获得语篇范围内的识别。因此，"不受约束的空成分能停留在主句的指示语位置，并从语篇获得指称值"（Rizzi，1994：262）。Rizzi 指出，这条原则能解释为什么嵌入句的 C^0 通常是显性的，而主句的 C^0（一般设主句为 CP）能够（或必须）是零形式。本研究的受试倾向于接受主句零主语而不是嵌入句零主语，这一现象似乎能在 Rizzi（1994）的框架下得到合理解释，同时也与汉语主句零主语现象及其可能出现的迁移吻合。

由此看来，本研究的中国成人英语学习者表现出来的主句/嵌入句区别为 Rizzi（1994）的"（习得）早期零主语与嵌入结构不相容"假设提供了二语习得方面的证据。需要指出的是，如果学习者习得了相关参数，这一主句/嵌入句之间的区别应该会自然消失。我们的数据显示，高级组在这两类零主语的"合乎语法性判断"中与控制组表现相当。这一现象与"全迁移/全可及假设"的观点吻合。

5.4.2.4　语言迁移与形式-形态映射

从 5.4.1 的数据我们可以看出，不同的任务类型对受试的成绩有影响，受试在"合乎语法性判断"中的准确率比"短文改错"的要高（详见表 5.3）。我们可以从语言迁移和形式-形态分离（form-morphology separation）角度对这种差异进行解读。除"显性代词制约"等情况外，本研究涉及的汉语迁移还发生在 EPP 上。英话和汉语的 EPP（Extended Projection Principle）要求不同：汉语的 EPP 允许有定子句主语省略，英语的 EPP 则要求 [Spec，TP] 位置必须有主语。中国学生习得英语时迁移汉语 EPP 知识，致使英语习得初期的学生不能准确进行合乎语法性判断，但是学习者到了高级阶段能将 EPP 很好地按照目标语体系设置参数。有研究证明，中介语语法存在从抽象特征到表层形态表达之间的映射问题（Haznedar，2001；Lardiere，2000），即形式-形态映射（form-morphology mapping）。抽象形式知识的习得还不能完全保证 L2 的正确运用，形式知识（如本研究所涉及 EPP 方面的抽象形式知识）还必须与具体的形态知识（如有关主语代词的具体实现形态的知识）匹配好，只有做到形式-形态成功映射，才能正确运用二语。高级阶段学生的"短文改错"成绩低于"合乎语法性判断"（"合乎语法性判断"准确率为 96.69%，而"短文改错"为 87.44%），可能是因为"短文改错"提供的表层形态环境比"合乎语法性判断"的复杂，不利于充分利用潜在的形式知识，一些形式知识没有与形态知识完全匹配好的地方影响了受试的判断。当然，根据形式－形态分离论（参见 Lardiere，2000），表层形态的缺失不足以证明抽象知识的缺损。受试不能完全从形态上纠正"短文改错"中的错误，不足以说明他们不具有 EPP 知识及其他有关主语的知识。反过来，即使具有形式知识而无形态知识与之匹配，也不能正确改正错误。形式－形态分离观及形式－形态映射观与"全迁移/全可及假设"不矛盾，还能很好地解释受试在"合乎语法性判断"和"短文改错"两项任务上表现出的成绩差异。

5.5 结语

本研究旨在调查中国成年学习者习得英语有定子句主语的情况。我们通过对比四组受试对不同类型、位置的零主语进行合乎语法性判断及改错的成绩，发现：1）学生对英语有定子句零主语的直觉判断与二语水平呈正相关；2）学生对零主语的直觉判断基本上不受主语代词类型和位置的影响，但他们对语篇环境下指称性主句代词零主语的直觉判断不如其他类型的主语；3）初、中级学习者对嵌入句零主语的敏感度高于主句零主语，但是这种区别在高级组不太明显；4）在对嵌入句零主语的判断中，"显性代词制约"似乎对初、中级水平学生的判断有影响，对高水平学习者没有影响；5）形式－形态分离和形式－形态映射不充分是造成受试"合乎语法性判断"和"短文改错"成绩差异的主要原因。综上所述，本研究的结果能在"全迁移/全可及假设"框架下得到合理的解释。

（作者：刘艾娟、戴曼纯）

L2主题结构的习得

章节提要

本研究在前人的研究基础上（Yuan，1995；Vainikka & Young-Scholten，1994，1996a，1996b；Bhatt & Hancin-Bhatt，2002 等）考查了我国三个水平组（130 名学生）习得英语主题结构的情况，研究发现：1）中国英语学习者理解和使用主题结构句子的能力不高，他们更倾向于使用非主题化结构；2）学生对左偏置结构的掌握优于对主题化结构的掌握；3）学生总体上倾向于使用非主题化结构来翻译汉语式主题句，但高级组学生使用较多的介词短语引出主题结构，而不是 as for；4）各组学生都较成功地习得了英语特殊疑问句，但对主题结构的掌握相对较差。以上结果不支持最小树假设、特征失效假说等。虽然学习者能成功地重设 L2 疑问导句词 C 的参数值，但他们还没有充分设置好主题化导句词 C 的参数值。

6.1 引言

句法在不同语言里具有共性，语言间的差异仅在于形态和词汇。二语习得受普遍语法制约，由核心至外围发展，由简单主句向从句发展（Herschensohn，2000）。主题结构（topic constructions）涉及主题成分的前置，一旦句子成分改变位置，对其进行正确运算就要求学习者必须具备功能语类 C 的知识，建立 CP 层，从而为外移成分提供落脚点，形成 [XP~TOPIC~ CP[…TP…]]。然而，这种知识是否属于句法发展后期的外围知识尚值得探讨。

英语和汉语均有主题结构，但是汉语为主题突出型语言，英语则是主语突出型语言，两者有明显的差异（Li & Thompson，1976；Huang，1984）。研究英语主题结构的习得有助于考察功能语类在二语习得中的发展。

主题结构一般指由主题和评述（comment）两部分组成的语法结构。主题总是出现在句首，述题紧随其后，对其进行描述（Xu & Langendoen，1985）。主题结构包括主题化（topicalization）和左偏置

(left-dislocation)，例如：

(1) a. *John*，I don't know *t*.　　　（主题化）

　　b. *John*，I don't know *him*.　　（左偏置）

　　（例句摘自 Xu & Langendoen，1985：1）

主题化和左偏置的最大区别在于，置于句首的名词短语在主题化句式中与随后结构中的语缺（gap）共指，而在左偏置句式中则与后面的接应代词（resumptive pronoun）或名词短语共指。

(2) a. **水果，我最喜欢苹果。**　　　（徐烈炯、刘丹青，1998：47）

　　b. *Fruits，I like apples best.

汉语主题结构除了（1）两种外，还有一种英语中没有的形式，即置于句首的强调成分在句中无相应的语缺，亦无共指成分。前置成分仅与句子中的某成分保持一种隐含的内嵌关系，如（2）a 所示。这种类型的句子叫做汉语式主题句。英语不允许对应的结构，如（2）b 所示。(2) a 之类的汉语主题结构是否与英语主题化结构的形成机制相同，不在本章探讨范围。虽然英语和汉语主题化结构的区别从（2）可见一斑，但不容否认的是：英、汉所有主题化结构（包括主题化和左偏置）均有功能语类 C 及 [Spec，CP] 位置。

本章从生成语法角度探讨中国英语学习者习得上述结构的规律；检验中介语是否遵循由核心向外围发展的规律，尤其是中介语发展是否受普遍语法及 L1 迁移的影响。

6.2　理论背景

目前，已有一些学者研究过主题化结构的习得。汉语主题结构通常被认为由基础生成（base-generated），袁博平（Yuan，1995）以此为切入点，通过合乎语法性判断研究了母语为英语的人学习汉语主题结构的特点。结果表明，学习者似乎只有到了较高水平之后，才能正确掌握汉语主题结构。袁博平认为汉语话题可能在 [Spec，CP] 的位置上产生。有的研究者（Vainikka & Young-Scholten，1994；Eubank，1994）认为 CP 这样的功能投射（functional projection）在早期中介语语法中不存在，故而在学习者的中介语句法中话题找不到合适的位置。如果没有 L1 正迁移，非高级阶段的学习者习得主题结构就会遇到困难。

国内有人针对英语和汉语话题突出和主语突出的差别对学习者造成的影响进行了研究（如蔡芸，2002；张爱玲、苏晓军，2002；刘丰，2003 等）。

这些研究都证明中国学生在学习英语的过程中会把母语话题突出的特点迁移至中介语，对语言习得造成一定影响。但是，母语迁移对习得英语主题结构产生了哪些影响，还不甚明了。中国学生在习得英语主题结构过程中有何特点、受何因素影响等仍然是值得深入研究的问题。

White（1988）的研究表明，二语习得中确实存在L1迁移现象，但是UG也对L2习得起作用，学习者能够重新设置相关参数。Uziel（1993）也持同样观点，其研究认为UG在二语习得中可及，二语习得的过程是参数重设的过程。Herschensohn（2000）则认为，L1迁移是有选择性的，迁移是一种习得策略。Hawkins（2001）指出，虽然二语学习者重设参数（尤其是与功能语类有关的设置）时有一定的困难，但是L2语法依然受普遍语法制约。虽然对于普遍语法和L1迁移如何作用于二语习得尚未达成一致意见，但是二者的作用不容否认。

例如，Juffs（2005）发现高水平的EFL学习者和本族语者对合法和不合法的wh移动都很敏感，但是L1有显性wh移位的学习者处理相关句子的能力更强。这就表明中介语的发展既有UG制约也有L1影响。Chen和Huang（2006）的研究也证明了这一点。他们调查了母语为英语或日语的汉语L2学习者掌握邻接条件和空语类原则的情况。结果显示，各组受试都能够识别违反邻接条件的不合语法语句，证明UG在二语习得中是可及的。此外，吴红岩（2004）的研究发现中国EFL学习者能够成功习得母语中没有被激活的邻接条件，能够重设邻接条件的英语参数值。这些研究都为二语习得中UG可及性提供了直接证据。

对于普遍语法如何作用于二语习得，有以下几种颇有影响的观点。一是最小树假设（Minimal Trees Hypothesis）（Vainikka & Young-Scholten，1994，1996a，1996b）。据此，二语习得的初始状态只包括词汇部分，后来在普遍语法和语言输入的共同作用下，他们逐步依次习得功能投射IP和CP。但也有研究（参见本书第四章）不支持这一假说。二是Hawkins和Chan（1997）提出的特征失效假说（Failed Functional Features Hypothesis）。他们认为功能语类的习得受关键期制约，过了关键期的二语学习者无法习得L1未曾实例化（instantiated）的特征。如果L1和L2的参数设置有差别，那么二语学习者将不能重设与功能语类相关的二语参数（Hawkins，2001）。第三种是Bhatt和Hancin-Bhatt（2002）提出的结构最小性假说（Structural Minimality Hypothesis）。该假说声称，二语学习者在习得初期把所有投射都分析为IP，所有与IP有关的母语特征（且只有这些特征）被迁移到二语初始状态中，以后的二语发展受 UG 和语言输入共同影响。第四种是与普遍语法有关的迁移观。有人认为二语习得初始状态完全由 L1 参数值决定（Schwartz & Sprouse，1994），但 Eubank（1993/1994）对此提出不同看法，即词汇、功能投射有 L1 迁移，形态驱动的特征值（如与屈折相关的特征值）不迁移。如果他们的迁移说正确，那么汉语的主题化功能语类 C 的特征值应该能迁移至中介语，中国英语学习者习得英语主题化结构不应该存在大的困难。

功能语类 C 的掌握是主题化的先决条件。第一种与第三种假说均认为二语习得初期没有 CP。若如此，不同英语水平的中国英语学习者对 C 的习得将呈现差异，尤其是初级阶段不可能出现主题化或者疑问词移动操作。第二种和第四种观点预测中国的英语学习者能将汉语主题化的 C 特征迁移至中介语，他们不存在不能重设主题化 C 参数的问题。但是英语和汉语主题化结构的差异有可能给参数设置带来一定的困难，如汉语 C_{TOPIC} 的参数设置比英语的宽松，它既允许句内成分外移至 [Spec，CP]，又允许占据 [Spec，CP] 位置者与句内无共指关系。相比之下，英语更严格，只允许句内成分外移至 [Spec，CP]。如果汉语 C 特征值全盘迁移至中介语，则中国英语学习者会按照汉语主题化结构理解并使用英语的主题化结构。

由于英语主题化和特殊疑问句的运算非常相似，均涉及 CP 层面的移动操作，我们在考察主题结构的习得时还结合疑问句的掌握情况，共同揭示功能语类 CP 的投射对主题结构习得的影响。我们根据以上论述提出并试图回答以下两个问题，同时检验最小树、特征失效、结构最小性等观点：

1）中国 EFL 学习者的英语水平与其英语主题结构的习得有何关系？
2）功能投射 CP 的习得是否影响主题结构的习得？

6.3　实证研究

6.3.1　受试

测试对象根据英语学习年限及在读年级分为三个水平组。中低组为高中三年级上学期学生（43 人），中高组为大学本科二年级非英语专业学生（35 人），高级组为大学本科英语专业三年级学生（52 人）。

6.3.2 测试工具

本研究采用两种测试工具：汉译英翻译（下称 CET）与合乎语法性判断（下称 GJT）。为了避免学生参照 GJT 语句结构进行翻译，我们要求学生先完成 CET，然后再做 GJT。测试题均选自相关文献；为保证每一个受试没有文字理解上的困难，某些试题稍有文字改动。

CET 共 10 句，有 7 句考查主题结构，还有 2 个特殊疑问句和 1 个含有关系从句的句子。这些句子在试题中随机排列。翻译测试前特别提示学生要尽量保持原句的风格，以期得到更多含有主题结构的句子。

GJT 共 19 个句子，分为三类。判断选项分别为"合乎语法"、"不合语法"、和"无法判断"。为了保证弄清楚学生是否从本研究考查的角度进行判断，我们要求学生改正他们认为不合语法的句子。对于他们认为"无法判断"的句子，也要求尽量注明原因。

19 个 GJT 句子随机排列。其中 13 个句子考查主题结构，特殊疑问句和含关系从句的句子各 3 句。这 6 个句子既作为干扰项，避免学生发现测试目的而对考查内容变得异常敏感，也为研究 CP 的发展、移位操作及接应代词的习得提供数据。含有关系从句的 3 个句子都不符合语法，句中均含有多余的接应代词。

6.3.3 数据处理

每一个 CET 试题答案正确得 2 分，错误得 1 分。即：如果译文符合原句意思、合乎语法，得 2 分。而如果原句为主题结构，译文不包含主题结构，则得 1 分。译文按 4 种类型（主题化、左偏置、非主题结构、有严重语法错误的句子）进行分类统计。

每个 GJT 试题判断正确得 2 分，错误得 1 分。即：如果学生判断正确，且按要求改正错误，得 2 分；如果判断错误，或者不能将错句改正，则得 1 分。测试题既有主题化的句子，也有左偏置结构。我们也对此进行了分类统计。

以上数据用 SPSS 13.0 软件进行统计分析。统计描述表列出了不同类型句子的平均分、标准差等值。此外还运用单因方差分析对该数据进行了事后的多重比较检验，以考查变量之间的差别是否有显著性。对于方差不齐的数据，进行了平方根转换以使方差齐性符合要求，或进行 Krushal-Wallis 非参数检验。

6.4　分析与讨论

6.4.1　主题结构

6.4.1.1　合乎语法性判断

GJT 结果如表 6.1 和表 6.2 所示。表 6.1 为各组回答的正确率。表 6.2 是用 SPSS 13.0 计算出来的各类句子得分情况及标准差。

表 6.1　GJT 正确率（%）

	中低组	中高组	高级组
所有主题结构	28.80	39.12	35.06
汉语式主题结构	58.14	40.00	53.85
主题化（TOPIC）	15.83	26.86	15.00
左偏置（LD）	25.00	53.14	43.46

表 6.2　GJT 得分及标准差

		中低组	中高组	高级组	总计
所有主题结构 *（N = 13）	平均分	16.74	18.09	17.56	17.43
	标准差	1.482	2.005	1.851	1.847
汉语式主题结构（N = 2）	平均分	3.16	2.80	3.08	3.03
	标准差	.531	.584	.652	.609
主题化（N = 5）	平均分	5.88	6.34	5.75	5.95
	标准差	.697	.873	.653	.766
左偏置（N = 5）	平均分	6.40	7.66	7.17	7.05
	标准差	1.466	1.327	1.438	1.493

注：试题原有 6 个左偏置句子，其中第 8 题 "Mr. Wu，I gave the guy two books" 由于设计原因，不少学生把 Mr. Wu 当成呼语，没有将其与 the guy 联系起来，因此没有算入左偏置结构，但算入主题结构总数。

表 6.1 和表 6.2 显示，总体上看，中高组和高级组理解判断主题结构的情况最好，中低组较差。各水平组对主题结构的 GJT 总体水平还不高，得分最高的中高组的准确率为 39.12%，而得分最低的中低组仅为 28.8%。

单因方差分析结果（表 6.3）显示，中低组和高级组、中高组和高级组之间的平均分差别不显著，但是中低组和中高组间差别显著。中低组学生的主题结构 GJT 能力最低。

表 6.3　主题结构 GJT 单因方差多重比较检验结果

水平组		组间平均分差异	标准差	P 值	95% 置信区间	
					下限	上限
中低组	中高组	−.15807*	.04847	.006	−.2781	−.0380
	高级组	−.09625	.04388	.094	−.2049	.0124
中高组	中低组	.15807*	.04847	.006	.0380	.2781
	高级组	.06182	.04655	.416	−.0535	.1771
高级组	中低组	.09625	.04388	.094	−.0124	.2049
	中高组	−.06182	.04655	.416	−.1771	.0535

*p ≤ .05

主题化（TOPIC）和左偏置（LD）是英语主题结构的两种表现形式。表 6.1 和表 6.2 表明，中高组判断 TOPIC 的情况最好，高级组最差。中高组和高级组 LD 的 GJT 成绩最好，中低组最差。学生理解判断 LD 的总体情况优于 TOPIC。每组学生判断 LD 的情况均优于 TOPIC。

从表 6.1 和表 6.2 可以看出，对于汉语式主题结构，中低组和高级组的判断最好。中低组的准确率达到 58.14%，但中高组仅有 40%。通过 Krushal-Wallis 非参数检验，显著水平（p 值）为 0.026，说明各组判断汉语式主题结构的得分有显著差异。

6.4.1.2　翻译

CET 要求学生将汉语句子翻译成对应的英语，不仅涉及语言知识而且考查语言运用能力。该成绩从另一个角度反映学生掌握主题化结构的程度。各组学生翻译主题结构所得的平均分和标准差如表 6.4 所示。可以看出，又是中高组的成绩略高于中低组和高级组，说明中高组学生使用主题句的能力胜过其余两组。

表 6.4　CET 得分情况（N = 7）

	人数	平均分	标准差
中低组	43	7.58	.957
中高组	35	9.49	1.652
高级组	52	7.90	.748
总计	130	8.22	1.360

CET 的四类结构（主题化、左偏置、非主题结构、严重语法错误）的使用情况如表 6.5 所示：中低组和高级组使用主题句的比例最低，大部分学生倾向于使用非主题结构，其中高级组使用非主题结构的比例高达 91.35%。中高组使用主题化和左偏置的比例稍高，而学生更倾向于使用左偏置句式。学生总体上偏好使用非主题句结构翻译汉语的主题化结构。在使用到的主题句中，左偏置多于主题化。在测试结束后研究者采访了中高组的几位学生，他们表示，如果没有特殊强调，他们不会用主题句这种他们并不熟悉的句式来进行翻译。学生声称不熟悉这类句式是一个非常有趣的回答，因为汉语的主题结构使用明显比英语更广泛。

表 6.5　CET 中各种结构的使用情况

		主题化	左偏置	非主题结构	严重语法错误
中低组	人次数	6	12	179	61
	百分比（%）	2.33	4.65	69.38	23.64
中高组	人次数	30	73	73	34
	百分比（%）	14.29	34.76	34.76	16.19
高级组	人次数	7	9	285	11
	百分比（%）	2.24	2.28	91.35	3.52
总计	人次数	43	94	537	106
	百分比（%）	5.51	12.05	68.84	13.59

各组学生翻译汉语式主题结构所得的平均分和标准差如表 6.6 所示。可以看出，高级组和中低组学生翻译此句的情况略好于中高组。

表 6.6　汉语式主题结构（共 1 句）

	人数	平均分	标准差
中低组	43	1.23	.427
中高组	35	1.06	.236
高级组	52	1.63	.486
总计	130	1.35	.478

学生翻译汉语式主题句时有五种情况：1）用 as to, as for 等词语翻译。

2）用 among, of all 等词语翻译（在语法上可以接受），如（3）所示。3）按照原来的语序逐词直译，如（4）所示。4）翻译成非主题结构的句子。5）除未使用主题结构外还包含其他语法错误（得 0 分）。

（3）Among all the fruits, I love apples best. （学生原句，下同）

（4）*Fruit, I like apple best.

五种类型如表 6.7 所示。可以看出，中低组倾向于使用非主题句，中高组更多按照原句语序直接翻译，而高级组则倾向于使用 among ..., of all ... 这样的句子结构。各水平组中使用 as for 或 as to 句式进行翻译的学生都比较少。

表 6.7　汉语式主题句的翻译

		第一类	第二类	第三类	第四类	第五类
中低组	使用人数	5	5	2	24	7
	百分比（%）	11.63	11.63	4.65	55.81	16.28
中高组	使用人数	0	2	20	9	4
	百分比（%）	0	5.71	57.14	25.71	11.43
高级组	使用人数	2	31	2	14	3
	百分比（%）	3.85	59.61	3.85	26.92	5.77
总计	使用人数	7	38	24	47	14
	百分比（%）	5.38	29.23	18.46	36.15	10.77

从 GJT 和 CET 的成绩看，我们界定的水平组似乎不太准确，大二非英语专业学生整体上最好，大三英语专业学生次之，高三学生略低。高三与大二学生相差两年学习时间，语言知识有明显差别。原以为由于英语学习时间的差异，大三英语专业学生与大二非专业学生相差一年大致应该相当于高三与大二之间的两年，但实际上大三专业学生的表现不但与大二非专业没有显著差异，反而略逊于后者。这是一个没有料到的结果。

6.4.1.3　讨论

以上数据反映出的特点似乎可以归纳如下：

第一，学生较低的 GJT 得分表明他们理解主题结构类句子的能力不强。CET 数据还显示他们不习惯使用主题句表达含有主题内容的命题，而更倾向于使用非主题化表达式。这都说明学生对主题化结构不熟练，其 C_{TOPIC} 知识还在发展中。

　　主题结构在英语中并不常用，标记程度比较高（金积令，1991）。尽管语言输入和语言输出在二语习得中有着重要作用（如 Lightbown，1980；Krashen，1985；Swain，1985 等），但中国 EFL 学习者只能接触到有限的主题化 L2 输入，产出也少。即使学习英语多年（如大学英语专业三年级、非英语专业二年级学生）也没有完全掌握主题化结构。学生用于合乎语法性判断的知识随着英语水平的提高也有所提高，大学本科阶段的学生能相对较好地判断和使用主题结构。令人吃惊的是，英语专业三年级学生的判断水平竟然低于非英语专业二年级学生，但这种差异不具有显著性。

　　虽然汉语的口语和书面语中主题结构都很常见，但是学习者没有表现出明显的母语迁移特征，这与以前研究的结果不一致。以往很多研究（Yip，1995；Chan，2004；Chen 2005；蔡金亭，1998a，1998b；张爱玲、苏晓军，2002；刘丰，2003 等）发现，讲汉语的学生容易把汉语中话题突出这一特征迁移到英语中，因而产生一系列错误。但是本研究没有发现学生使用主题化结构的倾向性，从 GJT 和 CET（汉语式主题句除外）上均看不出强迁移效应。翻译中，学生更倾向于使用英语的基本语序 SVO。不同的研究结果可能源于不同的研究角度和研究方法。上述他人的研究主要从汉语的主题突出特点（topic prominence）及英语的主语突出特点（subject prominence）方面来考查其对 L2 习得的影响，不是专门从主题结构的语言知识及语言运用角度进行研究。这些研究一般将学生的作文作为调查内容，与本研究使用的合乎语法性判断测试和翻译测试有较大差别。写作使学生自由地按照其思维习惯用其熟悉的语言结构进行表达，学生更有可能迁移 L1 思维习惯和句式，而 GJT 和 CET 仅在句子层面上要求学生运用语言知识，其他干扰因素较少。即便有干扰，也只可能是测试题中出现频率较高的主题化诱导学生运用这方面知识，但是这一情况并没有出现。

　　第二，左偏置（LD）的得分高于主题化（TOPIC）表明句子类型对学生的判断有较大影响。这是一个值得探讨的问题。Hawkins 和 Chan（1997）认为，中国学生迁移了母语中不移位的 [话题……代词] 结构，他们（尤其是初级水平者）更倾向于句中代词显性出现。为了了解学生的接应代词知识，我们统计了学生判断关系从句中接应代词错误的情况

（如表 6.8 所示），发现各组学生都能较好地识别并改正接应代词错误。这说明学生较好地掌握了关系从句无需接应代词这一知识，或者说他们已掌握英语关系从句的推导生成，懂得关系子句外移成分留下的空位上无需接应代词。这一发现与 Hawkins 和 Chan（1997）的研究结果不同。学生似乎没有将 [话题……代词] 结构全盘迁移至中介语；或者是有迁移，但他们已经消除了迁移效应，可能是由于习得了英语接应代词的制约条件。

表 6.8　关系从句（共 3 句）的 GJT 得分

	平均分	标准差
中低组	5.16	.974
中高组	5.51	.742
高级组	5.79	.605
总　计	5.51	.819

　　学生倾向于左偏置结构的原因可能如下。首先，主题化和左偏置的不同生成机制可能对习得产生影响。主题化句式通过移位生成，而左偏置句式由基础生成的（base-generated）（Radford，1988/2000）。根据最简方案的无奈原则（Last Resort）（Chomsky，1995），移动是无可奈何、不得已而为之的操作。LD 的生成只需要合并（merge）即可，比移动更经济，而 TOPIC 的生成不得不经过移动操作，即 XP 移动至 [Spec，CP]。生成机制相对于经济简单的 LD 可能更易于习得。其次，Li 和 Thompson（1976）、Xu 和 Langendoen（1985）、Cole（1987）等人认为汉语中的 TOPIC 不需要移动操作，是基础生成的。如果这一观点正确，那么中国 EFL 学习者倾向于认为 LD 有可能是 L1 迁移的结果。但是，L1 迁移似乎与 L2 主题化的参数重设共同起作用，因此对 LD 的判断没有出现完全正确的情况。再者，学生能够较好地识别关系从句中的接应代词错误，但是这并不表明学生不接受 LD 中的接应代词。

　　第三，学生总体上倾向于使用非主题化结构来翻译汉语式主题句，也有学生按照汉语的语序直接翻译而造成错误。绝大部分学生未能正确使用 as for 或 as to。高级组学生虽然能够较好地翻译汉语式主题句，但是他们更愿意使用 among ...，of all ... 这样的句式。

　　高级组学生能够较好地翻译汉语式主题句，这一发现与 Chen（2005）的研究结果比较一致。Chen（2005）发现英语专业本科一年级和四年级的学生都会使用较多话题突出型的句子，但是他们所选择的句子结构不同——四年级的学生更多地选择介词来引导话题，而一年级的学生则更多地直接翻译。Chen 认为虽然学生选择的结构不同，但实质上都是受到汉语话题突出特点的影响。

张爱玲和苏晓军（2002：36）认为，学习者已经认识到英语和汉语有所不同，英语"不允许一个与谓语没有语法关系的名词短语作话题"，所以借助其他形式来建立名词短语与主句之间的联系。但是，是什么原因促使处于较高学习阶段的学生倾向于使用其他介词短语，而不愿意使用 as for 这样的句式呢？首先，英语中 as for 这类话题标记并不常用，是非常规句式（徐烈炯、刘丹青，1998：90）。非常规句式属于外围语法内容，其习得可能偏后。其次，as for 句式比其他介词结构复杂。学生把"水果，我最喜欢苹果"这句话翻译为介词短语引导的句子，如（5）a，这样的句子合乎语法，但是已经将主题化改变为焦点化（focus）。

(5) a. Among all the fruits, I love apples best.

　　b. I love apples best among all the fruits.

主题化移位发生的位置要高于焦点化，比焦点化更复杂。Hatakeyama（1998）指出，主题化中移动成分进入 [Spec, TopP] 位置（一种 CP 位置），而焦点化发生在 IP（即 TP）附加语位置上。可以这样推断，中国 EFL 学习者随着英语水平的提高能够觉察 L1 和 L2 的主题化差别，但是他们还不清楚焦点化和主题化的区别，所以会倾向于使用自己熟悉的介词短语来引导主题结构。

6.4.2 疑问句与主题结构

6.4.2.1 疑问句测试

疑问句的 GJT 和 CET 的得分情况见表 6.9。可以看出，各水平组对英语疑问句的掌握都比较好，组间无显著差异，说明学生较好地掌握了疑问句，习得了 CP 知识。特殊疑问句的句法发展似乎先于主题结构。

表 6.9　疑问句的 GJT 及 CET 数据

水平组	人数	判断（共3句）		翻译（共2句）	
		平均分	标准差	平均分	标准差
中低组	43	5.19	.699	4.00	.000
中高组	35	5.20	.839	3.73	.398

（续表）

水平组	人数	判断（共3句）		翻译（共2句）	
		平均分	标准差	平均分	标准差
高级组	52	5.44	.608	3.96	.194
总计	130	5.24	.755	3.88	.366

6.4.2.2 CP 与主题结构习得

虽然英语特殊疑问句与主题化结构均涉及 CP 知识及类似的移动操作，但是本项研究表明，从高中三年级至大学三年级阶段的学习者都较成功地习得了英语特殊疑问句，而在主题结构的习得上表现出一定的差异。从学生较好地掌握了特殊疑问句来看，功能语类 C 的参数设置不是造成主题结构习得困难的主要原因。功能语类并不一定是二语习得遇到困难的主要原因（袁博平，2003）。我们需要从其他角度探寻主题结构习得困难的原因。

郑超（2003：158）的论述有一定启发。他指出，"所有 IP 内的母语结构都有可能在二语习得的过程中发生迁移，而母语中所有处于非论元位置的名词性结构，都不大可能向二语过渡语中迁移"。在汉语中，我们往往说（6）a 这样的句子，但是 EFL 学习者却不太接受（6）b 这样的句子，这说明他们在潜意识里抵制母语中任何 IP（即 TP）外的名词性结构（Nominal Constructions beyond IP）向二语迁移，母语的 CP 投射不具有迁移性。

（6）a. [$_{CP}$ 那本书 [$_{IP}$ 我已经寄走了]]。

　　　b. *That book* I have sent off.

郑超进一步指出，任何位于 IP 之外的 NP 都隐性保持着自己的格（Case），格意识在语言习得中起着比投射更为基本的作用。二语学习者试图把每个 IP 外的 NP 都还原到其基本格位置。潜在的格意识让第二语言学习者失去了母语的 CP 投射。这一观点与 Bhatt 和 Hancin-Bhatt（2002）的结构最小性假说均认为 L2 学习者没有 CP。如果这一看法正确，那么中国 EFL 学习者就不会受到母语主题化结构知识直接迁移的影响，需要重新习得疑问 C_{WH} 和主题 C_{TOPIC} 的参数值。但是这一观点还有待进一步的检验。

6.5 结语

虽然汉语属于主题突出型语言，但是学生并没有完全迁移并运用 L1 主题化知识，他们仍然倾向于接受并使用英语的非主题句式，其中介语知识体现了主语突出型语言的倾向。这说明学生有较清楚的 L1, L2 界限，二语习得不是简单地迁移母语特征。中介语不只限于母语中已经出现的参数特征。学习者能够在普遍语法允许的范围内重新设置参数。如果 L1 与 L2 参数一致，则学习者比较容易设置该参数；迁移有助于参数重设，本研究的学生对 LD 的掌握优于 TOPIC 就证明了这一点。

本研究的受试不是刚开始学习 L2 的学生，考虑到高中三年级学生已经学习了五年英语，勉强将其界定为中低组，而实际上有些学生的英语水平非常低，无异于初级阶段学习者。我们的发现似乎没有为最小树假设提供证据。Vainikka 和 Young-Scholten（1994，1996a，1996b，1998a，1998b）认为，L2 学习者在初始阶段只能迁移母语中的词汇部分（NP 和 VP），但不包含任何形式的功能语类。在 L2 输入的影响下，学习者逐渐依次构建 IP 和 CP。L2 的发展遵循 VP-IP-CP 的顺序。最小树假设认为功能投射 CP 在早期中介语中不存在，所以中介语的话题找不到合适的位置。然而，本研究发现，各水平组的学生都能较好地掌握英语疑问句，这说明他们具备了 CP 的知识；但是即使他们有了 CP 知识也不能较好地掌握英语的主题结构，这表明 CP 不是影响主题结构习得的主要因素。这一结论与袁博平（2003）的研究结果一致。

"最小树"的提出受到多方质疑。首先，实证研究（如 Lakshmanan，1993/1994；Lakshmanan & Selinker，1994；Grondin & White，1996 等，转引自 White，2003b）表明，在早期中介语语法中功能语类并非完全缺失。其次，二语 CP 的发展也不一定必须建立在 IP 的基础之上（Haznedar，2003b）。第三，屈折词素的习得应该和功能投射的习得区别对待（Haznedar，2003b；袁博平，2003）。第四，如何界定学习者习得 VP、IP 和 CP 的各个阶段仍然是一个问题，习得阶段的界定也很成问题。

本研究的结果对特征失效假说也提出了质疑。我们的发现不支持 Hawkins 和 Chan（1997）所谓关键期以后学习者无法习得二语功能语类特征的观点。中国 EFL 学习者（包括高三学生）能够较好地掌握与汉语生成机制不同的英语特殊疑问句。这就说明，学习者能成功地重设 L2 疑问导句词 C 的参数值，虽然他们还没有充分设置好主题化导句词 C 的参数值。

（作者：高见、戴曼纯）

第七章

BE动词的习得

章节提要

本项研究旨在揭示中国英语学习者习得动词 be 的规律。我们通过测试初级、中级、高级英语水平学习者对动词 be 三种句法功能的使用情况，并对测试结果进行分析，发现中国英语学习者习得动词 be 有以下特点：1) 初级水平学习者已经较好地掌握了主动词 be，且个体差异较小；2) 初级水平学习者对半助动词 be 的掌握较差，随着 L2 语言水平的提高，掌握程度逐渐上升，至高级水平时则已基本掌握好这一用法，但是个体差异比较明显；3) 初级水平者对助动词 be 的习得较差，中级水平者则已掌握比较简单的助动词 be 结构，高级水平者的掌握程度较高，但仍然没有完全习得复杂结构中助动词 be 的用法。我们认为，be 的三类不同句法属性决定了其习得难度和程度，即助动词的用法最复杂，因而习得最差，半助动词次之，主动词 be 的习得与其他主动词一样，在句法操作上具有相通之处。

7.1 引言

be 是一个很特殊的动词。由于其复杂性（可以充当系动词、半助动词和助动词），动词 be 在二语习得研究领域中引起了研究者的注意（如 Saunders，1983；Mazurkewich，1985；Anderson，1991；Hirakawa，1995；Lakshmanan，1998；Hwang，2000）。他们从系动词 / 助动词 be 形式变化的习得、被动语态的习得和进行体的习得等方面进行了实证研究。但是，已有的报告大多考查该词某一单项句法功能的习得，受试以儿童为主，采用纵向观察或借助语料库的方式，一般为定性研究。目前还没有研究者全面调查二语学习者 be 动词句法功能（即作为进行体标记的 be、作为被动语态标记的 be、作为主动词的 be 及由 be 构成的半助动词词组）的掌握情况。我们设计此项研究的目的就是为了填补这一空白，并揭示中国学习者习得英语 be 动词句法功能的基本规律。

7.2　理论背景

7.2.1　be 动词的类型及句法属性

be 动词在许多语法著作中辟有相当篇幅加以论述。Quirk 等（1985：173，193）将 be 动词分为三大类：具有连系动词功能的主动词，具有助动词功能的进行体助动词和被动语态助动词，具有情态或体的意义、由 be 引导（作为半助动词）的动词习语。Biber 等（2000：428–429）也认为，"作为主动词，be 是英语中最重要的系动词"，"作为助动词，be 有两大截然不同的功能：标记进行体和被动语态"，"be 也属于半情态助动词 be going to 的一个组成部分"。be 的复杂句法功能使研究其二语习得规律有着重要的理论价值和应用价值。

主动词 be 充当连系动词。作为连系动词，be 连接主语与表语，或者说连接主语与补语（Biber et al., 2000：428）。主动词 be 有语义，如存现句的（there）be 表存在，John is a father 的意思也不同于 John has a father。但是，和其他主动词一样（如 works，worked），be 动词有可能会结合时态特征。如果主动词 be 与助动词特征结合，那么 be 的形态会产生变化，be 也将随特征并移（pied-piping）。主动词 be 属于实义语类，具有实义语类动词所具有的词法特征（morphological property）和句法特征（syntactic property），其用法与其他实义语类动词基本相同。

半助动词 be 本身无任何词汇意义，它与其他词项结合构成具有一定情态意义的半助动词。半助动词一般为动词习语，具有情态和体的意义，并由基本动词 have 或 be 引导，例如 be going to，be able to，have to 等（Quirk et al., 1989：193）。半助动词 be 兼有实义语类和功能语类的特征，一方面本身有实义语类的词法特征，有时态、人称和数等屈折变化；另一方面其构成的词组具有功能语类的句法特征，作为情态助动词（modal auxiliary）使用。

助动词是一种起帮助作用的动词，他们本身并不构成动词短语，但其后必须跟主动词；助动词是某些句式结构不可缺少的句法部分（Leech & Svartvik, 1975：206）。be 有两种助动词功能：作为体助动词和作为被动语态助动词（Quirk et al., 1989：172）。be 作为体助动词与现在分词结合（be+V-ing），构成进行体。be 作为被动语态助动词与过去分词结合（be+V-ed），构成被动语态。实义语类动词（如 ask）后可以接非动词成分，而助动词 be 只能接动词成分。助动词 be 属于一类特殊的功能语类词，与其他功能语类（如限定词、代词等）不同，除了这类必备的句法特征（在句子中充当功能词使用）外，还有实义语类所要求的词法特征，即可以有时态、人称和数等屈折变化；尽管具有实义语类所要求的词汇特征，但是它与实义语类动词又完全不同。

be 动词在句法推导中有移动操作（Roberts，1998；Falk，2003；Radford，1997）。根据 Lasnik（1999），主动词有从基层部分提升至轻动词（简称为 V 至 v）的隐性操作。因此，主动词 be 的生成和运算方式与其他主动词一样，在前面没有情态动词和助动词时，be 也可以获得时、人称、性、数等形式特征，如：John [TP is [vP ~~is~~ [VP ~~is~~ greedy]]]。

半助动词 be 与其构成的短语助动词一并生成，be 为该短语助动词的中心语，具备助动词的特征，可以获得时、人称、性、数等形式特征，如：John [TP [is going to]aux [VP go]]。半助动词 be 的操作从表面看似乎比主动词简单，实际上却更复杂，因为 be 处于 AUX 之中且为中心词，在构成疑问句时助动词是整体移动还是仅仅 be 移动出 AUX？这远比单纯的主动词复杂。

用于被动语态和进行体的助动词 be，其生成非常复杂：be 既可能单独在 T 位置生成，获得体、时、人称、性、数等形式特征，也可能与其他助动词或情态动词一并在 T 位置生成。如：John is walking；The task [TP [will be]AUX [VP finished ~~the task~~]]；Two portraits [TP [may have been being]AUX [VP painted ~~two portraits~~]]。

be 动词的句法位置取决于其所携带的句法特征。如果时态特征赋在 be 上，be 表现为 is，am，are，was，were 等，那么 be 可能占据 T 的位置或者疑问句的 C 位置（甚至可以分析为占据 [Spec，CP] 位置）。如果 be 没有被赋予时态特征，则不可占据上述位置，因为此类位置被助动词/情态动词等占据。

Lasnik（1994）曾指出，英语助动词在词库中就有了屈折形态变化，他们提升至 T 核查特征，而主动词的屈折变化在句法运算中进行。这样可以区分 be 的助动词用法和主动词用法的形态变化及其移动方式。应该指出的是，本身为主动词的 be 在句法运算中被赋予助动词特征时产生了属性变化，随形式特征并移至 T 位置。

Roberts（1998）把助动词看作有缺陷的动词，是与 V 位置相关连的形式特征集。助动词 be 的基本特征为 [+V，−N，BE]（当然，be 的特征还可以进一步分解），它带一个抽象的与格特征（extra abstract Dative feature），还可以进一步赋予 φ 特征（指人称、性、数特征）、时态特征、格特征、疑问特征和否定特征。其中，φ特征、时态特征和格特征可以与任何动词自由结合（例如，可以产生 works，worked，makes，made），否定特征和疑问特征则只能与助动词结合（例如，产生 isn't，Is he a teacher 等）。

　　综上所述，助动词 be 可赋予的特征集合更复杂，因此，可以假设助动词的习得更加困难。

7.2.2　相关研究

　　早在20世纪70年代，二语语素习得顺序研究（如 Dulay & Burt，1974；Larsen-Freeman，1975）就涉及 be。涉及 be 的研究多关注被动语态、进行体或系/助动词的习得。被动语态的实证研究一般集中在被动语态标记的习得（Mazurkewich，1985；Hirakawa，1995；Zobl，1989）、语言输入和母语迁移对被动语态习得的影响（Izumu & Lakshmanan，1998；Hwang，2000）。涉及二语体的习得有体假设（Aspect Hypothesis），即中介语早期体系中的动词屈折变化主要充当词汇体的标记。与此相关的观点还有 Anderson（1991）提出的时态残缺假设（Defective Tense Hypothesis）和 Robinson（1990：315–316）的情状体优先假设（Primacy of Aspect Hypothesis）。有人试图用实验来验证这些假设（如 Lee，1998；Li & Shirai，2000）。也有人从生成语法角度对系/助动词 be 进行二语习得方面的探索（Lakshmanan，1998；Haznedar，2001）。与国外研究相比，国内还没有专门针对 be 动词二语习得的研究，甚至涉及时体方面的研究都非常少见。目前，从二语习得的角度研究被动语态的有蔡金亭（2000，2002）、陈万霞（2002）等。进行体的二语习得研究与国外类似，也主要是检验体假设（蔡金亭，2002；樊长荣、林海，2002；熊建国，2003）。例如，蔡金亭（2002）用完型填空法收集数据、检验情状体优先假设在中国大学生的英语过渡语中是否成立，发现学生的英语水平越高，情状体优先假设的效果就越明显。但是，这些研究都没有专门针对 be 进行详细的讨论。

　　通过阅读有关文献，我们发现涉及 be 动词习得的国内外研究存在以下不足。首先，绝大部分受试是儿童和少年学习者，少有成年二语学习者；研究方法基本上是纵向定性研究，即通过长时间的观察来了解学习者的习得特点，缺少横向定量研究来调查比较不同二语水平学习者的习得情况。这些局限性使我们很难全面了解二语习得者整体上对 be 的习得情况。其次，几乎所有的调查都只关注 be 动词某一具体句法功能的习得；数据分析和结果报告也仅从词的形态变化角度对发现的特征或规律加以讨论和说明。这些不足促使我们设计此项研究，调查中国的英语学习者掌握 be 动词三种句法属性的规律特征。

7.2.3 研究问题

本项研究主要调查中国英语学习者习得动词 be 的基本规律。根据 be 动词具有的三种不同句法功能，可以把它分成以下语类及其组合体：实义语类、功能语类、功能语类（短语）构件以及实义语类与功能语类结合体。也就是说，我们不把 be 简单当作一个词项来习得。我们希望用调查得到的数据证实以下两个假设：1）根据 be 的助动词、半助动词和助动词句法属性，用法越复杂，习得越困难。2）英语水平越高，be 动词的掌握越好。

7.3 实证研究

7.3.1 受试

我们采用分层抽样法（Stratified sampling）确定受试。受试根据学习英语的年限和实际水平分为三组：初级（高中二年级学生）、中级（非英语专业大学本科二年级学生）和高级（非英语专业硕士研究生二年级学生）。这样基本保证受试在英语学习时间上处于一种基本等距的分布，且组与组之间整体上存在明显的英语水平差异。受试按照自然班分组。初级组 50 人；中级组 48 人（大学英语四级考试备考阶段）；高级组 40 人。

7.3.2 数据收集

为了较全面、真实地了解中国学生掌握 be 动词的情况，我们设计了三项测试任务考查 be 动词以下三个方面的习得情况：完全助动词 be（考查项目见表 7.1，共计 11 种）；3 个由 be 构成的半助动词词组（be going to/be bound to/be able to）；主动词 be 的三种结构（主语＋ be ＋名词短语；主语＋ be ＋介词短语；主语＋ be ＋形容词短语）。

测试任务为"用适当动词形式填空测试"、"改错测试"以及"根据汉语提示完成句子"，测试用句选自权威语法著作（为便于受试理解，有的略作修改）。我们采用三种不同的题型考查同一语言项目的习得，以保证所采集数据具有较高的信度。

表 7.1　完全助动词 be 的考查项目

be 动词 ＼ 考查项目	单纯考查	与时态结合	与进行体态结合	与完成体态结合	与时态结合	用于虚拟语气
进行体助动词 be	+	+	−	+	+	+
被动语态助动词 be	+	+	+	+	+	+

　　为了保证调查质量，在正式测试之前，对以上测试项目全部进行了预测，以便了解测试项目是否难度合适，是否可以最大限度排除其他卷面因素对数据收集的干扰。经过二次预测和修改，所有测试项目均达到测试要求。充分的准备工作保证了测试顺利进行：发出试卷 138 份，收回答卷 138 份，其中有效答卷为 114 份（初级组有效答卷 45 份；中级组有效答卷 34 份；高级组有效答卷 35 份）。我们用 SPSS 11.5 将收集的数据进行分析处理，首先对三组受试的测试成绩进行效度分析，以检验所收集的数据是否真实有效；然后，对各组的试卷总成绩进行分析，以检验三组受试是否存在组间差异性；最后，对 be 动词的三种句法功能（主动词、半助动词词组、助动词）进行分析，以便了解三组受试在每一种句法功能上的习得是否有组间差异性。

7.4　分析与讨论

7.4.1　数据分析

　　我们首先用对半法求 Cronbach α 系数，得 α 系数为 0.9606，说明测试信度很高，所收集的数据可以用来进行数据分析检验。

7.4.1.1　组间数据

　　三组学习者测试成绩经过 Levene 方差齐性检验，得 $p > 0.05$，说明方差齐。我们对数据进行单维方差分析后，得出 $F = 210.565$，$p = 0.000 < 0.05$，所以可以认为三组学习者的组间测试成绩不相同。我们还对三组间测试平均数进行两两比较，发现所有组间差异具有显著性，p 值均为 0.000，小于 0.05；组间均数差异较大（初级组与中级组相差 7.95 分；初级组与高级组相差 26.80 分；中级组与高级组相差 18.85 分）。这就说明，三组之间得分存在显著差异，而且英语水平越高，对 be 的掌握越好。我们的第二个假设得到了证实。

表 7.2 的描述性数据还显示，三组的成绩分属于不同的层次，但组内受试之间差异不大。

表 7.2 三组测试成绩描述性数据

	人数	均数	标准差	最小值	最大值
初级组	45	38.3778	5.74175	22.00	48.00
中级组	34	46.3235	6.36144	36.00	59.00
高级组	35	65.1714	5.50126	48.00	76.00
合计	114	48.9737	12.72198	22.00	76.00

7.4.1.2 be 动词分类数据分析

1) 主动词 be

数据检验得出，F 值 =1.059，p 值 =0.350>0.05，表明三组学习者在习得主动词 be 时没有显著性差异，即可以认为三组学习者习得主动词 be 的情况是一样的。采用 LSD 进行两两比较，p 值最小的为 0.179>0.05，且组间最大均数差异为 0.42 分，这就进一步证实了三组学习者对主动词 be 的习得情况处于同一水平。

通过描述性分析（见表 7.3），我们可以看出，三组的平均分几乎没有什么差异（最大差异值 <0.5 分），标准差的差异也很小（最大差异值 <0.5 分），最高分均为满分 12 分，最低分基本相同，所以可以认为三组学习者对该项目的习得并没有因为学习阶段不同而有差异。

表 7.3 主动词 be 数据描述性分析结果

	人数	均数	标准差	最小值	最大值
初级	45	10.5556	1.45470	6.00	12.00
中级	34	10.5882	1.45888	6.00	12.00
高级	35	10.9714	1.12422	8.00	12.00
合计	114	10.6930	1.36406	6.00	12.00

2) 半助动词 be

通过数据检验，F 值 =59.712，p 值 =0.000<0.05，表明三组间有显著差异。我们采用 LSD 进行两两分析，p 值最大的为 0.002<0.05，平均分

差异较大（最小差异为 0.87 分，最大差异为 2.97 分），这就进一步证实了三组学习者在习得半助动词 be 时具有显著性差异。

从描述性分析结果中（见表 7.4），我们可以看出三组间的平均分相差很大，基本属于三个不同水平层次。我们可以从标准差看出，初级学习者的个体习得差异较小，中级学习者开始出现较大的个体习得差异，高级学习者的差异则更加明显，三组间最高分和最低分相差很大；该项目总分为 6 分，但是高级组的平均分也仅为 3.4857，这表明即使到了高级阶段，学习者仍然没有完全习得该项目。

表 7.4 半助动词 be 数据描述性分析结果

	人数	均数	标准差	最小值	最大值
初级	45	.5111	.84267	.00	2.00
中级	34	1.3824	1.04489	.00	3.00
高级	35	3.4857	1.70417	.00	6.00
合计	114	1.6842	1.74638	.00	6.00

3）助动词 be

由于三组数据方差不齐（Levene 值 <0.05），不可以进行单维方差分析。在方差非齐性的情况下，只能通过 Tamhane 检验进行事后多重比较。经过 Tamhane 检验后，我们发现两组间比较 p 值为 0.000<0.05，加之组间平均分差异较大（最小差异为 4.55 分，最大差异为 20.42 分），所以我们可以认为三组学习者在习得进行体助动词 be 时具有显著性差异。

描述性分析结果（见表 7.5）表明三组间的平均分相差很大，属于不同水平层次；由标准差我们可以看出，三组学习者间的个体习得差异情况区别较小；三组间最高分和最低分相差较大。该项目总分为 66 分，但是高级组的平均分也仅为 48.4。这表明到了高级阶段，学习者仍然没有完全习得该项目。

表 7.5 助动词 be 数据描述性分析结果

	人数	均数	标准差	最小值	最大值
初级	45	27.9778	4.53516	18.00	38.00
中级	34	32.5294	4.75608	22.00	40.00

（续表）

	人数	均数	标准差	最小值	最大值
高级	35	48.4000	4.62856	39.00	58.00
合计	114	35.6053	9.88842	18.00	58.00

以上数据表明，初、中、高三组英语学习者在习得 be 动词三种句法功能时，具有以下特征：1）学习者在初级阶段就可以较好地习得主动词 be 的用法，三组间没有显著性差异。2）三组学习者在习得半助动词 be、助动词 be 时具有显著性组间差异；初级学习者难以掌握 be 的这两个方面，中级学习者对半助动词 be 掌握略好一些，但是只能部分掌握助动词 be，高级学习者对两者的掌握都比较好，但是也没有达到完全习得的状态。调查数据基本上验证了我们提出的第一个假设。

7.4.2 讨论

下面我们从语言学理论和二语习得规律的角度对以上发现加以解释。

在疑问句、否定句等句子的生成过程中，三类用法的 be 其运算有一定区别，且组合方式越多，运算越复杂。T 实现为其他助动词时，主动词 be 在否定和疑问结构中没有进一步的提升操作；而 be 为助动词时，其在否定和疑问结构中还可能有进一步的操作。这些差别给二语学习者带来学习上的困惑和困难。

移动方式比较单一的主动词 be 便于习得，学习者可以用习得其他实义动词的方式习得主动词 be，所以在初级阶段就可以较好地掌握该用法，而且个体间差异较小。

半助动词 be 及其构成的短语助动词兼有实义和功能两类特征，学习时需要同时掌握两个语类的使用特征，习得过程较为复杂；作为中心词的 be 本身具有提升的属性，但是与之结合的词并不具备提升属性，因此有可能出现 be 提升而其他词仍处于原地的情形，例如 Is he going to help you? 句中的 be 动词移动至 [Spec，CP]，而 going to 并没有随 be 一起移动，仍然留在原有位置。这种情况显然比主动词 be 更复杂。实际上，习得含有助动词 be 的词组时还需要掌握其语义特征及词组成分的可分解属性，习得难度比实义语类大，所以很难在初级阶段掌握。之后随着二语水平的提高，对其的掌握程度有所提高，直到高级阶段才基本掌握，但个体差异仍较为明显。

助动词 be 属于一个特殊的功能语类，在与情态动词或其他助动词结合时，情形十分复杂。与 be 可以结合的其他助动词或情态动词数量多，结合后的短语移动操作不一，其他助动词、情态动词及 be 的位置分布广，因而习得难度最大。我们的数据显示，即使到了高级阶段，二语习得者也无法完全掌握 be 的该用法，且个体差异没有普遍性规律。

有人发现，涉及动词的二语习得发展规律可表现为：1）动词与情景上下文同时出现；2）动词与其他词语出现；3）动词与特定的语法标记（如 -ed 和 -ing）共同出现（Li & Shirai，2000：155–156）。以此反观 be 动词的习得，我们似乎也可以归结为：1）动词 be 与情景上下文同时出现（实义动词 be）；2）动词 be 与其他词语出现（半助动词 be）；3）动词 be 与特定的语法标记（如 -ed 和 -ing）共同出现（助动词 be）。这正好与我们发现的 be 的习得情况相符。

以往的二语习得研究（Rosch，1973；Stromswold，1991；Elman et al.，1996；Bardovi-Harlig，2000；Salaberry，2000）对我们理解和解释动词 be 的习得也有启发。例如，Stromswold（1991）和 Valian（1992）提出，在习得动词 be 的过程中，学习者能够区别系动词 be 和助动词 be 的用法，习得的难点主要在于 be 的不同词汇形式有八种之多，学习者难以在短时间内掌握。

由助动词 be 构成的进行体和被动语态因其语态标记词或体标记词的复杂性而较难习得。在进行体框架下，单独动词特性称为动词情状。动词情状可以分为以下四类（杨素英等，1999：33）：1）静态动词（statives），表示状态，如 know；2）动态动词（activities），表示均质的、不引向结果的动作，如 run；3）完成动词（accomplishments），表示非均质的、引向结果的过程，如 write；4）成就动词（achievements），动词本身或动词短语本身已经表明结果，如 die。这种分类显然不包括我们探讨的 be 动词，但包括与 be 相关且需要与其组合表达进行体和被动态的动词。

由于静态动词"表示事态而不是活动，一般没有进行体形式"（Crystal，2002：336），而其他三种动词都具有进行体的形式，因此学习者在习得进行体时首先需要将静态动词与其他三种动词区别开来，然后开始掌握动态动词的进行体标记，最后向完成动词和成就动词拓展。有意思的是，进行体标记不会出现过度概括到静态动词的情况，即学习者不会将进行体标记用于静态动词（Shirai & Andersen，1995；Lee，1998；Li & Shirai，2000）。

这一发现似乎表明，学习者掌握进行体时，需要经历三个阶段：1）将静态动词与其他三种动词区分开；2）正确标记动态动词的进行体并与助动词 be 结合；3）正确标记完成动词和成就动词的进行体并与助动词 be 结合。

在被动语态中，英语的动词可以细分为作格动词（ergatives）与非作格动词（unergatives）两种情况：1）作格动词指"既可作及物动词又可作不及物动词而意义不变的动词"（Richards et al.，2000：159），有时也被称为"非宾格动词"（unaccusatives）（Crystal，2002：5）；2）非作格动词与作格动词相反，指只能充当一种动词用法的动词，如 cancel 只能作为及物动词，happen 只能作为不及物动词。如果同一个词兼有两种用法，那么其意义一定发生了变化，否则就成了作格动词。主动句转换为被动句时，非作格动词有一个比较清楚的界限：及物动词可以添加被动语态标记，而不及物动词不能带被动语态标记。但是，作格动词情况就较为复杂，必须先确定它的属性，判定它是充当及物动词还是不及物动词，然后再判定其是否可以添加被动语态标记。

因此，学习者习得被动语态可能需要经历三个步骤：1）判定动词为作格动词还是非作格动词；2）判定作格动词是否为及物动词；3）为及物动词添加被动语态标记。这些步骤都会增加助动词 be 及其组合的习得难度。

与习得主动词 be 相比，习得半助动词 be 不仅需要了解其形态变化，还需要掌握相关词组的语义，习得内容增多、难度增大，故而学习者到中级阶段才开始较好地掌握，到高级阶段才达到更高的水平。助动词 be 的主要句法功能是与现在分词或过去分词结合，构成进行体或被动语态。正如 Roberts（1998）指出的那样，助动词是有缺陷的动词。有缺陷的动词相对于完整的动词而言属于有标记的，加上与其他动词的复杂组合，增加了二语习得的难度，初级学习者往往难以掌握这种组合方式；到了中级阶段，学习者开始掌握部分较为简单的结构；到了高级阶段，学习者才基本掌握——我们的数据显示，受试使用进行体或被动语态与时态结合的正确率可以达到80%以上，但是对复杂结构中的进行体掌握较差，如虚拟语气中的进行体使用正确率仅为32.4%。也就是说，学习者在高级阶段也无法全部习得进行体和被动语态中的 be。

7.5　结语

本项研究通过对初级、中级、高级三组学习者对动词 be 的习得情况进行测试，发现中国英语学习者习得 be 动词有以下的特点：首先，学习者在初级阶段就较好地掌握了主动词 be，而且个体间习得差异较小。其次，学习者在初级阶段难以掌握好半助动词 be，随着学习时间的累积，掌握程度逐渐提高，到高级阶段已基本掌握，但是个体间的习得差异较为明显。第三，学习者在初级阶段对助动词 be 习得情况较差，至中级阶段则掌握了较简单的 be 动词结构，到高级阶段时掌握程度到达较高层次，但仍然没有完全习得处于复杂结构中的助动词 be。在助动词的习得过程中，个体习得差异没有一定的规律性。

我们试图用句法学的特征理论和移动理论及二语习得的相关研究结论解释我们发现的现象：学习者在初级阶段能够掌握好主动词 be 是因为它的特征、生成及推导运算与其他主动词一样，不如助动词复杂，能和其他主动词同时习得，其习得难点在于多变的形态。半助动词 be 构成的复合助动词存在中心词部分提升，而且具有比较复杂的语义内涵，所以较难为初学者掌握。学习者只有到了中级阶段才逐渐掌握这一类用法，高级学习者则可以完全掌握半助动词 be。完全助动词 be 构成的进行体结构和被动语态结构类型多样，提升操作复杂，使该用法的习得难度增大，学习者即使到了高级阶段也不能全面掌握。

然而，我们的研究还只是一个初步调查，还有许多问题没有探讨。我们希望这项研究能起到抛砖引玉的作用。

（作者：戴曼纯、郭力）

第八章

HAVE的习得

章节提要

本项研究采用实证研究的方法，调查了三个不同英语水平层次学习者掌握 have 的情况，并参照特征理论、移动理论及标记理论对调查结果进行分析和解释。调查发现，学习者的英语水平与 have 的掌握程度成正比；学习者习得作为主动词的 have 情况远胜于对作为助动词的 have 的掌握。分析显示，影响 have 不同用法习得的因素有 have 的形式特征和语义特征，特征组合越复杂，习得难度就越大。

8.1 引言

have 是英语中的高频词，既可作助动词、情态动词（指半情态/半助动词 have to），又可作主动词（Nation，1990，参见杨贝，2003：77），用法复杂而不可或缺。然而，有关其二语习得方面的研究尚属少见。

本研究采用横向实证调查，描述不同英语水平层次的中国学生掌握动词 have，特别是助动词 *have* 的规律，但是，鉴于任何一个功能词或词项的习得与其相关搭配密不可分，在设计调查试卷时充分考虑了这些组合方式；作者将参照 Chomsky（1995，1999），Roberts（1998）等学者关于 have 的句法理论，用移动理论、特征理论和二语习得标记理论对调查结果进行分析和解释。

8.2 理论背景

8.2.1 文献回顾

语言运算中不可缺少的功能语类包括情态动词、助动词、限定词等自由语素和名词、动词性词缀等黏着性语素（Chomsky，1991；Ouhalla，1991；Zobl & Liceras，1994：160）。功能语类的重要作用也引起了二语习得研究者的兴趣，20 世纪 70 年代出现过不少关于语素习得顺序的研究（如 Dulay & Burt，1973；Bailey et al.，1974；Larsen-Freeman，1976 等）。研究者通过实证研究发现，被调查语素（通常选择

8–11 个）的使用正确率呈相当稳定的顺序排列。

　　然而，语素习得顺序研究用固定的规则或顺序去描述、总结不断变化的中介语系统本身是矛盾的，不符合二语发展变化的现实（戴曼纯，1996）。首先，上述研究均为横向研究，发现的所谓"习得顺序"与同时期为数不多的纵向研究（Rosansky，1976；Hakuta，1974；Schmidt，1983；参见 Ellis，1994：95）发现的个体习得顺序不一致。其次，这些研究只考查了英语的 8 到 11 个语素，很难说其结果具有普遍意义。另外，这些语素研究把时、体当作语素及其意义的紧密结合体，没有把具有复杂性质甚至不同功能的同一形态语素拆开区别对待。Bardovi-Harlig（1992）的时体运用研究就发现在准确性（形式方面）和运用比率（意义方面）之间存在显著性差异。

　　在 Chomsky（1993，1995）的最简方案框架中，功能语类被认为是引起语言间变化的原因，功能语类携带的特征通过特征核查操作驱动句法的移动，是不同语法间变化（即参数变化）的根源（参见袁博平，2003）。我们认为功能语类所携带的特征集合有可能影响其习得。

　　have 作为功能语类时，表达"体"范畴，同时自身形态的变化还可以兼顾"时"的表达。体的概念有两种：一是语法体（grammatical aspect）；二是词义体（lexical aspect）/ 情状体（situation aspect），由动词特性与句中其他成分相互作用而产生（Comrie，1976；Dowty，1979；Smith，1991；参见杨素英等，1999）。

　　国外大多数涉及助动词 have 的研究多见于助动词系统的分析。20 世纪 70 年代，对英语助动词的分析一直争论颇多。Akmajian 等人（1979：20）通过跨语言研究对英语助动词系统进行了再分析，解释了基础结构（base structure）中规定助动词排序的可能性。他们分析了众多英语助动词的相关现象，证明了普遍语类 AUX 的存在，解释了情态动词、完成体 have、进行体 be、被动 be 存在于许多结构中等现象。

　　have 具有主动词和助动词双重功能。Falk（1984）在词汇功能的框架（Bresnan，1982，参见 Falk，1984）下对英语的助动词体系进行了分析。在这一框架中，带有过去分词的 have 是个助动词 HV（helping verb），其余用法的 have 与主动词无异。Harley（1998）论述了英语动词 have 作为主动词的用法，集中讨论了 have 表示"经历"（experience）和"使役"（causative）之间的区别，目的是说明这两种 have 的用法实质上与表示"所有"（possession）的 have 相同，即：主动词 have 的用法表现为一个统一的词项。

有学者指出，助动词带有时和体两种信息（Frank & Zaenen，2002；Falk，2003：191）。Falk 认为应该对 have 的完成体特点进行助动词特征分析（Falk，2003：190），并指出 have 有如下义项：

(1) have（↑TENSE）= PRES　　（↑时）= 现在时

　　　（↑ASP）= PERF　　　（↑体）= 完成体

Falk 认为 have 提供了"时"和"体"两个特征。过去分词形式只提供谓语分词而无时、体信息。过去分词本身无法构成完成结构，它在完成体中并非完全不可或缺的事实表明"体"特征是由 have 而不是分词提供的（参见 Andrews，1994；Bresnan，2001）。

时体习得是一个非常复杂的过程（杨素英等，1999）。语言习得研究者发现时体习得与情状体有关，将儿童时体习得现象归结为时态残缺假设（Defective Tense Hypothesis）（Weist et al.，1984；Anderson，1986）；Robinson（1990）也提出情状体优先假设（Primacy of Aspect Hypothesis）和体假设（Aspect Hypothesis）（Anderson & Shirai，1996），试图解释时体习得规律。

过去三十年的时体习得研究收集了大量数据，研究者就这些数据从生成语法角度、功能角度等多个方面进行了探讨（Slabakova，2002：186）。如 Bardovi-Harlig（1997）考察了 16 名成人二语学习者中介语现在完成时的形成情况，研究了其形义关联的建立。其他大量研究着重检验情状体优先假设，如 Bardovi-Harlig 和 Reynolds（1995）关于 182 名成人对动词过去式 -ed 的习得研究。有研究发现，动词情状类型对二语的时体标记习得有作用，并与一语的时体标记习得有相似之处（如 Bardovi-Harlig & Reynolds，1995）。这些研究不仅解释了语言中的一个普遍语法现象，即体范畴中的情状体特征，还发现了此语法现象对英语习得的作用（杨素英等，1999：34）。

国内也有学者做过相关研究。熊建国（2003：68）通过研究英语专业学生对英语时体的形式和意义的习得，探讨中介语时体系统的形式和意义之间的关系，其研究结果支持"形式优先"假说。蔡金亭（2004：13–15）从变异的角度总结了时体习得领域在三个阶段取得的成果，介绍了自己提出的过渡语变异模型（蔡金亭，2003），帮助我国学者了解该领域的发展脉络。也有学者通过时体实现模式考查汉语相关概念对中国学生英语时体习得的影响（樊长荣、林海，2002）。

涉及 have 的二语习得研究有杨贝（2003：77-80），该研究对比了中国英语学习者语料库中的四、六级作文和留学生语料库中的英、美大学二、三年级本族语者作文中 have 的使用，发现中国学习者 have 的用法与本族语者有很大差别。

现有时体习得研究仍有一些空白和不足。国外时体习得研究关注情状体优先假设验证，而不是中介语句法本身的研究；国内仅有的一项 have 习得研究也是基于语料库的分析。这类研究一般停留在对语言运用结果（产品）的描述和归纳上，没有结合语言学理论就语言知识和运用作更深层次的探讨。

受条件所限，大部分二语研究的受试学习背景不同，除 Bardovi-Harlig 和 Reynolds（1995）的研究对象为六个水平组的成人英语学习者外，大多数相关研究仅对两组或一组受试进行考查；没有研究针对同一母语背景的不同语言水平者进行比较。由于理论出发点的差异，目前不同研究得出的结论可比性不大。

8.2.2　研究假设

本研究力图弥补以往研究的不足，横向调查高、中、低三个英语水平组的学习者，试图更全面地描述不同英语水平者的 have 习得状况。

我们选择的语言理论背景为生成语法。在生成语法中，助动词 have/be 被认为是反映时态和一致屈折变化的语类，Pollock（1989）提出有定子句（finite clause）中包括独立的时态中心语和一致中心语，它们分别投射为时态短语 TP 和一致短语 AgrP（Radford，2000：224）。Pollock 认为动词 V 和屈折 INFL 必须通过移动得到结合。INFL 实际上由 T（ense）（时态）和 Agr（reement）（一致）两个投射组成。尽管 Pollock 的分析技术细节有待商榷，但是至少有一点是清楚的：助动词 have/be 是可以有移动（提升）操作的。

have 是一个兼顾形式特征和语义特征的复杂语类，从句法角度看有三大可能：完全形式特征的助动词用法、完全实义的主动词用法以及兼顾形式特征和语义的半助动词用法。但在实际运用中，组合则更多。具体来讲，have 可分为完成助动词（perfective "have"）、半助动词 / 半情态动词（"have" to）和主动词。完成时 / 体还可以和进行体 be+-ing 结合构成三种完成进行体（现在、过去和将来完成进行体）（Celce-Murcia & Larsen-Freeman，1999）。have 作单纯的助动词时只有形式特征；作纯粹的主动词时与其他主动词一样具有语义特征、形态变化和句法运算方式（表示"所有"的 have 除外，因为它同时可以充当功能词）；半助动词 / 半情态动词则兼有形式特征和一定的语义特征。

本研究吸收 Chomsky（1995，1999）、Roberts（1998）等学者句法分析的可取成分，从生成语法和二语习得角度分析三组受试的 have 习得差异，从句法运算角度寻找深层原因。助动词和主动词的主要不同在于助动词可以有否定特征，属功能语类，且助动词更接近 T（Roberts，1998）。have 作为助动词或主动词均可有移动操作。Roberts 认为助动词显性越过 Neg，提升动力来自需要从该动词移出的特征，英语中的助动词越过 Neg 是因为它们能够在词法层面上和 Neg 结合。移动特征使 have 显性提升，即"显性的特征移动"（Roberts，1998：113–122）。即使将 Agr$_s$ 和 T 合二为一，助动词依然由于特征核查的缘故提升越过 Neg，即 [NegP…Aux [NegP [TP Aux$_{NEG}$…]]]。

助动词的提升与特征有关，Boškovic（1995：22，参见，Radford，2000）认为英语有定助动词的一致特征有强弱之分：特征强则助动词升至 Agr$_s$ 的位置，特征弱时则停留在 T 位置。Chomsky（1995，1999）在最简方案的后期句法理论中将 Agr$_s$ 和 T 结合在一起，分析成一个功能语类。但这种功能语类特征的结合不影响我们的分析，因为带强特征的助动词仍然可以从 T 位置提升至更高的位置，如疑问句中的助动词提升至 [Spec，CP]。

Roberts（1998：113–122）按照最简方案的特征理论分析助动词，在讨论 Chomsky（1993）和 Lasnik（1994）提出的 have/be 提升的意义和不足的基础上，论述了移动特征 F（Move F）操作使助动词 have/be 显性提升的观点。这种移动是影响助动词而不影响主动词的"显性移动"，因为助动词仅仅是一些形式特征的集合体，主动词除形式特征外还有内在的实际意义，主动词 V 的移动发生在助动词移动之前，其落脚位置为 [Spec，vP]（关于主动词的移动，参见 Lasnik，1999；戴曼纯，2003）。移动是特征的移动，语类被迫随着特征的移动而移动，就是所谓的"广义并移"（Chomsky，1995）。由于语音式 PF 的特性，显性的特征移动一般规定与这些特征有关的语类也必须随之移动。have 为实义动词时，其移动动力来自成分统制它的 v，按照 Lasnik（1999）的特征理论和 Chomsky（1999）的语段推导理论思路，主动词 have 必须提升至 v。如果 T 为一般现在时特征，则 have（包括 has）还需要提升至 T。如果语句为否定句，占据 T 位置的 have 还需要与 Neg 结合。如果语句为疑问句，T 还需要提升至 C（参见戴曼纯，2003 关于移动理论的论述）。具体运算参见例（2）。

Roberts 认为助动词的形式特征与 V 位置连在一起。have 的特征为 [+V, –N, HAVE]。have 还可以被赋予其他形式特征：时态特征（Tense features）、格特征、Φ 特征（指人称、性、数等特征）、否定特征、疑问特征 Q，且这些特征随 have 进入算式库。如果这一思路正确，那么进一步设想：have 与主动词 V 一道进入推导式，并且随 V 一起提升至 v，这是广义并移的结果；如果此时的 have（或者其他助动词）还有尚未核查的其他特征，这些特征驱使它提升至 T，甚至 C。如（2）所示。

(2) a. [TP John has [vP ~~has~~ finished [Agr$_o$P his work [VP ~~John has finished his work~~]]]].

　　b. [TP John will [vP have finished [Agr$_o$P his work [VP by 4 o'clock this afternoon [VP ~~John have finished his work~~]]]]].

　　c. [CP Has [TP John ~~has~~ [vP ~~has~~ finished [Agr$_o$P his work[VP ~~John has finished his work~~]]]]]

从这些简化的运算表征式可以看出，（2）a 的 has 随 finished 在基础结构中生成，在推导中又随其提升至 v，在 T 进入推导时，has 提升至 T。（2）c 的 has 由于该句为疑问句而多了一次移动操作，has 最终提升至 C。（2）b 的 have 比其他两句的 has 少了时态特征、一致特征等，因此随 finished 提升至 v 后没有了进一步提升的动力，T 位置被 will 占据。例（2）说明，我们可以用句法理论分析 have 的操作复杂性，且这种复杂性可以用特征和运算步骤来计算。

将 have 及分词分析为 VP 内生成，符合 van Gelderen 关于助动词的有关论述，因为他认为完成体助动词 have 在与进行体和被动语态的结合中，时态与分词在结构上是相互独立的（2005）。依此类推，无论结构多复杂，时态与 [have + -ed] 在结构上是相互独立的，时态可以实现为一个具体助动词，如 will，占据 T 位置，而 [have + -ed] 基础生成时占据 V 位置；时态也可以将时态特征赋予 have，出现 have，has，had 等变体，此时的 T 仅为特征集合，与 have，has，had 形成核查关系，随主动词提升至 v 的 have 被 T 吸引，发生显性移动。

根据以上的论述，我们可以将决定 have 句法属性的特征归纳如下：

(3) {+V, –N, ±T, ±CASE, ±Φ FEATURES, ±Q, ±HAVE}

这些特征中，[±HAVE] 属于 have 的语义特征，语义特征还可以细分为 [CAUSATIVE] 和 [POSSESSIVE]。have 的功能／形式特征非常复杂，组合方式多。理论上讲，特征组合（尤其是与其他语类的组合）越复杂，句子的运算越难，习得也越难。

根据二语习得标记理论(Markedness Differential Hypothesis)（Eckman，1977；参见 Ellis，1994；323)，特征组合越有标记性，习得越难。如果把助动词 have 和主动词 have 看作两个不同的语类，就可以把单纯的助动词特征和单纯的主动词特征看作无标记，把兼具功能词特征和主动词特征看作有标记，而且这些复杂的有标记特征必然会给学习者构成更大的学习负担。have 作为中介语体系的一个关键部分可以细分为多个类别，发展程度可能不一，但整体上应该与中介语水平高低密切相关。

因此本研究提出并验证如下假设：

假设 1：学习者对功能和特征单一的助动词 have 或主动词 have 的用法习得速度快，效果好；对兼有功能特征和语义特征的 have 习得程度相对较低。

假设 2：学习者对表示单一时／体功能的 have 掌握程度优于混合时体或混合结构中的 have。

假设 3：学习者对移动次数较少的主动词 have 的习得优于发生更复杂移动的助动词 have。

假设 4：较高水平的学习者对 have 的掌握优于较低水平的学习者。

8.3 实证研究

8.3.1 试卷设计

本研究的试卷设计充分考虑体现在时态、语态、体、语气与情态动词等搭配中的不同 have 变体及其出现的结构，试卷还包括主动词 have 和半助动词 have to 的用法。具体组合方式有以下九种：1）单纯完成体（只表示某种动作已经完成，不涉及任何其他因素；将来完成时中的 HAVE 仅表示完成体），特征为 [+V, –N, ±T, ±Φ FEATURES, +Aspect]；2）单纯完成体与进行体连用（如构成将来完成进行体，简称体连进），特征为 [+V, –N, ±T, ±Φ FEATURES, +Aspect, +Progressive]；3）完成体与时态结合（构成现在完成时／体和过去完成时／体，HAVE 既表示现在、过去，又表示完成体），特征为 [+V, –N, ±T, ±Φ FEATURES, +Aspect, ±Present, ±Past]；4）完成体与时态结合并与进行体连用，构成现在完成进行时／

体和过去完成进行时 / 体，特征为 [+V, –N, ±T, ±Φ FEATURES, +Aspect, ±Present, ±Past +Progressive]；5）完成体与非谓语动词（动词不定式、现在分词、动名词）连用（构成非谓语动词的完成式），特征为 [+V, –N, –T, –Φ FEATURES, +Aspect]；6）完成体与情态动词结合（用于特殊语气话语，如推测），特征为 [+V, –N, –T, –Φ FEATURES, +Aspect, +Modality]；7）完成体与虚拟语气结合（构成表达某种特定含义的话语），特征为 [+V, –N, –T, –Φ FEATURES, +Aspect, +Modality, +Hypothetical, etc]；8）半助动词 HAVE to，特征为 [+V, –N, ±T, ±Φ FEATURES, +Modality]；9）主动词 HAVE（主要分为使役动词和所有动词，其中表示"所有"含义的 have 还可同时兼有助动词的功能，如：Have you any brothers and sisters?），特征为 [+V, –N, ±T, +CASE, ±Φ FEATURES, +HAVE]。

测试试卷使用了三种试题类型：a. 填空；b. 改错；c. 汉英部分翻译。三种题型相结合既能考查句法知识又能考查语言运用，能做到相互参考照应。

试题举例如下：

a. 填空（用给出的动词的适当形式填空；受试可在语境中自由选择动词的适当形式）：

Don't worry. There <u>will have to</u>（have to）be some solution to the problem sooner or later.

b. 改错（对句子中时体使用进行合乎语法性的判断，并对错误进行修改）：

My key is gone. I <u>may leave</u> it at the office last night.（may have left）

c. 部分翻译（受试根据汉语提示用目标语表达）：

你以前学过英语吗？　<u>Have you ever learnt</u> English before?

测试题所用语句均改编自国内外知名语法书。本项研究使用两套试卷，其中试卷一用于先导可行性研究；试卷二用于正式测试。

8.3.2　受试

本项实验选择高级、中级、初级三种英语水平的中国学生。初级水平者为 40 名高中三年级下学期学生（从河南师范大学附中高三一个自然班随机挑选）；中级水平学习者为 36 名英语专业二年级下学期学生（河南师范大学英语专业二年级同学，他们即将参加专业四级考试）；高级水平学习者为英语专业的 40 名研究生（对外经济贸易大学英语专业硕士生，大多数已经通过专业八级考试）。

8.3.3 数据收集

三个水平层次的受试英语水平差异很大，而研究要求使用统一试卷来收集数据。为了保证试题中无生词、无歧义，语境充分，我们特意选择了河南省平顶山市一所非重点中学随机抽出的 20 名高三学生进行了初步研究。我们对收回的 17 份试卷进行了分析，并且咨询了有多年教学经验的中学英语教师，发现了一些问题并进行了相应修改，最终保留了考查核心结构和用法的题目，共计 33 题，测试时间确定为 20 分钟（试卷二）。

正式调查采用试卷二，为一个 20 分钟的笔试。初级组 40 名学生、中级组 36 名学生和高级组 40 名学生分别参加了此项测试。初级组和中级组的测试任务以随堂练习的形式由任课英语教师安排完成，真实性强，实验效应小。高级组受试人员分散，难于集中测试，因此分别单个抽出 20 分钟完成；由于受试察觉测试目的，可能有较强的实验效应。收回有效试卷为：初级组 30 份、中级组 34 份、高级组 38 份。

试卷的填空、改错和部分翻译三种试题的评分标准如下：1）每空 2 分，试卷满分为 70 分（33 题，共计 35 个空）；2）填空和部分翻译中时态、体态和词形完全正确得 2 分；基本时态或体正确而词形不正确时得 1 分，否则不得分；3）完成改错题时，判断出错误并改正得 2 分，能判断出错误但不能改正得 1 分，否则不得分。

调查的数据全部使用 SPSS11.5 进行分析，由于研究的受试分为高、中、低三个水平，且每个组的受试超过 30 人，所以自变量为语言水平（根据英语学习年限和所处专业、年级定）。

8.4 分析与讨论

8.4.1 数据分析

8.4.1.1 总体结果

单维方差分析（具备方差齐性）得出的统计结果显示，高级组的平均分高于中级组和初级组，两两比较的结果表明三组间的总成绩有显著性差异。

下图是正确率百分比折线图，根据三个组使用九种结构的得分情况制作而成，能直观显示三个组九种组合的整体表现。

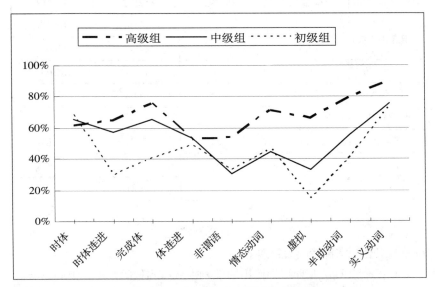

图 8.1　组间分类正确率折线图

加粗虚线表示高级组，虚线为初级组，实线为中级组；横轴上交叉刻度对应的是九种 have 的组合方式。如图所示，除了 have 表示时体的类别外，其余八项组合中，高级组的准确率几乎全为最高；根据三条折线的走势，可初步判断：1）总体上来说，高级组的表现优于中级组和初级组，中级组优于初级组；2）三个水平组各项组合的发展趋势基本吻合，初级组到中级组有两项（时体连进和虚拟）发展幅度较大，中级组到高级组有五项（非谓语、情态动词、虚拟、半助动词及实义动词）发展幅度较大；这说明中级水平到高级水平的 have 出现了质的变化；3）从各类别来看，三个组在 have 表示时体功能（单一功能）和用作主动词（单纯语义）时的表现较好，在其他复杂结构和混合时态中的表现较差。具体情况见下面的各项用法准确率表：

表 8.1　三组对 have 的九项用法准确率表（%）

	高级组	中级组	初级组	类平均
主动词	90.46	75.54	73.75	79.92
时体	61.84	65.83	69.00	65.56

	高级组	中级组	初级组	类平均
完成体	75.66	65.44	41.00	60.70
半助动词	79.61	55.51	40.83	58.65
情态动词	71.07	44.49	46.67	54.08
体连进	52.63	53.68	49.00	51.77
时体连进	65.13	57.44	30.00	50.86
非谓语	53.95	30.51	32.92	39.13
虚拟	66.18	32.83	14.72	37.91
组平均	68.50	53.47	44.21	

表 8.1 显示，三个水平组均没有全面掌握 have 的用法。对 have 的九种不同组合的掌握情况大致如下：

a. 三个组对这九种结构使用的准确率从高到低的顺序，组间略有区别。主动词 have 的掌握情况最好，半助动词 have 居中，功能语类 have 的掌握整体上最差，也最不稳定。

b. 高级组对各项的掌握程度普遍较高，平均准确率为 68.50%，且最低为 52.63%；中级组的各项平均准确率略高于 50%，其中虚拟语气和非谓语动词结构的掌握情况较差，准确率只略高于 30%。初级组的各项平均准确率较低（44.21%），其中虚拟语气结构的准确率仅为 14.72%。

c. 表 8.1 的类平均显示了三组各项组合和用法的平均准确率顺序。此顺序支持假设 2（学习者对表示单一时 / 体功能的 have 掌握程度要优于混合时体或混合结构中的 have）和假设 1 的前半部分（学习者对功能和特征单一的助动词 have 或主动词的用法习得速度快，效果好）。

d. 表 8.1 也呈现了各组合分类中较高水平组相对于下一组的变化：1）初级组相比中级组、中级组相比高级组，正确率稳步上升的是主动词（无标记）和半助动词（有标记）用法；呈上升趋势的还有虚拟语气（有标记）用法，但是高级组高出中级组的幅度较大（66.18%>32.83%），这说明虚拟语气对初、中级学习者来说较难，直到高级水平阶段才有较大进步；2）高级、中级两组相对于初级组有明显提高的是时体和进行体连用及完成体用法，说明这两种用法对初级学习者难度较大，习得程度较低；高级、中级两组优于初级组的还有完成体和进行体连用类，但是中级组略高于高级组，说明此混合时态难度较大，学习者对之掌握不稳定，或者说出现了停滞不前，甚至倒退；3）关于情态动词和非谓语动词用法，高级组明显优于另两组，这意味着初、中级学习者理解和掌握这两种涉及复杂语义和形式特征的有标记结构存在困难；此外，中级组在两项中的准确率略低于初级组的结果可能源于本试验中初级组是语法掌握程度较高的高三学生的事实；4）高级组相对中级组、中级组相对初级组逐步下降的是时体用法，中学课堂教学对此用法的强调和训练可能造成初级水平组答题更准确。

e. 完成体和进行体连用、时体和进行体连用、非谓语动词和虚拟语气是平均准确率较低的组合。从表 8.1 可看出初级组对完成体和进行体连用以及时体和进行体连用两种混合时态的掌握明显不如中、高级组；高级组对非谓语动词和虚拟语气两种结构的掌握明显优于中、初级组。

总的来说，以上组间各项组合的准确率显示高级组从整体来说对 have 的掌握明显优于其他两组，这在一定程度上支持了假设 4：较高水平的学习者对 have 的掌握要优于较低水平的学习者。

8.4.1.2 九种组合

我们使用 ANOVA 对三组受试九种组合的用法准确率进行比较，以验证三组间是否有显著性差异；对于没有显著性差异或者方差不齐的，还分别进行了两两比较。限于篇幅，下面仅就几种典型组合进行具体描述。

1）have 表示时、体两种功能

经过方差分析和两两比较可知：have 表示时、体两种功能及完成体和进行体连用两种用法在三组间均无显著差异。

但是，have 表示时、体两种功能的准确率在中级组和初级组都排在从高到低的第二位，在高级组却仅排在第七位，这似乎和假设 4 相悖。但结合表 8.1 可知，高级组此项用法的正确率虽在三组间准确率排序最低，绝对数据却为 61.84%，仍高于其他两组的组平均正确率；因此整体上来看，此用法在高级组和中、初级组的排序差别与高级组的表现优于其他两组的事实并不矛盾。have 表时体的形式特征标记性不强，是该语类的典型特征组合，学习者对此掌握较早、较好属情理之中。

2）完成体

表8.2　完成体方差分析结果

	离均差平方和	自由度	均方	F 值	P 值
组内变异	33.491	2	16.746	7.336	.001
组间变异	225.970	99	2.283		
总变异	259.461	101			

表 8.2 显示：F 值为 7.336，显著水平 .001，p<.05，即各组之间在 have 表示完成体的用法上有显著差异。

3）虚拟语气

表8.3　虚拟语气方差分析结果

	离均差平方和	自由度	均方	F 值	P 值
组内变异	558.007	2	279.004	45.996	.000
组间变异	600.512	99	6.066		
总变异	1158.520	101			

表8.4　虚拟语气小组分类结果（Scheffe）

语言水平	人数	亚组 α 值 = .05		
		1	2	3
初级	30	1.7667		
中级	34		3.9412	
高级	38			7.4211
P 值		1.000	1.000	1.000

由表 8.3、8.4 可知 F 值为 45.996，显著水平为 p=.000<.05，三个组之间的差异显著，且三组间两两比较差异显著。结合表 8.1 可知在 have 构成的虚拟语气中，三个组的平均正确率为最低，高级学习者的正确率也仅达到 66.18%，说明此用法最难，习得程度最低。虚拟语气不但涉及复杂的结构组合（包括形式特征组合），而且表达的语义微妙而复杂，标记性很强。这一点可能影响了 have 的正确使用。

4）其他组合和用法

时体和进行时的连用及非谓语动词完成式用法在初级组和中、高级组之间呈组间显著性差异。情态动词结构、半助动词和主动词三项用法的两两比较结果显示：高级组与中级组之间、高级组与初级组间差异达到了很显著的程度，但中级组和初级组之间没有显著差异。

8.4.2　讨论

8.4.2.1　主动词 have 和助动词 have 表时和体

通过对中学英语教学的调查得知，have 作主动词和助动词表时和体的用法是学习者在初学阶段就已学习过的两个基本用法，三组受试在这两种用法的书面使用准确率上没有显著性差异，因此将二者放在一起进行分析。研究数据表明，三组受试这两种用法的正确率在整体上有很大的差距：主动词用法的平均准确率为 79.92%，时体用法为 65.56%；主动词用法的最高准确率为 90.46%，时体用法最高为 69%。这个结果支持了假设 3：学习者对移动次数较少的主动词 have 的习得优于发生复杂移动的助动词。

语类/特征移动是结构生成中广泛应用的句法操作手段，但移动是有代价的，至少它会增加儿童语言习得的负担（Radford，2000：F16）。触发显性移动的强特征不一定表现在词语的形态上，不能完全以形态的变化来确定特征的强弱（戴曼纯，2003：21）。根据特征理论，主动词 have 和其他实义动词一样，不具备功能语类特征，但是有语义和形态特征，如 [±Causative, ±Possessive, ±ed]；而助动词 have 的特征及其组合特征多而杂，有 [+V, –N, ±T, ±CASE, ±Φ FEATURES, +Aspect, ±Modality, ±Progressive, ±Q, ±ed] 等，组合方式复杂，习得难度更大。

因为助动词仅仅是一些形式特征的集合体，只具有抽象的功能；而主动词除却形式特征以外还有内在的实际意义，相对于抽象的助动词来说，给语言学习者造成的习得难度较小。

have 的移动操作数量也影响对其属性的掌握。主动词 have 移动次数少，仅移动至 [Spec, vP]。助动词 have 则时多时少，如其在（2）a，b，c 句子的生成中分别进行过 2 次、1 次、3 次显性移动操作。助动词 have 的复杂移动给学习者的语言习得带来运算负担。本研究的假设 3（学习者对移动次数较少的主动词的习得优于发生复杂移动/提升的助动词的掌握）得到验证。

8.4.2.2　兼有功能特征和语义特征的 have

试卷二中兼有功能、语义特征的 have 出现在"部分翻译"的第 23、第 28 和第 30 题，其中第 30 题的 have 既表示"所有"语义又充当助动词构成一般疑问句（见（4）a），其功能特征相对另外两题更复杂。

（4）你有兄弟姐妹吗？

a. *Have you* any brothers and sisters?

b. *Do you have* any brothers and sisters?

我们统计了三组（共 102 名）受试回答此题的答案，结果显示：有 97 名受试（初级组 30 名、中级组 30 名，高级组 37 名）答对此题，但是大部分答案如（4）b 所示。三组中只有 14 名（13.72%）受试的答案如（4）a 所示，这 14 名受试分别为高级组 11 名，中级组 3 名，初级组为 0。

初级组对（4）a 那种 have 既表示"所有"[+Possessive] 语义又充当助动词的用法掌握程度很低。通过咨询中学英语任课教师，了解到此用法在现行的中学英语教材中基本不出现，学习者在课堂中无相关语言输入，自然不能习得此结构和用法。在 He *has* a book 这样的用法中，has 兼具语义"所有"[+Possessive] 和助动词功能特征，因此在句子的生成中，has 首先作为主动词从基础位置提升至 [Spec，*v*P]，然后提升至 T 位置，表示时态。如果句子为疑问句，has 将继续提升至 [Spec，CP]。由此可知，have 在表示"所有"这一用法中的移动比较复杂，102 名受试中只有 13.72% 正确使用此用法，这事实上部分支持了假设 1 的后半部分：学习者对既有功能特征又有语义特征的 have 习得程度相对较低。这一结论也与标记理论相吻合。

虽然假设 3 和假设 1 的后半部分得到验证，但是完全用 have 移动的复杂程度来解释 have 某些用法的难度是不全面的。我们必须把 have 的特征集与那些和它搭配的语类及其特征结合起来分析，换言之，have（特别是助动词 have）某些用法的复杂性与其在结构中的分布、搭配和句法结构有关，移动只是影响因素之一。

8.4.2.3　have 表时和体的习得

对助动词 have 表时和体的掌握情况的考查出现意料之外的结果：高级组表现最差，初级组表现最好。这一结果与假设 4 相悖。我们认为可能存在以下原因：

首先，本研究中的初级学习者为高三学生，测试时间在春季学期，此时学生正处于高考复习阶段，基本语法的讲解和掌握程度可能处于最佳阶段。

其次，外语学习者一般通过显性规则学习语法（Green & Hecht，1992）。用显性方式学习规则似乎对成人学习者更有帮助（Ellis，1994：642）。初级组的课堂教学对语法规则的强调使他们较好地掌握完成体/时这样的基本时态，因此得分较高；而中、高级学习者——特别是高级学习者——由于多年未接触课堂语法规则训练，完成体/时掌握程度出现回落。这一点正好反映了我国一般英语学习者对此语法项目的"最终"掌握程度，也说明在外语教学中显性语法教学在初级阶段作用较大。中、高级学习者掌握程度的下降也说明课堂上显性教学的效果并不能持续长久，"学得知识（learned knowledge）"并不等于"习得知识（acquired knowledge）"（Krashen，1985）。

第三，试卷二第33题"毛主席（Chairman Mao）参观过这个博物馆"的正确翻译是 a. Chairman Mao *had visited* this museum. 或者 b. This museum *has been visited* by Chairman Mao. 三组受试翻译第33题的有效解答是98份（初级组中有4份试卷对此题没有作答），受试都采用 a 类（主动语态）翻译。统计结果显示，译文主要出现两个问题：一是使用了一般过去时（Chairman Mao *visited* this museum.），混淆了过去完成体和过去式；二是使用了现在完成时（Chairman Mao *has visited* this museum.），说明部分受试不明白现在完成体的动作发出者应该具有生命[+Animate]或者说完成体语句的主语必须是现在还存在的。高级组出现问题一的有17人（占高级组44.74%），远高于初级组的5人（占初级组19.23%）；高级组出现问题二的有8人（占21.05%），初级组10人（占38.46%），说明初级学习者很难掌握有生命性这一属性，而高级阶段也已然存在这个问题。选取高级组的4名受试进行访谈的结果显示，访谈对象均表示不经提醒都不会采用 b 类翻译。另外，由于一般过去时和过去完成时实际所指意义相同，许多 ESL 学习者难以区分这两种时态（Inoue，1979，参见 Celce-Murcia & Larsen-Freeman，1999：125）。本研究中高级学习者过度使用一般过去时也反映出这一点。英语主要通过词汇（如 today，tomorrow）来标记时态，而汉语则用副词或隐藏于上下文的信息作标记（参见 Hinkel，1992：559）；本研究中第33题的汉语题干中没有"曾经"等标记性副词，只有语气助词"过"这个完成体标记，不少受试就错误选用英语的现在完成时进行翻译。这也验证了二语习得的这一研究发现：英语时态是二语习得中的难点（DeCarrico，1986；Richards，1981；

Riddle，1986；参见 Hinkel，1992：558）。统计结果表明，三个组对 have 表完成体 / 时这样的基本语法点的掌握均不够熟练。

值得一提的是，高级组的测试方式、更复杂的语言学习背景、并非真正一致的语言水平也可能影响了测试结果。

8.4.2.4　含有 have 的虚拟结构

表 8.1 的数据显示，对表示单一时 / 体功能的 have 的掌握程度高于混合时体结构组合（尤其是非谓语动词完成式和虚拟语气结构）中的 have。这一结果支持假设 2。下面就虚拟语气中 have 的掌握情况进行分析。

含有 have 的虚拟语气结构是九种组合中最难的一项，这一结果与杨贝（2003）的研究结论吻合：中国学习者在写作中虚拟语气的使用频率较低的原因极可能是因为虚拟语气是英语学习中的难点之一，本身的含义和用法较复杂，而汉语中又不存在相应的用法，很难或不可能发生有效的、正面的语际迁移，因此学习者尽量避免使用虚拟语气。have 在虚拟语气结构中的句法特征及其组合非常复杂，涵盖其所有形式特征，have/had 的移动方式灵活多变，既有与主动词停留在 [Spec，*v*P] 的情况（…he would *have* succeeded），也有移动至句首的倒装现象（*Had* you studied hard…）。这些复杂多变的句法运算必然造成习得上的困难和掌握上的不稳定。

8.5　结语

我们的调查结果和分析显示，受试还没有完全习得或掌握集各种用法于一身的 have。have 不同用法的习得难度不一，具体表现为：1）主动词 have 的用法习得速度快，掌握程度高；句法功能和形式特征单一的助动词 have 次之；功能和特征单一的助动词 have 比既有功能特征又有语义特征的 have 掌握得好；2）对表示单一时 / 体功能的 have 的掌握程度高于混合时体组合或混合结构中的 have；3）移动操作较少的主动词 have，其习得程度高于移动操作复杂的助动词 have。4）较高水平的学习者对 have 的掌握优于较低水平的学习者。我们的调查结果证实了绝大部分假设。虽然助动词 have 表示时体的有关数据在一定程度上与假设 1 部分相悖，但是这一现象能较好地得以解释；其他有关数据支持假设 1 的后半部分，即学习者对兼有功能特征和语义特征的 have 习得程度相对较低。研究结果还验证了移动复杂程度与习得程度的关系，have 某一用法的移动操作少，则习得更好。

　　当然，移动操作的数量不是解释 have 各用法掌握程度的唯一依据，移动的复杂性在多大程度上影响 have 某些用法的习得还有待进一步的研究论证。此外，调查一个词项的习得无法不考虑其搭配和结构，但是句法结构（环境）可能影响词项属性的习得。我们调查的 have 均结合了其相关搭配，很有可能是这些句法环境影响了 have 的得分。这是此项研究的局限性。

（作者：戴曼纯、王严）

心理动词的习得

第九章

章节提要

本研究从心理动词论元结构及其子语类特征角度考察中国学生习得英语心理动词的规律。心理动词按其体验者的投射位置大致可以分为主语体验者类（SE）和宾语体验者类（OE）。体验者论元投射的任意性引发可学性问题。本项调查试图揭示心理动词的句法－语义属性与二语习得之间的关系，调查结果表明，PH 动词习得优于 PSY 动词；SE 动词的习得优于 OE 动词；OE 习得表现出 S 类 >N 类 >A 类 >H 类的规律；学习者 L2 水平影响习得效果。研究结果证明心理动词的论元结构、子语类特征复杂性与习得密切相关。

9.1 引言

自上世纪 70 年代以来，心理动词一直是理论语言学和应用语言学研究的热点之一（Lakoff，1970；Postal，1971；Pesetsky，1987，1995；Baker，1988b；Belletti & Rizzi，1988；Brekke，1988；Croft，1993；Chen，1996；DiDesidero，1999；张京鱼，2001，2002；张京鱼、问小娟，2004；张京鱼、张长宗、问小娟，2004；陈国华，2006；陈国华、周榕，2006）。

心理动词是描述人的心理活动或者心理状态的一类动词，其论旨角色与句法位置连接的"任意性"给语言习得者带来困难。心理动词可学性问题有待解答（Bowerman，1990；张京鱼，2002），尤其是学习者如何习得决定体验者投射到主语和宾语位置的知识、决定体验者投射位置的因素、哪些心理动词比其他心理动词易于习得等。

Chen（1996），Juffs（1996）和张京鱼（2002）曾调查过中国学习者的心理动词习得。Chen（1996）和 Juffs（1996）从形态学角度论证了心理动词的形态特征——零使役是造成学习困难的因素；张京鱼（2002）从语义学角度探讨了心理动词的语义突显层级理论，指出英语心理动词的二语习得反映出句法相关的语义成分 [使役] 在自然语言中的实际表征突显性。三者都说明了使役因素是习得的关键，但调查结果并不一致，如母语迁移对中国英语学习者的作用并没有得到一致解释。Chen（1996）的研究发现低水平英语学习者不能很好地运用心理动词复合使役结构（make-construction），似乎没有出现母语迁移；Juffs（1996）却发现中国英语学习者在心理动词习得过程中将复合使役结构运用到英语，证实了母语迁移的存在；张京鱼（2002）和Chen（1996）相似，没有完全证实母语迁移现象。

上述研究从形态学和语义学角度考察心理动词的习得，尚未从句法角度进行探讨，尤其是论元结构。论旨角色对句法位置的映射（mapping）是动词论元结构的功能，而论元结构受论旨等级的引导，指示动词的论元位置（Montrul，1998）。我们试图从心理动词论元结构及子语类特征角度出发，调查中国学生掌握英语心理动词的情况。本章首先分析心理动词的论元结构及子语类特征，然后调查中国学生心理动词的掌握程度，考察不同英语水平者的心理动词内在表征，揭示心理动词词汇句法习得规律。

9.2　理论背景

心理动词带两个论元，是典型的二元动词。但是，心理动词的论元与句法位置的映射难以预测（Montrul，1998）。从句法角度讲，心理动词将体验者（Experiencer，通常实现为主语体验者 Subject Experiencer，或者宾语体验者 Object Experiencer）这一论旨角色指派给体验动词描述的心理活动或状态变化者。意义相近的心理动词却表现出迥异的论元投射模式。例如：在（1）和（2）里，a 和 b 表达的意义基本相同，但是论元投射位置恰恰相反。这种显而易见的"任意性"引起潜在的可学性问题，因为这些动词的表层结构不直接反映其深层结构（Montrul, 1998）。

（1）a. Children fear dogs[1].

　　b. Dogs frighten children.

（2）a. I like the play.

　　b. The play pleases me.

Juffs（1996）将心理动词划分为三类：1）主语体验者（SE）动词，如 fear 和 like；2）使役心理动词，如 frighten 和 please；3）不及物心理动词，如 worry 和 appeal。Juffs 的分类用了三种"标准"，很不统一。SE

1　本章中的例句除特殊说明外，均参考张京鱼（2002），并作了部分改动。

动词的标准为论元结构；使役心理动词标准为动词所表达的语义成分（而实际上这类心理动词按照论元投射位置可以界定为宾语体验者动词，即OE 动词）；不及物心理动词的标准则为动词（不）及物性。况且，某些不及物心理动词具有使役意义，使"标准"更为混乱。因此，我们试图从句法－语义角度给心理动词分类。

根据心理体验者投射的论元位置，心理动词分为主语体验者动词（SE）和宾语体验者动词（OE）两大类。SE 以体验者作主语，心理体验指向主语；OE 以体验者作宾语，心理体验指向宾语。SE 动词是典型的［体验者，受事］语义结构，OE 动词则通过语义客体的行为来描写体验者，形成逆向语义推衍［受事，体验者］。

其次，动词的子语类特征决定其选择什么语类的补足语，如 frighten 选择名词短语补足语。

(3) frighten: [V, —DP]　　　　frighten the boy

每个具体动词的子语类属性选择是有限制的，选择限制取决于上下文，决定动词所选择的语类在深层结构中的位置以及动词与其他语类进行组合的方式（Ouhalla，2001）。OE 心理动词如 frighten 是状态变化类动词的一种，描写心理或情感状态的变化，属于及物动词形式的致使动词（Montrul，2001），如（4）所示。

(4) The lion frightened the hunter.

　　　[x CAUSE [y BECOME frightened]]（Montrul，2001）

子语类特征对动词句法－语义属性的规约限制了动词对补足语的选择。(1) b 中的 OE 动词 frighten 本身具备有灵语义（animacy），且语义指向为补足语（DP_2），因而不可以选择无灵的（inanimate）名词短语作为补足语，否则会出现句子的语义怪异（oddity），如（5）。(6) 的 SE 动词同理，唯一区别是语义指向相反。

(5) ? The boy frightened *sincerity*.

(6) ? *The building* likes John.（此二例取自 Ouhalla，2001）

SE 动词选择物 / 人作补足语，有灵性不是其选择限制，补足语（DP_2）的语义特征有三种组合，如：

(7) a. Children like *John*.　　[＋人，＋有灵]

　　 b. Children like *dogs*.　　[－人，＋有灵]

　　 c. Children like *the play*. [－人，－有灵]

从（7）可以看出，SE 动词对 DP_2 没有特殊的选择限制，其子语类化框架中的 DP$_2$ 为任意名词短语。

OE 的子语类化框架中主语（DP$_1$）和 SE 的子语类化框架中的宾语（DP$_2$）相近，通常是表人或事物的名词 / 代词，语义特征表示为 [± 人，± 有灵]，即：任何名词短语都可以充当 OE 的主语，如（8）所示。

(8) a. *John* frightened Tom.　　　　　[+ 人，+ 有灵，+ 动态]

　　 b. *Dogs* frightened Tom.　　　　　[– 人，+ 有灵，+ 动态]

　　 c. *The thunderstorm* frightened Tom.　　[– 人，– 有灵，+ 动态]

　　 d. *The building* frightened Tom.　　　[– 人，– 有灵，– 动态]

OE 动词不直接表达人的心理状态，而是表示使人产生心理状态变化，具有 [+ 使役] 语义句法特征，而且这个 [使役] 意义有静态和动态之分。

OE 动词的语义解读似乎比 SE 复杂，因而有必要对其进行细分。根据其对主语的选择限制，可将 OE 动词分为四类：[+ 人，+ 有灵，+ 动态] OE，[– 人，+ 有灵，+ 动态] OE，[– 人，– 有灵，+ 动态] OE 和 [– 人，– 有灵，– 动态] OE。

可以看出，SE 动词的论元结构框架是 {DP$_1$（一类）+SE+DP$_2$（三类）}，而 OE 动词的框架为 {DP$_1$（四类）+OE+DP$_2$（一类）}。后者在论元结构投射类型上明显比前者复杂。

动词的论元结构提供语句的意义，是语言结构的核心部分，弄清这种知识的习得方式意义重大（Montrul, 1998）。本研究主要调查子语类特征及论元结构投射类型对心理动词习得的作用，涉及心理动词的类别特征在动词习得过程中扮演的角色、心理动词的子语类特征对习得的影响以及中国英语学习者习得各子类心理动词的规律。

首先，我们用非心理动词作为参照研究心理动词的习得。二者的本质区别在于，心理动词的体验者语义有特殊的指向性，指向的论元有特殊指称性，因而论元结构更复杂。心理动词及其指向的论元具备 [+ 心理] 语义特征，二者必须达成句法 – 语义和谐一致（agreement）。心理动词的句法 – 语义属性比非心理动词（尤其是表示物质变化的动词）复杂。可以假定，二语学习者的非心理动词习得优于心理动词习得。

其次，因为 OE 动词的句法语义属性（子语类特征）比 SE 动词复杂，因而可以假定 OE 的习得比 SE 更困难。

第三，OE 动词的隐性使役性（没有实现为语音形式）可能增加 OE 习得难度。

115

设 OE 动词的 [- 人]、[- 有灵]、[- 动态] 等特征为默认值，特征值出现变化的 OE 动词小类的习得将受到制约，即：[+ 人，+ 有灵，+ 动态] OE 动词（以下简称 H 类，指人）比 [- 人，+ 有灵，+ 动态]OE 动词（以下简称 A 类，指动物）更难习得；H 类、A 类比 [- 人，- 有灵，+ 动态] OE 动词（以下简称 N 类，指自然）更难习得；H 类、A 类、N 类比 [- 人，- 有灵，- 动态]OE 动词（以下简称 S 类，指状态）更难习得。

因此，OE 动词习得难易顺序为：H 类 >A 类 >N 类 >S 类。

本研究选择三个不同英语水平组调查心理动词的习得，以了解心理动词的习得是否随英语水平的提高而表现出上升的趋势。

研究假设概括起来为以下三个：

假设 1：句法 - 语义属性（论元结构）越复杂的心理动词越难习得，越简单的越容易习得。

假设 2：语义表达越抽象的心理动词越难习得，越具体的越容易习得。

假设 3：二语学习者对心理动词的整体习得状况随着英语水平的提高体现出由低到高的掌握规律。

我们根据心理动词的具体类别差异提出以下三个具体的子假设：

子假设 1：物质状态变化动词的习得优于心理动词习得。

子假设 2：SE 动词的习得优于 OE 动词习得。

子假设 3：OE 动词四小类习得难易顺序为：H 类 >A 类 >N 类 >S 类。

9.3　实验设计

9.3.1　受试

本研究受试是处于三种不同水平的英语学习者，分别是北京市 56 中学高二年级 40 人（初级组），北京林业大学森林旅游专业二年级 50 人（中级组），北京林业大学英语专业二年级 60 人（高级组）。本研究受试不选择初中学生是为了确保所有受试学过所要调查的心理动词，选择二年级学生是为了确保受试不受其他复杂因素（例如高考、就业等）影响。同时，本研究还对 13 个英语本族语者进行调查，以其作为研究控制组，实验报告中称为本族语组。

9.3.2　测试工具

9.3.2.1　测试动词

本研究共选择 15 个动词[1]。其中 10 个心理动词——5 个 SE 动词(like, dislike, hate, fear, enjoy）和 5 个基本对应的 OE 动词（please, disappoint, interest, frighten, amuse），另外选择 5 个物质状态变化动词（open, close, break, drive, fly）作为参照和对比。

9.3.2.2　选词填空

选词填空作为一项产出任务，要求受试将所给出的两个名词短语分别填入动词前后的论元位置，组成一个合法句子即可，例如：

(8) a. (The news) surprised (Tom) .　　　{Tom, the news}

　　 b. (The fire) frightened (Tom) .　　　{Tom, the fire}

　　（括号内两个名词短语排序不分先后）

两个名词短语中一个表示 [+ 有灵]，另一个表示 [– 有灵]。5 类不同的结构，每类 5 个小题，总计 25 道试题。结构类型如表 9.1 所示。

表 9.1　选词填空所用结构类型、动词及示例

结构类型	示例	动词
物质变化动词主动句	Tom opened the door.	open, close, break, drive, fly
物质变化动词被动句	The door was opened by Tom.	open, close, break, drive, fly
SE 句型	Tom hated this book.	like, dislike, hate, fear, enjoy
OE 词汇使役用法	The fire frightened Tom.	please, disappoint, interest, frighten, amuse
OE 复合使役句	The fire made Tom frightened.	please, disappoint, interest, frighten, amuse

9.3.2.3　合乎语法性判断

合乎语法性判断任务考查受试的内在二语知识表征，调查重点是四小类 OE 动词。我们按照 SE 和 OE 动词子语类特征，设计出两种 SE 句

1　目标词取自 West（1983）编制的常用词典 *A General Service List of English Words*（GSL）。该词典中的 2000 个动词都标明了频率，被中外学者视为二语词汇量测试的可靠工具。10 个心理动词中，3 个（fear, like 和 please）取自于前 1000 个常用频率词，其他 7 个出现在后 1000 个常用频率词中；5 个物质状态变化动词的词频相当，而且在中学教材里也都出现了。

型及五种 OE 句型（表9.2），总计35题。

表9.2　心理动词句法－语义结构类型及示例

结构类型	示例
SE 动词句	Tom hated this book.
*SE 动词句	*This book hated Tom.
[＋人，＋有灵，＋动态]＋OE（H 类）	John frightens Tom.
[－人，＋有灵，＋动态]＋OE（A 类）	Dogs frighten Tom.
[－人，－有灵，＋动态]＋OE（N 类）	The thunderstorm frightens Tom.
[－人，－有灵，－动态]＋OE（S 类）	The building frightens Tom.
*OE 动词句	*Tom frightened the building.

　　每题的判分定为 5 个刻度：5＝完全符合语言事实；4＝基本符合语言事实；3＝可能不符合语言事实；2＝基本不符合语言事实；1＝完全不符合语言事实。

9.3.3　数据收集

　　正式调查前我们进行试测，以便了解低水平学习者是否认识被调查的心理动词，以及其他可能出现的问题，避免失误。我们选择了北京市56 中学 10 名高二学生参加试测，调查结果基本符合研究假设。咨询参加试测的受试得知，他们认为试卷设计合理，但其中的合乎语法性判断任务有点令人厌烦。此外，我们向一名本族语者（哈佛－北大交流生）咨询试卷所用语句的合理性，也得到认可。

　　正式调查在受试任课老师的监督下完成，受试不允许携带任何参考资料，在 20 分钟内完成。控制组是 13 名哈佛－北大交流生。正式测试下发试卷 163 份，回收有效试卷 148 份，其中初级组 35 份，中级组 44份，高级组 56 份，本族语组 13 份。

　　选词填空任务评分标准为：选对得 2 分，选错得 1 分。合乎语法性判断任务评分标准为：对于合语法的句子，受试选择的刻度值即得分；对于不合语法的句子，刻度值与得分反过来计算，如选 5 得 1 分，选 4得 2 分，依此类推。数据分析工具为 SPSS13.0，主要采纳单因素方差分析法以及重复测量方差分析法对实验数据进行统计分析。

9.4　分析与讨论

9.4.1　数据分析

我们首先对所有（中国）受试（共 135 人）的数据进行重复测量单因素方差分析，以验证各子假设及假设 1 和假设 2。然后，分水平组进行单因素方差分析，以验证假设 3。每次单因素方差分析之前均进行方差齐性检验，如果样本之间方差齐，则采用 Scheffe 公式进行方差分析；如果不齐，则采用 Tamhane 公式进行方差分析。

9.4.1.1　五种结构类型

表 9.3　五种结构类型平均得分和标准差（N=135）

结构	PHA	PHP	SE	OEL	OEM
得分	9.95	9.74	9.61	7.78	8.47
标准差	.37	.68	.71	2.01	2.00

注：下文用 PHA 表示物质状态变化动词主动句，PHP 表示物质状态变化动词被动句，OEL 表示 OE 词汇使役用法，OEM 表示 OE 词汇复合使役用法。

表 9.3 显示，各结构类型平均得分由高到低的顺序是 PHA > PHP > SE > OEM > OEL。得分表明，中国学生能造出合乎语法的 PHA 与 PHP，具有客体充当主语的知识。OEL 与 OEM 两种结构得分略低。除 PHP 与 SE 之间没有显著性差异外（P=0.129>0.05），其他各结构类型之间都有显著性差异。由此可以推断习得顺序为 PHA > PHP，SE > OEM > OEL，其中心理复合使役知识的习得优于心理动词使役，这说明显性使役的掌握优于隐性使役。

齐性检验结果显示，各水平组五种结构类型样本均方差齐（P>0.05），因而采用单因素方差分析中的 Scheffe 公式进行检验。

表 9.4　各水平组五种结构类型平均得分和标准差（sd）统计

结构	初级组 (n=35)		中级组 (n=44)		高级组 (n=56)		本族语组 (n=13)		全体受试 (n=148)	
	得分	sd	得分	sd	得分	sd	得分	sd	得分	sd
PHA	9.86	.70	10.00	.00	9.96	.19	10.00	.00	9.95	.36
PHP	9.43	1.04	9.84	.53	9.86	.40	10.00	.00	9.76	.65
SE	9.91	.37	9.45	.76	9.54	.79	10.00	.00	9.64	.69

（续表）

结构	初级组 (n=35)		中级组 (n=44)		高级组 (n=56)		本族语组 (n=13)		全体受试 (n=148)	
	得分	sd	得分	sd	得分	sd	得分	sd	得分	sd
OEL	5.26	.57	7.70	1.66	9.34	.95	10.00	.00	7.97	2.02
OEM	5.63	1.37	9.11	1.20	9.73	.59	10.00	.00	8.47	2.00

表 9.4 显示，各水平组得分由高到低顺序分别为，PHA：中级组＞高级组＞初级组；PHP，OEL，OEM：高级组＞中级组＞初级组；SE：初级组＞高级组＞中级组。表面上看，顺序比较混乱。但是，单因素方差分析 Scheffe 检验结果显示，初、中、高三组 PHA，PHP，SE 成绩与控制组均无显著性差异，这说明中国学习者对这三类心理动词结构类型的习得均已达到或接近本族语者水平。

进一步的组间对比（表略）还发现，初、中、高三组间的 OEL 和 OEM 得分均有显著性差异且与英语水平成正相关。因此，可以推断心理动词习得水平为高级组＞中级组＞初级组。OEL 的习得只在高级组和本族语组之间无显著性差异；OEM 的习得只在初级组和母语组之间有显著性差异，即中级、高级组均与本族语组水平相当。这也说明中国学习者对 OEL 的掌握程度不如 OEM。

9.4.1.2 子假设 1 检验

只有选词填空任务涉及物质状态变化动词（简称 PHY）。选词填空任务中涉及 PH 的结构类型有 PHA 与 PHP，共 10 道题，总分值为 20。涉及心理动词（简称 PSY）的结构类型有：SE、OEL 与 OEM，共 15 道题，总分值为 30。由于 PH 与 PSY 的总分值不一样，我们采用两者的百分率进行重复测量方差分析，考查全体中国受试习得这两种动词结构类型的情况。数据显示，中国受试 PH 得分率（98%，sd=.04）高于 PSY 得分率（86%，sd=.12），两者之间有显著性差异（p=0.012<0.05），说明中国学生的 PH 习得优于 PSY。因此，子假设 1 得到证实。

PH 与 PSY 习得表现出一定的组间差异。齐性检验结果表明各组样本均方差齐（p>0.05），因而采用单因素方差分析中的 Scheffe 公式进行数据分析检验。数据分析显示，中国各水平组 PH 平均得分非常接近，由高到低的顺序为中级组＞高级组＞初级组；PSY 平均得分各水平组有差异，由高到低依次为高级组＞中级组＞初级组。平均得分高低不能说明三个水平组之间就真的具有明显的水平差异，为此我们进行了单因素方差 Scheffe 检验。检验结果表明，学习者在习得 PH 时，三个水平组之间均无显著性水平差异。参照本族语组得知，三个水平组均已达到母语者水平。

PSY 的成绩组间存在显著性水平差异。得分高低为高级组＞中级组＞初级组。其中，只有高级组达到了母语者水平，其他两组与母语者水平之间有显著性差异，且相差甚远。

9.4.1.3　子假设 2 检验

选词填空任务中涉及 SE 动词的仅一种结构类型，共 5 道题，总分值为 10；涉及 OE 动词的有两种结构类型（OEL 与 OEM），共 10 道题，总分值为 20。由于 SE 与 OE 的总分值不同，我们采用两者的百分率进行重复测量方差分析，考查全体中国受试对这两种结构类型的习得状况。

数据分析显示，在选词填空任务中，全体中国受试 SE 得分率（96%, sd=.07）高于 OE 得分率（81%, sd=.19）。方差分析表明，两者之间产生了显著性差异（p=0.026<0.05），这说明中国学习者 SE 习得优于 OE 习得，证实了子假设 2。

各水平组 SE 与 OE 两种结构类型得分数据齐性检验结果表明样本方差齐（p>0.05），我们用 Scheffe 公式进行数据分析检验。

表 9.5 显示，中国学生各组 SE 平均得分非常接近，由高到低的顺序为初级组＞高级组＞中级组；OE 平均得分各水平组差异较大，由高到低的顺序为高级组＞中级组＞初级组。

表 9.5　SE 与 OE 两种结构类型平均得分和标准差（sd）统计（选词填空）

结构	初级组 (n=35)		中级组 (n=44)		高级组 (n=56)		本族语组 (n=13)		全体受试 (n=148)	
	得分	sd	得分	sd	得分	sd	得分	sd	得分	sd
SE	9.91	.37	9.45	.76	9.54	.79	10.00	.00	9.64	.69
OE	10.91	1.42	16.82	2.22	19.13	1.21	20.00	.00	16.57	3.69

虽然初级组与中级组的 SE 成绩存在显著性差异，但是中级组与高级组之间无显著性差异。与本族语组相比没有显著性差异，表明三个水平组均已达到母语者水平，说明中国学生已经掌握了 SE 动词的用法。

三个水平组之间的 OE 成绩有显著性差异，得分高低顺序为高级组＞

中级组＞初级组。只有高级组达到了母语者水平，其他两组与母语者水平相比有显著性差异（初级组－本族语组 p=.001<.05；中级组－本族语组 p=.006<.05）。

我们再看 GJT 数据对子假设 2 的验证。GJT 涉及 SE 动词的有两种结构类型，共 10 道题，总分值为 50；涉及 OE 动词的有五种结构类型，共 25 道题，总分值为 125。由于 SE 与 OE 的总分值不一样，我们采用两者的百分率进行重复测量方差分析，考查全体中国受试掌握这两种结构类型的情况。

我们发现，全体中国受试 GJT 的 SE 得分率（80%，sd=.19）高于 OE 得分率（63%，sd=.11），方差分析结果表明两者之间有显著性差异（p=0.030<0.05），这说明中国学习者 SE 习得优于 OE 习得，证实了子假设 2。

各组 SE 与 OE 得分齐性检验表明样本方差齐（p>0.05），因而采用 Scheffe 公式进行单因素方差分析。

表 9.6　SE 与 OE 两种结构类型平均得分和标准差（sd）
统计（合乎语法性判断）

结构	初级组 (n=35)		中级组 (n=44)		高级组 (n=56)		本族语组 (n=13)		全体受试 (n=148)	
	得分	sd	得分	sd	得分	sd	得分	sd	得分	sd
SE	36.31	4.99	42.36	11.96	40.91	8.70	48.62	1.67	40.93	9.33
OE	67.34	8.13	76.02	8.74	86.93	15.69	97.54	11.18	79.99	15.11

表 9.6 显示，初、中、高级各组 SE 得分非常接近，从高到低依次为中级组＞高级组＞初级组；OE 得分组间差异较大，从高到低依次为高级组＞中级组＞初级组。

Scheffe 检验结果显示，在 SE 习得方面，三组中只有初级组与中级组之间有显著性差异（p=.030<.05），初级组与高级组（p=.104）、中级组与高级组（p=.880）之间没有显著性差异。初级组与本族语组有显著性差异，其余组则接近母语者水平。

三组间的 OE 习得均存在显著性水平差异（p<.05），得分依次为高级组＞中级组＞初级组。与本族语组相比，只有高级组达到了母语者水平（p>.05），其余组与本族语组存在显著性差异。

选词填空和 GJT 测试成绩均表明 L2 受试的 SE 习得优于 OE 习得，证实了子假设 2。任务形式对 SE 成绩产生了一定的效应，如初级组选词填空成绩好于中级组，而 GJT 成绩则不如中级组。只用一种方式进行测试必然得出不当的结论。虽然初级组与中级组的选词填空成绩有显著差异，但是实际得分差异很小（平均分相差 .46），而且两组都与本族语组无显著性差异。这些都表明三组均接近本族语者的 SE 知识水平。

OE 动词在两项任务中的得分结果一致，高低依次为高级组 > 中级组 > 初级组，只有高级组达到了母语者水平，其他两组与本族语组有显著性水平差异。

9.4.1.4 子假设 3 检验

GJT 涉及 OE 动词习得顺序（S 类 >N 类 >A 类 >H 类）的检验。表 9.7 的数据显示，中国学生 OE 动词小类的平均得分由高到低顺序为 S 类 >N 类 >A 类 >H 类。方差分析结果还表明三组中国受试的 OE 动词成绩存在显著性差异（p=0.000<0.05）。测试结果证实了子假设 3 预测的习得顺序。

表 9.7 全体中国受试结构类型平均得分和标准差（sd）统计（n=135）

结构	H 类	A 类	N 类	S 类
得分	13.82	15.09	16.56	17.33
sd	3.37	3.21	4.25	4.63

经检验，各水平组得分方差齐（p>0.05）；故采用 Scheffe 公式进行数据分析检验。表 9.8 显示，三个中国受试水平组的 OE 动词（四小类）平均得分由高到低的顺序为高级组 > 中级组 > 初级组。

表 9.8 GJT OE 动词四小类平均得分和标准差（sd）统计

结构	初级组 (n=35)		中级组 (n=44)		高级组 (n=56)		本族语组 (n=13)		全体受试 (n=148)	
	得分	sd	得分	sd	得分	sd	得分	sd	得分	sd
H 类	11.71	2.27	13.09	2.09	14.14	2.95	20.54	2.18	13.82	3.37
A 类	12.77	2.12	14.39	2.32	16.07	3.03	19.46	3.07	15.09	3.21
N 类	13.49	1.80	16.30	2.45	19.45	4.20	21.31	1.50	17.26	4.00
S 类	14.51	3.82	16.93	3.96	18.39	4.96	21.69	1.75	17.33	4.63

H 类 OE 成绩仅中级组和高级组不存在显著性差异，而初级组则不如这两组。三组与母语者均存在显著性水平差异，故被认为未完全习得 H 类 OE 动词。

三组的 A 类 OE 成绩只有初级组和中级组之间无显著性差异，两组成绩明显不如高级组。三组与母语者均有显著性水平差异，均未完全习得 A 类。N 类成绩组间均有显著性差异，平均得分依次为高级组＞中级组＞初级组。其中，只有高级组达到了母语者水平，其他两组与母语者水平有显著性差异。S 类只有初级组与高级组有显著性差异，掌握程度依次为高级组＞中级组＞初级组。只有高级组达到了母语者水平，其他两组与母语者水平相比有显著性差异。

9.4.2 讨论

数据分析得出的结果基本上验证了我们提出的假设。有些现象需要加以解释，例如 OEM 习得优于 OEL。这一区别有可能是母语迁移造成的。张京鱼（2002）指出，汉语中典型的使役结构是复合使役，即 OEM，英语则为词汇使役，即 OEL。OEL 为零使役形式，是隐性的，而 OEM 是显性的。按照 White（1985）的观点，学习者将有标记的母语结构迁移到目标语中，那么中国学生也可能将有标记的汉语使役结构迁移至中介语中。

其次，SE 动词习得优于 OE 动词，表明 OE 动词的习得难度大于 SE。这一结果与 Montrul（1998：53）的研究发现相吻合，即二语习得者遵循论旨等级（Thematic Hierarchy，简称 TH；Jackendoff（1990）提出的等级为致事＞体验＞目标／来源／方位＞受事，（Agent（Experiencer（Goal/Source/Location（Theme)))))，倾向于把体验者当作主语，也就是说二语习得者依然遵循普遍语法，受普遍语法的制约（White, 1989）。心理动词的习得也表现出普遍性规律，论元结构的复杂性与习得程度相关，结构越复杂习得程度越低。心理动词句法－语义属性影响其习得结果。SE 的句法－语义结构比 OE 简单，而且 SE 动词具备 [－使役] 属性，OE 动词具备 [＋使役] 特征，后者的句法－语义属性更复杂。SE 动词指派体验者充当外论元，体验者位于主语这个突出位置，受事充当内论元（如 Tom hated this book），符合 Baker（1988a: 46）提出的论旨指派一致性假设（the Uniformity of Theta Assignment Hypothesis, 简称 UTAH，该假设要求论旨在句法结构上的相对位置与它在论旨等级上的相对位置保持一致，即语类间的相同论旨关系表征为 D 结构层的相同结构关系）和论旨等级。OE 动词的 [+ 使役] 特性使得这类动词将传统意义上的受事转变成致事，然后将致事分派给外论元，将体验者分派给内论元；OE 动词的论元结构映射虽然遵循 UTAH 和 TH，但是体验者与受事的关系不明晰，正确映射对二语习得者而言是一种挑战。习得 OE 动词正确的论旨指派要求习得者先掌握其 [+ 使役] 属性，而 SE 动词则无此要求。因为 OE 动词句法 – 语义属性比 SE 动词复杂，全面习得这些知识难度更大。

第三，PH 动词习得优于 PSY 动词，为什么？无心理特征的 [– 心理] 属于默认值，而 [+ 心理] 则不是。非心理动词 PH 具备 [– 心理] 语义特征，心理动词 PSY 具备 [+ 心理] 特征，而 [+ 心理] 动词语义更抽象、复杂。学习者只要掌握 PH 动词涉及状态变化即可，而 PSY 动词的习得还要求学习者了解其涉及的事件发生在人的内心世界。语义表达越抽象的动词越难习得，越具体的越容易习得。我们发现的情况与 Montrul（1998）的发现相吻合。

第四，OE 动词小类的掌握顺序是 S 类 >N 类 >A 类 >H 类。决定其排序的机制是什么？我们认为 OE 动词的子语类特征影响了它们的习得。如果无值 [–] 比有值 [+] 弱，那么 [+] 越多越复杂。OE 动词的句法 – 语义特征由简单到复杂的排序与习得顺序完全一致。再者，[– 有灵]、[– 动态]的语义特性使 OE 动词的 [+ 使役] 更为突显、更为透明（张京鱼、张长宗、问小娟，2004）。

第五，学习者的二语水平与心理动词习得有一定的关系。本章各假设涉及的心理动词类型有：PSY，SE，OE，H 类，A 类，N 类以及 S 类。前文的数据分析显示，PSY，OE，N 类的习得趋势一致，从优到劣的趋势依次排为高级组 > 中级组 > 初级组，这说明学习者水平与这三类心理动词的习得情况成正相关，证实了假设 3。但是，只有高级组达到了母语者水平，其他两组与本族语者水平有显著性差异，这说明这三种类型可以被学习者掌握，且水平日益提高，最终能达到母语者水平。

有一点需要解释的是，选词填空任务 SE 平均得分高低顺序为初级组 > 高级组 > 中级组，而合乎语法性判断任务 SE 得分顺序则为中级组 > 高级组 > 初级组。由于三组的选词填空成绩均与本族语组无显著差异，三组似乎没有本质区别，初级组填空成绩高于中、高级组只能说明后两组出现了微弱的滑坡现象，也可能与初级组重视练习有关。合乎语法性判断反映的是语言直觉知识，初级组明显不如中级组，初级组与母语者水平相差显著，而中级组、高级组与母语者水平没有显著性差异。综合两种测试题的结果得知，中、高级组均接近本族语者，而初级组尚有差距。造成任务差异的原因还有可能是试题设计。选词填空任务只需两选一，概率为50%，可能影响得分统计的准确性。而合乎语法性判断任务采用莱克特量表，概率降至20%，可能提高得分区分准确性。

9.5 结语

人类大脑中的词汇－语义部分与语法功能部分是分开的 (Herschensohn, 2000：17)；心理动词的复杂句法－语义关系要求我们在分析心理动词时必须跨越动词的句法属性，采用句法－语义属性作为分类工具。调查结果表明，PH习得优于PSY习得；SE动词习得优于OE动词习得；习得OE各小类的掌握程度从高到低表现出S类>N类>A类>H类的规律；学习者水平会对习得效果产生影响，其中PSY，OE，N类这三类动词的习得完全证实假设3。分析显示，动词的论元结构、子语类特征复杂性与习得密切相关。心理动词的句法－语义属性对其习得产生影响，语义表达越抽象习得越难，句法属性越复杂习得越难，越具体的越好习得。调查还发现，高二学生就已经较好地掌握了心理动词SE和OEM，有困难的是OEL。OE动词掌握起来困难的原因是零使役形式没有被掌握。

本项调查有一定的局限性，因为是横向研究，不能考察同样的受试习得心理动词的发展过程；虽然不同水平者的成绩能用于对照分析，但是毕竟不如纵向研究揭示的发展规律。其次，任务类型对SE动词得分的影响还没有厘清。第三，本研究仅依据心理动词的论元结构及子语类特征，没有考察其词汇形态与句法功能的匹配问题。这些均有待进一步的研究探讨。

（作者：戴曼纯、刘晓英）

第十章

英语存在句的习得

章节提要

本项研究探讨中国学生学习英语存在句表现出的规律。根据存在句的结构特点，我们将其分为五大类、十四小类，且虚词 there 可以表现为不同的子语类特征集。二语习得涉及形式特征的学习，特征及其运算的复杂性决定结构的习得程度。本项测试调查四组中国学生掌握十四类存在句的情况，结果发现不同存在句结构的掌握程度呈现出梯度差异，且受试的英语水平越高，存在句的掌握也越好；虚词 there 的掌握也呈现出不稳定现象。

10.1 引言

存在句是一种很特殊的结构，是构建和考验生成语法理论的重要语言事实。英语存在句的特殊现象引起了语言研究者的广泛关注，如 Chomsky（1991，1995，1999）一直试图对其进行合理的解释，但是目前还没有完全统一的解释。英语存在句由一个非重读、占主语位置的虚词 there、含有"存在"意义的谓语动词及尾随其后的名词词组构成（韩景泉，2001）。一般认为，存在句中动词 V 之后的名词短语 DP 应为泛指，谓语动词在人称和数上要与该 DP 保持一致（顾阳，1997），如（1）。然而，似乎总有违背这一语法规则的现象，如（2）和（5）。

(1) There is a (*the) boy in the classroom.

(2) There is (*are) a boy and three girls in the room.

(3) There are (*is) three women and a man in the room.

(4) There are (*is) books on the table.

(5) There are these great sweaters on sale at Meijer's. (Abbott，1995：345)

汉语的存现句没有与英语对应的 there 引导词，普遍性存现概念似乎由一个零形式的表存现虚词 EXPL 表示（戴曼纯，2003）。零虚词的心理现实性可以从 Oshita（2004）的研究中得到支持。Oshita 指出，零虚词是对应于 there 而没有语音形式的虚词。研究发现，在主语脱落（pro-drop）语言中零虚词似乎具有心理现实性（与此不同的是，主题脱落语言没有心理现实性）。汉语属于主语脱落语言，表存现的虚词为零形式 EXPL。

语言习得涉及目标语形式特征的学习（Park，2004）。语言习得是普遍语法在语言材料作用下设定参数值的过程。普遍语法库（UG Lexicon）包含功能语类 C，Agr，D 及其他有关语类。参数值的设定与形态音系形式（morphophonological form）相连，其编码信息包含在功能语类词项中（Hawkins & Chan，1997）。存现虚词的习得也是一个参数设置过程。汉语的零虚词属于默认值。以汉语为母语的英语学习者不可能出现虚词运算的正迁移，其英语中介语应该重新设定虚词的值，由 [Ø_{EXPL}] 重设为 [there_{EXPL}]。零虚词是一个特征不完备的语类，仅由一组有限的特征构成。显性化的虚词不但有形式特征，而且还有形态语音形式。如果零虚词的值属于默认值，那么显性虚词的习得不会受到母语零虚词值的干扰。

在我国的英语教学中，学生在学习初期就接触到存在句。中国学生对于存在句的掌握会呈现出什么样的规律呢？本项研究将借助最简方案框架下的特征核查理论和语段推导理论分析存在句的句法特点，用实证调查揭示中国学生习得英语存在句的情况。

10.2　理论背景

根据 Chomsky（1995）关于语类特征的理论，我们可以假设英语表存在的虚词 there 与方位名词（副词）there 发音和形态相同，而语义及形式特征存在一定的差异。there 的子语类化能产生常见的五个不同语类。表 10.1 设定的子语类特征包含名词短语 DP 的中心词 D、格、人称、数、性。Basilico（1997）认为存在句的 there 是一个 D°。我们用限定词 D 特征表示这个属性，在存在句的推导运算中 there 能提升至 [Spec，TP] 核查 T 的 D 特征。此外，我们完全可以设定 there 带主格（或者宾格），因为有证据表明存在句 [there V DP] 中的 DP 没有被赋予主格特征，如 Then there's her 或 There's me 所示。如果 DP 被 T 赋主格，这两句应该使用 she 和 I。DP 可能像 It's me 中的 me 一样，得不到 T 赋的主格，暂且用宾格形式的短语充当 DP。如果 DP 没有得到主格，谁得到并核查了主格？除 her 和 me 外只有 there。因此，我们认为 there 能获得主格。人称特征的设想与 Chomsky（1995，1999）相同。在英语中的性特征已经淡化，但我们仍然认为可以将其考虑进来，如果 there 具有代名词属性，它就有可能与大多数代词一样（如 we，us，I，me，you，they，them）具有中性特征(表格中没有列出)。there 的数特征是一个比较有争议的概念，我们暂且假设完全虚化的 there 有此特征，且默认值为单数，常态表现为 there's/there is。

there 失去与 here 对立的方位语义后，成为一个仅表示普遍性存在(也是一种普遍性方位)语义的虚词，但句法性质更活跃。there 作为一个方位代词、方位副词、副词、虚(代)词的兼类词，在词库中各为独立的词项。人们从词库调取 there 并赋予其子语类特征时，可供赋予的特征集有三种：1) 方位代词型；2) 副词型；3) 虚词型。

there 在不同结构中表现出的跨语类属性类似于常见的名词－动词兼类，介词－副词兼类，及物动词－不及物动词兼类，尤其像 do(实义动词和助动词兼类)和 it(代词和虚词兼类)。所以，我们把 there 分析为兼类型词项。就存在句而言，本族语者常常使用的 [there's DP], [there's DP and DPs], [there are DPs and DP], [there are DPs], [there're DPs], [there V the...] 等句型，均表明 there 属性的不确定性。

彻底虚化的 there，其数特征应该为单数，因为 be 与 there 缩合、(单数) T 有时不与(复数) DP 一致匹配的事实表明 there 获得的数特征只可能是单数特征。但是，不一定所有存在句的 there 都带一模一样的特征。尤其是受其作副词的影响，表存在意义而尚未彻底虚化的 there 在子语类化时没有带数特征，造成 T 的数特征无法与 there 核查，因而通过与其成分统制的 DP 进行一致／匹配来核查。根据 Chomsky (1999) 的语段推导理论，探头(probe) T 向其成分统制的域内搜寻目标时，第一个被探测到的目标与 T 发生一致匹配关系。这就是为什么有两个 DP 并列时第一个 DP "决定"单复数一致。

表 10.1　there 的子语类化特征

语义	那里	在／往那里	在那一点上	抽象方位	普遍性存在义
词性	方位名词(代词)	方位副词	副词	方位副词	虚词(代词)
子语类特征集	[+D, ＋主格／＋宾格, ＋人称, ＋单数]	[−D, −宾格, −人称, −单数]	[−D, −宾格, −人称, −单数]	[−D, −宾格, −人称, −单数]	[+D, ＋主格／＋宾格, ＋人称, ＋单数]
句法位置	主语、宾语	附加语、补足语	附加语	附加语	主语、宾语

我们根据 Chomsky 的语段推导和戴曼纯（2003）的广义左向合并理论分析例（6），解析存在句的推导运算。

(6) There is a man and three women in the room.

首先，概念意图系统（语义）决定需要表达的命题内容，且确定其表存在意义。语言运算系统从词库调取相关语类（包括实义语类和功能语类），构成词汇序列（Lexical Array），其中包含表普遍存在（方位）意义的 there。方位意义属于附加语表达的意义，因此 there 也应该作为附加语进入语段 vP，在 v 指示语位置对此语段进行普遍方位语义上的界定。具有形式特征的虚词 there 在 vP 指示语位置（一个供附加语进入推导的位置）合并，进入句子推导。

(7) [vP there [vP is [VP [a man and three women] [VP in the room [VP is]]]]]

当 T 进入句子推导后，探头 T 寻找目标。局部范围内有两个目标：there 和 [a man and three women]。但是，前者非对称性成分统制后者，与 T 更近，因此 there 被 T 吸引至 [Spec, TP] 位置，核查不可解读的形式特征。T 核查完全或部分形式特征，如果是前者，则成为惰性语类。如果是后者，T 剩下尚未核查的不可解读形式特征继续作为探头向下寻找目标。如果与其最近的 DP 带有对应的特征，则只能与 T 进行一致/匹配，因为 [Spec, TP] 已经被 there 占据。运算结果得（8）。

(8) [T [vP there [vP is [VP [a man and three women] [VP in the room [VP is]]]]]]

为了了解中国不同水平英语学生的存在句习得情况，我们对 300 名英语学生进行了考查，重点考查以下五种英语存在句结构：1) there be 结构；2) there + 非宾格动词结构；3) there + 不定式结构；4) 含 for-to 不定式结构的存在句；5) there + 关系从句结构。1) 的句法结构最简单，运算也相对简单，2) 略复杂，后三大类更复杂。根据语段推导理论，带不定式子句的存在句结构至少多一至两个语段的推导。二语习得的运算负担明显加重，其发展应该晚于简单的 there be 结构。

这五种结构显得过于粗略，我们将其细分为 12 类：1) there is + DP；2) there are + DPs；3) there is + DP and DPs；4) 缩合结构 there's（也属于 there be 结构大类，但是 T 的运算不尽相同）；5) there + 非宾格动词（单数）+ DP；6) there + 非宾格动词（复数）+DPs；7) there + 非宾格动词（单数）+ DP and DPs；8) there + 含提升动词（Raising Verb）的不定式；

9) there + 含被动动词（Passive Verb）的不定式；10) there + 含例外格标记动词（ECM Verb）的不定式；11) 含 for-to 不定式结构的存在句；12) 含关系从句的存在句。此外，我们在试题中还特地调查了存在句副主语为确指和非确指现象，增设了 13) 副主语为非确指的存在句，及 14) 副主语为确指的存在句。

二语语法发展如 Park（2004）所论，涉及形式特征的学习，那么一个自然推论就是：形式特征越复杂的结构可能习得难度越大，发展越缓慢，因为特征复杂的结构句法运算也复杂。不同存在句的结构复杂性不一样，因此受试的掌握程度也会不一样。我们试图用测试调查中国学生对以上 14 类存在句结构的习得情况，回答并解释以下问题：1) 中国学生的隐性虚词显性化会不会存在问题？即存在句会不会省去 there？ 2) 对于不同的英语存在句结构，中国学生的习得情况有无差异？ 3) 不同水平组的中国学生对于这些不同结构的英语存在句的习得有无差异？

10.3 实证调查

10.3.1 受试

参加本次调查的对象分为四个组[1]：组 1 —— 低级水平组（安徽省东至县第二中学两个普通班的 156 名高一学生，该校属省重点中学），组 2 ——中级水平组（首都师范大学和中央财经大学三个自然班的 71 名非英语专业大一学生），组 3 —— 中高级水平组（北方工业大学和中国传媒大学 32 名英语专业大二学生），组 4 —— 高级水平英语学生（中央财经大学两个自然班的 41 名英语专业大四学生）。

10.3.2 测试工具

调查采用闭卷测试的方式，限时 25 分钟。问卷中所有题目均出自有关存在句研究文献中的例句（如戴曼纯，2003）。为了照顾低级水平组受试的词汇水平，部分句子中的词汇略作简化，即用简单、常见的单词替换较生僻的单词。试卷包括不定项选择题、改错题和翻译题三部分。每部分 14 小题，全面考查上文所述的 14 类英语存在句。我们用三种题型交叉重复考查这些结构，以确保全面、准确。

为了保证本项调查只研究学生对于上文所提到的 14 类存在句的掌握

1　下文均用组 1 代指低级水平组，用组 2 代指中级水平组，用组 3 代指中高级水平组，用组 4 代指高级水平组。

情况，我们用试测排除试卷中的生词和短语，确定考试时间。试测的受试为 10 名高一学生、5 名非英语专业大一学生、3 名英语专业大二学生和 5 名英语专业大四学生。测试后进行了访谈，发现大多数受试都可以在 25 分钟以内完成试卷，并且所有受试都表示试卷中没有生词。

正式调查和数据处理如下所述：

1）要求受试在 25 分钟以内完成试卷；

2）对收回来的试卷判分：a. 300 份试卷的评判由本项研究作者进行，每题满分为 5 分。选择题的第 2、5、6、8、9、12、13 题以及改错题和翻译题答案正确为满分 5 分，错误则为 1 分。b. 选择题第 1、3、4、7、10、11 题，均有 2 个正确答案，对应的是本章第二节所提的第 1、5、3、7、6、8 类存在句结构。试题考查受试能否正确判断这些存在句的谓词数一致。受试的正确答案表示能够正确判断谓语动词的数一致，反之则不能。答案正确（有的试题有两个答案）满分为 5 分，答案错误则得 1 分。c. 选择题第 14 题对应于第 14 类存在句，考查受试是否掌握存在句副主语的确指性问题。最佳答案为副主语 DP 表确指的答案 B，但副主语表非确指的答案 D 也合语法。受试答案为 B，B>D 时，说明能够正确判断该情况下存在句副主语 DP 为确指，因此得满分 5 分。然而，由于答案 D 也是合法的，受试答案也可能为 B=D，D>B，得 3 分。其他答案均错，记 1 分。d. 选择题的第 1、4、11 题同时也考查缩合结构，这 3 题合理的答案为 A（there's）和 B（there is）。选 A 或 A 和 B 均选，表示受试能够使用缩合结构，因此得 5 分；没有选出 A 或者选 C，D 的，得 1 分。

3）用 SPSS 统计软件对录入的数据进行组间平均分差异显著性检验（平均分指各组受试每类存在句结构三种题型的总体平均分，即：某组受试某类存在句的平均分 = 该组受试完成某类存在句的（选择题总分＋改错题总分＋翻译题总分）÷3×受试人数）和不同类型存在句的平均分比较。

10.3.3 测试结果

10.3.3.1 14 类存在句的组间差异

本次调查共有四个样本。方差齐性检验显示，"there+ 含被动动词（Passive Verb）的不定式"类型的 p 值大于 0.05，方差齐，因此采用 SPSS 12.0 的 One-Way ANOVA 对四组样本的平均分差异进行检验；其余存在句类型的样本所在总体在当前自由度下对应的 P 值均小于 0.05，方差不齐，对于这些类型的存在句，本项研究采用 SPSS 12.0 的非参数检验方法，对四组样本进行平均分差异显著性检验。检验结果如表 10.2 所示。

表 10.2　14 类英语存在句结构的组间得分差异

编号	12 种存在句结构类型	调查结果及发现
1	there is + DP	组 1 显著低于组 3、组 4，其他各组间（组 1 与组 2、组 2 与组 3、组 2 与组 4、组 3 与组 4）无显著性差异。
2	there are + DPs	组 1 显著低于组 2、组 3、组 4，组 2、组 3 显著低于组 4，组 2 和组 3 无显著性差异。
3	there is + DP and DPs	组 1 显著低于组 2，其他组间（组 1 与组 3、组 1 与组 4、组 2 与组 3、组 2 与组 4、组 3 与组 4）无显著性差异。
4	缩合结构（there's）	四组之间无显著性差异。
5	there + 非宾格动词（单数）… DP	组 1 显著低于组 2、组 3、组 4，组 2 显著低于组 3、组 4，组 3 和组 4 无显著性差异。
6	there + 非宾格动词（复数）… DPs	组 1 显著低于组 2、组 3、组 4，其他各组间（组 2 与组 3、组 2 与组 4、组 3 与组 4）无显著性差异。
7	there + 非宾格动词（单数）… DP and DPs	组 1 显著低于组 2、组 3、组 4，其他各组间（组 2 与组 3、组 2 与组 4、组 3 与组 4）无显著性差异。
8	there + 含提升动词(Raising Verb) 的不定式	组 1 显著低于组 3、组 4，其他各组间（组 1 与组 2、组 2 与组 3、组 2 与组 4、组 3 与组 4）无显著性差异。
9	there + 含被动动词(Passive Verb) 的不定式	四组之间无显著性差异。
10	there + 含例外格标记动词（ECM Verb）的不定式	组 1、组 2、组 3 显著低于组 4，其他各组间（组 1 与组 2、组 1 与组 3、组 2 与组 3）无显著性差异。
11	含 for-to 不定式结构	组 1、组 2、组 3 显著低于组 4，组 1 显著低于组 2，其他各组间（组 1 与组 3、组 2 与组 3）无显著性差异。
12	含有关系从句的存在句	组 1 显著低于组 2、组 3、组 4，组 2 显著低于组 3、组 4，组 3 显著低于组 4。
	2 类副主语 DP	

（续表）

编号	12 种存在句结构类型	调查结果及发现
13	副主语 DP 为非确指	组 2 显著低于组 1、组 4，其他各组间（组 1 与组 3、组 2 与组 3、组 3 与组 4）无显著性差异。
14	副主语 DP 为确指	四组之间无显著性差异。

10.3.3.2 14 类存在句的掌握顺序

不同存在句结构的得分差别较大，通过统计和计算后，我们按照高低顺序将各类型的平均分进行排列，如表 10.3 所示。

表 10.3 存在句类型分组平均分（排序按照总体平均分）

编号	结构类型	组 1	组 2	组 3	组 4	总体
1	there is +DP	4.79	4.83	4.96	4.93	4.84
13	副主语为非确指的存在句	4.49	4.14	4.28	4.61	4.40
2	there are +DPs	3.86	4.34	4.42	4.87	4.17
5	there+ 非宾格动词（单数）… DP	3.57	4.39	4.79	4.93	4.08
3	there is +DP and DPs	3.46	4.04	3.63	3.68	3.65
4	缩合结构（there's）	3.50	3.27	3.37	3.66	3.46
7	there + 非宾格动词（单数）… DP and DPs	3.05	3.86	3.85	4.00	3.45
6	there + 非宾格动词（复数）… DPs	2.79	3.63	4.04	3.98	3.28
14	副主语为确指的存在句	2.80	2.90	3.04	2.90	2.86
12	含有关系从句的存在句	2.19	2.89	3.34	3.82	2.70
8	there + 含提升动词（Raising Verb）的不定式	2.46	2.65	2.95	2.81	2.60
10	there + 含例外格标记动词（ECM Verb）的不定式	1.58	1.62	1.83	2.44	1.73
9	there + 含被动动词（Passive Verb）的不定式	1.57	1.68	1.67	1.67	1.62
11	不定式结构存在句（for-to）	1.10	1.46	1.25	1.95	1.32

表 10.3 的分数差异及排序表明学生掌握不同存在句结构的程度有差

异：他们掌握得最好的是 there be DP 句型和副主语为非确指 DP 的存在句结构，掌握得最差的是含有 for-to 不定式结构的存在句。受试掌握不同大类存在句结构的程度由高到低排序如下：

1）there be 结构 >there + 非宾格动词结构 > 含关系从句的存在句 > there + 含提升动词（Raising Verb）、被动动词（Passive Verb）、例外格标记动词（ECM Verb）不定式结构的存在句 > 含 for-to 不定式结构的存在句；

2）there be 结构 >there's 缩合结构；

3）副主语为非确指 > 副主语为确指。

10.4　分析与讨论

10.4.1　数据分析

10.4.1.1　组间差异

上文的结果显示，几乎对于每类存在句结构而言，较低级别的水平组掌握存在句的程度均表现出两种趋势：不是显著低于较高级别水平组，就是与较高级别水平组无显著性差异。前者说明，某些结构的习得趋势随二语水平的提高出现质的进步，且总体上呈现向前发展的趋势。后者（即大部分存在句结构的掌握程度组间无显著性差异）则说明，某些结构的习得出现停滞不前的现象。

唯一例外的是副主语为非确指的存在句（一种普通型存在句）。调查结果显示，中级水平组的平均得分（4.14）显著低于低级水平组（4.49）。这说明高中学生已经较好地掌握了副主语为非确指的普通存在句结构，但在大学低年级阶段，中学所学的语言知识出现"倒退"（backslide）。普通型存在句是学生较早接触的句型。语法教科书一般都指出英语存在句动词后的名词为泛指。中学生往往通过记忆语法规则和大量练习来应付考试，出现"过度学习"，因此到了高一级阶段会出现一定程度的倒退。与此不同的是，副主语为确指的存在句极少出现在学生接触到的语言材料中，中学生更不会接触到，各组学生全凭直觉进行判断，因此得分均最低。高中生平均得分 2.80，即使到了大学阶段，该类结构的掌握依然很差（2.90 － 3.04）。各组间没有显著性差异。这一结果与缺少相应的语言输入似乎有着密切的关系。

本项研究的结果明确回答了问题 3）"不同水平组的中国学生对于这些不同结构的英语存在句的习得有无差异？"：组间确实存在差异。

10.4.1.2　14 类存在结构总体走势

表 10.3 显示，14 类存在句的四个水平组平均分走势基本一致，第 1、2、5、13 类的掌握情况最好，平均分高于 4 分。绝大部分类型走势的组间差异很小，但第 3、4、9、11、13 类有一定的区别。第 8、9、10、11 类存在句，即含提升动词、被动动词、ECM 动词、for-to 不定式的存在句，四组学生的平均分均低于 3 分，即便是高级水平组的平均分也很低（低于 3 分），这就说明受试从学习英语开始到高级阶段一直没有掌握好这些类型的存在句。原因比较明确：这几种结构的句法属性非常复杂，句子的运算涉及存在句以外其他结构的运算。

含有关系从句的第 12 类总体平均分仅 2.70，但是中高级和高级组的得分明显高于初级组和中级组。关系从句的句法属性也很复杂，其掌握情况似乎能影响第 12 类结构的得分。

第 3、4、9、14 类存在句（即 there is DP and DPs 结构、缩合结构 there's、there + 含被动动词的不定式的存在句、副主语为确指的存在句）的组间分数非常接近，且几乎都低于 4 分，高级水平组学生的平均分和低级水平组相差无几。这都表明，对于习得这些存在句结构，学生的中介语系统一直没有突破性进展。这些结构句法运算的复杂性是不言而喻的。

先以 there is DP and DPs 为例，there 的子语类特征和 T 特征的核查较难把握，此类结构中的 there 不核查数特征，T 需要在其成分统制域寻找最近的 DP 以便核查数特征。缩合结构的 there 很复杂，既可能是一个彻底虚化的 there，带单数特征，也可能是一个不带数特征的虚词，T 的数特征与 DP（恰好为单数）核查。

此外，涉及数一致的类型 3、4、6、7 的得分偏低，说明受试还没有完全掌握 there 的各组子语类化特征（尤其是数一致特征）及其运算，但还不足以证明虚词的显性化存在问题。

我们的调查结果回答了研究问题 2)"对于不同的英语存在句结构，中国学生的习得情况有无差异？"，即不同存在句结构的习得确实存在差异及先后顺序。

10.4.2　讨论

本项研究的调查结果显示：对于不同结构的英语存在句，中国学生的掌握程度不同。学生到一定学习阶段后能正确地运用某些简单、常见的结构（如 there be 结构、there + 非宾格动词结构、副主语为非确指的存在句等），而对某些复杂结构（如含有不定式的存在句，例如：For there to be a lion in the garden is impossible）的掌握较差，甚至普遍存在停滞不前的现象。学生在高中阶段就较好地掌握了类型 1 和 13，大学阶段增至 1、2、3、5、13 类，随后基本停滞不前，甚至对类 3（数一致）的掌握出现倒退的现象。

是什么原因造成了这样的习得结果？从句法运算的角度看，结构越简单、运算步骤越少的结构越容易被学生掌握。例如，类 1 比类 3 简单，且类 1 的 T（be）运算相对简单，T 只有一个可以寻找的目标 DP，这一知识的掌握对类 3 的习得可能产生一定的影响，干扰受试的判断和运用。此外，类 3（there is DP and DPs）表现出的小幅度倒退现象也印证了该结构句法运算复杂性对其习得的影响。

本项研究的调查结果完全符合这一规律。下面将举本项研究调查试卷中的具体例句进行探讨和解释。

10.4.2.1　5 大类存在句结构的句法运算

1）"there be 结构"的句法运算可以表示为：

[CP there [TP ~~there~~ be[$_v$P ~~there~~ [$_v$P ~~be~~ [VP DP [VP ~~be~~]]]]]]

there 特征：{+D, + 主格 , + 人称 , ± 单数}；T 可以实现在 be 动词之上。

试卷中选择题第 1 题 "There is a man in the room" 的运算如下：

[CP there [TP ~~there~~ is [$_v$P ~~there~~ [$_v$P ~~is~~ [VP a man [VP in the room [VP ~~is~~]]]]]]]

there 特征：{+D, + 主格 , + 人称 , + 单数}；T 实现在 be 动词之上。

2）"there + 非宾格动词结构"的句法运算为：

[CP there [TP ~~there~~ V [$_v$P ~~there~~ [$_v$P ~~V~~ [VP DP [VP ~~V~~$_{unaccusative}$]]]]]]

there 特征：{+D, + 主格 , + 人称 , ± 单数}；T 可以实现在非宾格动词之上。

试卷中选择题第 1 题 "There comes a boy and three girls from the opposite side" 的句法运算如下：

[CP there [TP ~~there~~ comes [$_v$P ~~there~~ [$_v$P ~~comes~~ [VP a boy and three girls [VP from the opposite side [VP ~~comes~~]]]]]]]

there 特征：{+D, + 主格 , + 人称 , + 单数}；T 实现在非宾格动词之上。此句 T 没有和 there 核查数一致，而是向下寻找第一个目标 [DP a boy]，与其核查特征。

3）"there + 不定式结构"的句法运算比较复杂。其中 there + 提升动词、被动动词的不定式结构，句法运算可以表示为：

$$\text{[CP there [TP V}_{\text{raising/passive verb2}} \text{[}v\text{P there [}v\text{P } \cancel{V_2} \text{ [VP } \cancel{V_2} \text{ [TP } \cancel{\text{there}} \text{ to [}v\text{P } \cancel{\text{there}}$$
$$V_1 \text{ [VP DP [VP } \cancel{V_1}\text{]]]]]]]]]}$$

there 特征：{+D, + 主格 , + 人称 , ± 单数}；T 可能实现在 be 动词或者主动词之上。

例如：试卷选择题第 5 题 "There are believed to have been caught several thieves" 的运算包含两个被动结构和一个不定式结构的推导，there 的基础生成位置在不定式子句的 [Spec, vP]，且 there 不带数特征，主句的 T 向下一级语段搜寻可以匹配的 DP，直到句末。这种远距离数一致匹配对于二语习得者而言难度甚大，因此得分极低。

"there + 含例外格标记动词" 的不定式结构句法运算为：

$$\text{[CP there [TP Verb}_{\text{ECM verb2}} \text{[}v^{*}\text{P } \cancel{\text{there}} \text{ [}v^{*}\text{P } \cancel{V_2} \text{ [VP } \cancel{V_2} \text{ [TP } \cancel{\text{there}} \text{ to [}v\text{P } V_1 \text{ [VP}$$
$$\text{DP [VP } \cancel{V_1}\text{]]]]]]]]]}$$

4）"含 for-to 不定式的存在句" 因主句包含一个 for-to 存在小句，句法运算步骤最为复杂。试卷选择题第 13 题 "For there to be a unicorn in the garden is impossible" 的存在小句 for there to be a lion 作为主句的主语，存在子句运算结束后才进入主句的运算（略），存在句运算步骤大致如下：

$$\text{[CP for [TP there [TP to } \cancel{\text{there}} \text{ [}v\text{P be [VP a lion [VP in the garden [VP}$$
$$\cancel{\text{be}} \text{]]]]]]] is impossible.}$$

含 for-to 不定式结构的存在句还涉及虚词 there 的语类特殊性。Chomsky（1995，1999）认为 there 是一个只具有人称特征的虚词。但是，在 for-to 结构中，there 显然还具有宾格特征，因为不定式子句的 T 带弱特征，不能赋主格，也不提供主语落脚的位置。按照 Chomsky 的分析，[DP a lion] 应该获得主格，可是谁能赋予它主格呢？ T 不行，for 也不可能。对于这样一个句法属性多变的语类，二语学习者对它的认知是不确定的，因而掌握起来也会出现很大困难。我们的调查结果也说明了这一点。

5）"there...DP+ 关系从句" 结构的特点是副主语 DP 带关系从句，如试卷选择题部分第 9 题 "There is a student who likes English"。这种结构除了正常的存在句运算外，还有关系从句的运算（略）。

$$\text{[CP [TP there is [}v\text{P } \cancel{\text{there}} \text{ [}v\text{P } \cancel{\text{is}} \text{ [VP [DP a student [CP who likes English]]}}$$
$$\text{[VP } \cancel{\text{is}}\text{]]]]]]}$$

从 1）至 5）的句法运算分析可以看出，1）和 2）的运算相对简单，其次为 5），最复杂的是 3）和 4）。本研究调查的结果与此基本相符，即句法运算步骤越少的存在句，学生掌握程度越高。

10.4.2.2　一致呼应与确指性

虚词 there 的句法属性具有不确定性。完全虚化的 there 具有完整的形式特征，其中包括数特征。这一不确定性对本族人和二语习得者而言都可能存在问题，Sobin（1997）的研究显示本族语者对 there's 属性的把握也不确定。本项调查的结果显示，学生对 there's 缩合结构的掌握程度低于对 there be 结构的掌握。这是因为 there's 中的 there 虚化后，其形式特征产生了变化，运算不同于常见的 there be。

调查还发现，对副主语为非确指的存在句的掌握程度高于副主语为确指的存在句。如果存在句副主语 DP 为确指，那么该 DP 必须表示不确定的语义，另外需要语义补充。确指的 DP 通常必须伴随其他短语（如方位短语、关系从句等）一起出现，这样确指性 DP 的确指意义降低，不会与表存在的 there 在语义上发生冲突。但是，其他短语（如方位短语、关系从句等）的出现使句法运算更复杂，因此掌握起来比较困难。

10.4.2.3　中介语系统的构建

如引言所述，语言习得是确定普遍语法词库功能语类形式特征值的过程，参数值的设定与形态音系形式（morphophonological form）相连（参见 Hawkins & Chan，1997；Park，2004）。二语习得和母语习得的关键都是掌握形态特征和它们与功能语类的句法联系，不同语言间的差异在于形态规则和词汇（Herschensohn，2000）。Herschensohn（2000：109）提出将二语习得分为三个阶段的构建论（Constructionism）假设。第一个阶段是二语习得的初始阶段，母语的参数设定依然存在，导致此时的中介语常受母语负迁移的影响而出现很多错误。第二个阶段是中间阶段，学习者对无完整赋值的特征进行赋值；此时，学生需要清除某些母语的参数值，逐渐掌握某些二语结构，并且逐渐习得二语中不可解释和可解释的形态特征。第三个阶段是二语习得的最终阶段，二语的参数值全部设定，学生掌握了二语的形态词汇知识。

就 there 结构的习得而言，除了 there 形式特征的习得外，还涉及存在结构的相关结构（包括非宾格动词、不定式、关系从句、被动结构、提升结构）的习得。学生对存在句的掌握出现结构类型差异，正好说明构建过程的不同发展阶段越复杂，其发展就越靠后。调查数据的组间差异也说明同样的问题，即存在句的习得具有阶段性特点。

139

母语习得存在动词屈折变化不稳定现象，如动词任意不定式（optional infinitive, OI）（参见 Pierce, 1992；转引自 Herschensohn, 2000：95）。二语习得中也有类似结构运用的不稳定现象。本研究发现，受试对同一类存在句的选择题、改错题和翻译题的答题情况往往不一致。例如，有的受试在选择题和改错题中作答正确，但在翻译题中使用错误的语言形式，或者改错题和翻译题作答正确，但在选择题中选择错误，还有选择题和翻译题作答正确，但在改错题出现错误。这些现象说明，一个结构、语类、形式特征的习得不是一蹴而就的，中介语系统的发展过程中存在不确定的子知识体系。

考虑到普遍语法库包含通用性句法知识，二语习得将这些知识与具体目标语的形态音系形式结合起来才是习得的关键。Herschensohn 的构建论也认为，形态和词汇知识对于二语习得的意义比句法知识更为重大。二语习得实质上是对词汇和形态知识的习得，是形式特征在词汇音系层面上的具体化。存在句虚词 there 的习得就涉及将默认的隐性 EXPL 显性化的过程，这也是 there 获得正确特征设置的过程，因而在二语习得的中间阶段 there 的特征集往往是不完全的。

虽然无需通过刻意的教授学生便能够掌握一些非常微妙、复杂、不存在于其母语中的语法规则（Herschensohn, 2000），但是，对于二语中介语是否与自然语言一样具有结构上的内在一致性，是否符合自然语言的所有普遍性，研究者间存在很大争议（Eubank, 1996；Epstein, Flynn & Martohardjono, 1996；Flynn, 1996；Schachter, 1996；Schwartz & Sprouse, 1996；Vainikka & Young-Scholten, 1998a）。

我们的调查结果表明，受试的存在句知识除具有明显的不稳定性外，同时还发现低级水平组的很多学生错误地使用 there have 结构，如 *there have a book on the table。即使在中级、中高级、甚至高级水平学生中也存在该现象。这说明虚词 EXPL 的普遍存在意义没有正确地体现在 there be 之上，而是借助表"拥有"的 have 表达"存在有"的意义，出现词汇概念层面的错误迁移，扩大了 have 的句法功能，缩小了 be 的作用，而且数特征没有体现在 there 和 T 之上。也就是说，中介语构建过程中，出现特征映射至词项形态音系形式的错误。因此我们认为，虚词的显性化可能出现错位现象。

10.5 结语

本项研究用理论与实证调查相结合的方式探讨了中国学生掌握英语存在句的情况。调查结果显示，中国学生虚词 EXPL 的显性化存在一定的问题，there 的子语类化特征把握不准。研究发现，即使高级水平组的学生也没有真正掌握好存在句结构；不同类型存在句结构的发展存在差异，句法运算的复杂性与受试对其的掌握程度成反比关系；受试的语言水平（不同学习阶段）与对存在句的掌握程度成正比关系。部分存在句（如包含不定式的存在句）结构的发展极其缓慢。

（作者：戴曼纯、梁毅）

第十一章

英语附加语的习得

章节提要

本研究根据广义坐向合并理论（戴曼纯，2003）关于附加语的论述，用实证研究调查中国学生掌握英语附加语的情况。该理论认为，附加语靠合并进入推导，合并位置为 [Spec，VP]，[Spec，νP] 和 [Spec，TP]（TP 层有两个合并位置）。附加语在基础生成时成分统制被修饰对象，在 VP，νP 和 TP 三个层面上进行，不同性质的附加语与被修饰对象分别在四个位置合并，合并时所处的位置与推导后所处的位置对释义产生影响。本项研究通过三个水平组调查附加语习得与英语水平的关系、不同位置附加语的发展规律等。调查发现，副词的习得整体上呈现由低到高的发展趋势。不同类型的副词发展由高到低排列顺序为：程度、时间／频率、地点、方式、评注、其他。评注副词和表焦点、限定、强调等意义的其他类副词掌握情况最差，学习者不能完全掌握附加语基础生成时的成分统制关系。但是，不同合并位置副词的习得以及不同类型副词的习得没有完全表现出组间显著性差异。

11.1 引言

附加语是修饰中心词短语（VP，νP，TP）的句法成分，包括副词、副词性短语结构及状语从句，乃至名词。英、汉附加语的明显差异似乎给中国英语学习者造成了一定的困难。但是，二语习得界没有对附加语的习得予以足够的重视，更缺少针对我国英语学习者附加语习得情况的实证调查。

本章选择最典型的附加语——"副词"——作为调查的语言点，以广义左向合并理论（戴曼纯，2003）关于附加语合并的论述为基础，探讨中国学生学习英语副词的情况。

11.2 理论背景

11.2.1 附加语的句法位置

附加语从属于中心词短语，为其添加语义、规约范围，结构上处于中心词短语的指示语位置 [Spec, HP]。附加语的位置相当灵活，语义界定范围多变，英、汉附加语各自在句中的位置也有同有异。

汉语的状语如放在谓语动词之后被称为补语；英语的状语有句中式、句首式和句尾式，其中句尾式比较常见。句中式也可以分为中位和准中位两种情况，一般情况下英语中的程度副词和频率副词位于谓语动词之前，如有助动词、系动词或情态助动词时，则位于这些动词和主动词之间；评注副词通常位于句首。除这些副词之外，英语中的其他副词通常位于谓语或宾语之后。但英语中有些副词如 even，only 之类的位置比较灵活，其位置的变化影响句子的意义变化。如：Only John met Mary/John only met Mary. 只有约翰见过玛丽 / 约翰只见过玛丽。

这样的比较和归纳，大多数都建立在对句子静态表面语序的归纳上，对句子内部动态的基础生成没有太多涉及（戴曼纯，2003）。附加语在句中位置的灵活多变主要是由其在句子基础生成时的合并位置所决定的。

Larson（1988，1990）较早论述了附加语的位置。他在分析双宾语结构时将含有"宾语"的介词短语处理成与动词平行的成分，置于动词的右边。Stroik（1990）赞同 Larson（1988）的分析法，认为带宾语及动词修饰性状语的 VP 深层结构为 [vp ev[vp NP[v' V Adv]]]，宾语为嵌入性 VP 的主语，状语在 V' 内为动词的平行成分。Jackendoff（1990：453）批判了 Larson 的观点，认为 Larson 提出的结构违反了句法理论中"动词的论元结构关系在某一句法结构层是局部的"和"论元和修饰语之间存在结构差异"这两条根本假设。

Chomsky（1995），Epstein 等人（1998）等将附加语进入结构的方向分析成向右的附加，但是最简方案框架下的理论探索在处理其他不同语类进入结构的问题上却一般按自下而上、由右向左的方向合并推导，移动的方向也是向左，因而这种附加语的右向合并处理方式破坏了合并推导的严格循环性，使语序无法按推导形成的成分统制关系来确定（戴曼纯，2002，2003）。Costa（1997）早就批判过右向附加的思路，认为表面上所谓的右向附加实际上是副词的修饰对象左向移动产生的效果，Müller（1997）在分析德语的部分移动时也曾指出表时间的附加语 wann 在基础生成时处于高于 VP 的位置。

Kayne（1994）在有关短语结构的论述中也论及附加语。根据其"线性对应定理"（Linear Correspondence Axiom，LCA），句法结构层次越高的成分，在线性词项排序上越靠前。也有人明确指出，指示语和附加语在层次上比中心语高，因此都应该出现在中心语的左边（邓思颖，2003）。邓思颖（2003）也认为"移动是造成词序差异的原因"，并利用动词移动解释汉语和英语句子的部分差异，指出英语的动词移到比汉语动词更靠前的位置是因为英语的 T 有显性的屈折变化，带 [+V] 特征，因此 V 可以移至 T 位，而汉语没有显性的屈折变化，带 [–V] 特征，不存在 V 到 T 的移动，从而解释了为什么汉语中的焦点副词"只"不出现在动词的后面，而英语中的焦点副词 only 可以出现在动词的后面。

右向附加在广义左向合并理论中被彻底取消，该理论提出："在句法推导从基础生成到推导结束的整个过程中，一切语类均以向左的方式在已形成的句子结构的相应左边位置进入该句子结构，一切成分的移动/再合并由右向左进行"（戴曼纯，2003：114）。附加语靠合并进入推导，合并位置为 [Spec，VP]，[Spec，vP] 和 [Spec，TP]。附加语在基础生成时成分统制被修饰对象，在 VP，vP 和 TP 三个层面上进行，不同性质的附加语与被修饰对象分别在 A，B，C，D 四个位置合并，合并时所处的位置与推导后所处的位置对释义产生影响（如下图 11.1 所示）。

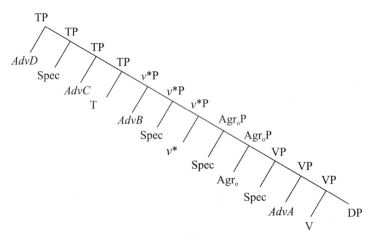

图 11.1　附加语的合并位置

句末附加语在基础生成时，在 VP 的指示语位置合并，成分统制 [V，DP]，起修饰 VP 的作用。动词和宾语移动后在 VP 指示语位置合并的附加语虽然被 V 和 DP 成分统制，但基础生成时的成分统制关系决定了在 VP 层面合并的附加语仍然起修饰 VP 的作用；在 v*P 层面合并的附加语成分统制 VP，由于动词已经核查完特征，不能越过 v*P，推导结束后，在该位置合并的附加语仍然成分统制 VP，起修饰 VP 的作用；除非主动词带有时态 T 特征，还需进一步提升至 T，造成几个不同位置的附加语最终居于 V 之后。在 TP 层面合并的附加语成分统制仍然停留在 v*P 语段边缘的主语，有修饰主语的倾向，因此当推导结束后，虽然主语移至 [Spec，TP]，位于附加语之前，但由于其基础生成时的成分统制关系，在 TP 层面合并的附加语仍然起修饰主语的作用；在句首位置合并的附加语则修饰全句，成分统制其后所有的成分，包括 VP，v*P 和 TP。附加语和句子各成分之间的修饰关系由其基础生成时的成分统制关系决定，因焦点化、主题化等特征触发的附加语移动不影响附加语在基础生成时原有的修饰关系。被修饰对象的提升由特征核查决定，强特征核查促使被修饰对象显性提升至高于附加语的位置，产生附加语后置的语序，弱特征核查仅有一致匹配。

汉语的附加语合并与英语基本相同。英语句子的推导中附加语多数在 VP 层面 A 位置合并，汉语附加语在该位置合并的情况较少，多数在 B 位置合并；英语的时间状语在 VP 或 TP 层面合并，而汉语的时间状语在 VP，vP，TP 任何层面都可以合并；汉语方式状语大多不在句首 TP 层面，英语不受此限制（戴曼纯，2002）。

如果母语迁移对二语习得产生一定的影响，那么我国学生在确定英语附加语的位置时可能出现不恰当的判断和运算，例如回避句末附加语。如果错误与母语规则无关，则可能是遵循普遍语法（UG）的原则。对于 UG 在二语习得中如何起作用，"母语迁移"是否会产生影响，又是在多大程度上或以何种方式影响二语习得，学界一般有以下几种观点：

1）无作用论（Bley-Vroman，1989；Clahsen & Muysken，1986；Johnson & Newport，1991），即 UG 对二语习得没有贡献。无作用论过于偏狭，早已被实证研究证伪。

2）直接或完全作用论（Cook，2000），即二语学习者能直接运用 UG 原则（Corder，1967；Flynn，1987；Krashen，1981），可以不必参考母语参数值重新设定参数（Cook & Newson，1996）。

3）间接作用论，即学习者虽先将母语参数值迁移到二语中，但二语的参数值最终可以再次设置（Phinney，1987，转引自 Ellis，1994/1999；袁博平，2003；杨小璐，2001；吴红岩，2004）。

4）部分作用论，即 UG 依凭学习者母语中的具体表征作用于其二语习得，二语与母语相同的那部分普遍语法原则和参数仍然可以被习得，但有差异的参数不能被重设，母语中未出现的原则也不能被重建（Schachter，1988，1989，转引自 Ellis，1994/1999）。这一观点与间接作用论比较接近，但有所区别。

5）竞争干扰论，即 Felix（1985）的竞争模式认为 UG 对成人的二语习得仍起作用，但"一般问题求解模块"（a general problem-solving module）也对二语学习者起作用，并与 UG 竞争，干扰 UG 发挥作用，因此成年人往往达不到本族语者的语言能力水平（Ellis，1994/1999）。

6）相互作用论，即二语习得行为既受到普遍语法原则和参数的引导，也受到语言输入和母语迁移的影响，语言输入对二语习得的影响不能在短期内完全发挥，其过程受到母语迁移的影响。二语学习者在学习初期会自然地将母语参数值迁入二语习得过程中（Phinney，1987）。有人发现西班牙语学习者会在二语学习初期将母语中代词脱落这一参数带到二语中（White，1986）。母语为西班牙语或日语的英语学习者在中心词取向上存在参数差异，他们各自的母语语序影响其对英语句子的理解（Flynn，1987）。王文斌（2000）发现中国高级英语学习者对英语反身代词的理解仍受汉语母语迁移的影响。唐晋湘（2004）认为，中国学生英语反身代词的习得过程中的参数重设是普遍语法、二语输入和母语迁移共同起作用的结果。当然，普遍语法是内因，是根本，二语输入是外因，是刺激，母语迁移只是其中的过程之一。这是一种综合观点，能更全面地反映二语习得的不同方面。

11.2.2　研究假设

本研究在调查我国不同英语水平学习者掌握英语副词情况的同时，还重点考查英语副词在句中各合并位置的习得，分析语言输入、母语迁移和 UG 对不同英语水平组学习者习得英语副词的影响。研究的问题有：

1）不同英语水平学习者的副词习得是否与其二语水平一样呈现由低到高的规律？

2）普遍语法是否对中国英语学习者的副词习得起作用？

3）母语迁移是否影响中国英语学习者的副词习得？

由于在 A 位置与附加语合并的动词受强特征驱动显性提升到 A 位置附加语之前的 v 位置，产生句末附加语的语序 [...V DP$_{obj}$ Adjunct]。动词的 V-v 移动属于普遍语法的核心运算操作。汉语的副词很少出现在这个句末位置；如果出现母语迁移，学生掌握英语句末附加语将出现困难。但是，如果中国学生掌握英语副词的 VP 层面合并位置不出现困难，那就有可能是普遍语法在起作用。我们假设 UG 仍然在起作用，中国学生能运用 V-v 移动操作，因此可以很好地掌握 A 位置。

汉语的附加语通常在 B 位置 [Spec，v*P] 和 C 位置 [Spec，TP] 处合并。汉语的主动词没有显性的屈折变化，不带与 T 相应的强形式特征，因而不发生 V-v 移动。句子生成后的表面语序为副词在主动词之前。英语中有显性的屈折变化，当附加语在 B 位置 [Spec，v*P] 和 C 位置 [Spec，TP] 处合并时，主动词 V 发生 V-v（甚至 v-T）移动后，会产生附加语在主动词之后，或在助动词之后、主动词之前，或者主语之后、助动词之前的表层语序。主动词发生 V-v-T 移动的情况非常复杂，即使 UG 还起作用，中国学生也会遇到困难。如果母语迁移产生影响，那么中国英语学习者很可能会混淆英语附加语的 B，C 两个位置，产生负迁移，使之出现母语的语序特点。因此，我们假设中国英语学习者在 B，C 位置的掌握情况较差。

在 D 位置合并的附加语通常修饰整个句子。英、汉附加语在修饰整句时的合并位置基本一致。如果母语迁移和普遍语法共同起作用，那么该位置应该是中国英语学习者掌握较好的位置。受主题化、焦点化驱动而前置的附加语由于推导前后的成分统制关系发生变化，对释义会有一定影响。这一点也有可能干扰中国英语学习者。我们根据上述分析提出以下假设：

1）不同英语水平学生的副词习得与其英语水平高低呈现出相应的高低程度。

2）中国学生对句末附加语合并位置 A、句首合并位置 D 的习得较好。

3）中国学生对 B，C 附加语合并位置的习得较差，表现出受母语副词语序的影响。

11.3　实证研究

11.3.1　受试

本次研究选择的受试为北京市十一中学高二年级 47 人，北京信息科技大学非英语专业本科二年级 36 人，英语专业本科二年级 58 人；这三个组分别代表初级、中级和高级英语水平组。

11.3.2 测试工具

本研究不考查多重附加语，只考查单个副词作附加语的情况，以减少测试中的可变因素；也不涉及连接副词、疑问副词、小品词。为了便于分析，本研究将时间和频率副词作为同一个变量来考查，将 also, else 等这些表限制或附加的词统一归为其他类副词。我们根据 BNC 中 F ≥ 5000, CLEC 中 U ≥ 100 的标准，随机挑选出 5 个评注副词、12 个程度副词、7 个地点副词、11 个时间 / 频率副词、4 个方式副词和 3 个其他副词，共计 42 个。测试为多项选择和翻译题形式。所有选择题和翻译题的例句均参考 BNC 语料库和《牛津高阶英语学习词典》(Oxford Advanced Learners' Dictionary)（第 8 版）光盘，并在此基础上简化了部分词汇，将其中的超纲词汇替换为初级英语学习者的大纲词汇。

试题一：多项选择

该题型要求受试判断目标词在背景句中的位置。我们给出目标词，在背景句中可以出现附加语的四个位置参照戴曼纯（2003）所述分别标上 A，B，C，D。要求受试判定目标词可出现在句中 A，B，C，D 的哪个位置，答案可以多选。如：

(1) well

    D, the/The conference   C   was B organized A .

可能产生的句子有：

(2) a. ? Well, the conference was organized.

    b. * The conference well was organized.

    c. The conference was well organized.

    d. The conference was organized well.

试题（1）要求受试不考虑句子逻辑语义上的变化，只考虑语法规范性，判断副词 well 可以出现在句中哪些位置。为避免受试因审题不清影响答题，正式测试前由测试负责老师以（1）为例，分别对不同英语水平的受试进行讲解。测试完毕后试题（1）不作为数据分析的依据。选择题共有 22 道，每题考查一个副词。

试题二：翻译

该题型为汉译英。在括号中指定要考查的副词，要求受试根据括号中指定的词将所给出的汉语译成英语。翻译题共 10 道，考查副词 22 个。

11.3.3 数据收集

调查采取语法小测试的形式进行。先在不同水平组中各随机抽取五名学生进行试测，以便对试题进行必要的修改。参加试测的学生不参与随后的调查测试。共发出试卷 141 份，剔除无效答卷，回收有效答卷 102 份。其中高二年级组有效答卷 34 份，英语专业本科二年级 34 份。考虑到有些非英语专业本科二年级学生的英语水平不一定高于高二学生，本研究选择了一些该组成绩相对较好的试卷作为有效答卷，共计 34 份。

　　试题的评分标准为选择题每题 5 分，完全正确得 5 分，每漏选 1 个正确答案扣 1 分，每错选 1 个再扣 1 分，全错只得 1 分。该题型总分为 105 分。为更精确地测试出受试对副词四个位置的具体掌握情况，使调查结果更精确，每一道选择题的 A，B，C，D 四个选项都分别作为一个变量予以赋值。选项正确得 2 分，错误得 1 分，分值另行计算。

　　翻译题并非一题考一个副词，在阅卷过程中以副词为单位给分，只统计与目标副词有关的使用情况，其他问题（如语法拼写错误）均忽略不计。每一个副词使用正确得 3 分，不用目标副词得 2 分，使用错误副词得 1 分。该题共考查 22 个副词，其中有两个副词作为干扰项在句子的不同位置出现，我们对此也分别给分。该题型总分为 72 分。

　　根据以上评分标准，此次测试的卷面总分为 176 分。其中，评注副词占 23 分，程度副词占 37 分，地点副词占 16 分，时间 / 频率副词占 48 分，方式副词占 18 分，其他类副词占 34 分。选择题型 A，B，C，D 四个位置分别占 42 分。翻译题中可在 A 位置合并的副词占 33 分，可在 B 位置合并的副词占 27 分，可在 C 位置合并的副词占 6 分，可在 D 位置合并的副词占 27 分。其中有些副词可在多个位置合并，也分别计分。数据结果采用统计软件包 SPSS10.0 进行分析。

11.4　分析与讨论

11.4.1　数据分析

　　由于各组的英语水平为唯一自变量，各项语言点的得分为因变量，我们采用单因素方差分析法对数据进行分析。根据样本之间是否正态分布和方差齐性，我们分别采用 LSD 和 Tamhane 分析数据：如果经方差齐性检验，样本具有方差齐性，则采用 LSD 分析数据；如果样本不具方差齐性，则采用 Tamhane。

　　经方差齐性检验（如表 11.1 所示），翻译题 A，B 位置、选择题 A 位置和无 C1 位置以及表附加、限制意义的其他类副词得分上 p 值都小于 0.05，有显著性差异，方差不齐，采用 Tamhane 检验结果；其余各项变量的 p 值都大于 0.05，无显著性差异，具有方差齐性，采用 LSD 分析数据。

表 11.1　方差齐性检验

	F 值 (Levene Statistic)	自由度 df1	自由度 df2	显著性值
翻译题得分	10.504	2	99	.000
选择题 A 位置得分	4.148	2	99	.019
选择题无 C1 位置得分 *	5.203	2	99	.007
翻译题 A 位置得分	15.769	2	99	.000
翻译题 B 位置得分	5.593	2	99	.005
其他类副词得分	3.655	2	99	.029

* "无 C1" 指选择题中，当副词不能在目标考查位置 C 出现时，受试选择该位置的得分情况。

11.4.1.1　总分及不同题型总得分

表 11.2　总分及分题型得分组间差异显著性

	初级 vs. 中级	初级 vs. 高级	中级 vs. 高级
总分	有（p=.007）	有（p =.000）	有（p =.002）
选择	无（p =.302）	有（p =.001）	有（p =.013）
翻译	有（p =.001）	有（p =.000）	有（p =.005）

注：平均分差异的显著性水平为 p =0.05；"有" 指有显著性差异，"无" 指无显著性差异。

　　表 11.2 显示，在选择题得分方面，初级英语水平组和中级英语水平组之间不存在显著性差异（p=0.302>0.05）；其余各水平组之间在总得分和各题型得分上存在显著性差异（P 值均 <0.05），拒绝原假设。

表 11.3　总分及各题型平均分、得分率

	总分		选择		翻译	
	平均分	得分率	平均分	得分率	平均分	得分率
初级	129.2353	73.01%	68.7941	65.52%	60.4412	83.95%
中级	134.5882	76.04%	70.4412	67.09%	64.1471	89.09%
高级	140.8529	79.58%	74.4706	70.92%	66.3824	92.20%

从表 11.3 得知，不同英语水平组英语副词习得的整体情况并不理想。虽然随着学习时间的推进，学习者的习得呈上升趋势，但是提高幅度不大。另一方面，学习者的英语水平与副词测试成绩相关。不同英语水平者之间的副词整体掌握情况存在明显差异。

选择题的得分率表明，不同水平组对英语副词的合并位置掌握离目标语还有一定的差距，他们对副词的合并位置知识掌握欠佳。中级组的成绩略优于初级组，但并没有表现出显著性差异，说明非英语专业大二学生与高中二年级学生的副词用法知识相比无明显进步。但是，高级组和初级组之间、高级组和中级组之间分别表现出显著差异。

翻译题得分情况胜过选择题，得分率有大幅度提高。这就说明不同水平组的学生在翻译题的副词使用上表现较好，尤其是高级组的得分率高达 92.2%。翻译题的成绩显示出语言水平与副词使用呈相同的发展趋势。

两种题型出现如此大的差异，主要原因是选择题同时考查副词的多个合并位置，学习者是在对目标语副词用法掌握不完全的情况下被迫甄别其可能合适的位置；而翻译题不同时考查副词的多个位置，即使受试知识不全也不影响答题，可以采取回避策略，避开无把握的副词合并位置。

11.4.1.2 副词的不同合并位置

表 11.4 A，B，C，D 位置总得分组间差异

	初级 vs. 中级	初级 vs. 高级	中级 vs. 高级
A	无 (p =.166)	有 (p =.014)	无 (p =.662)
B	有 (p =.016)	有 (p =.000)	有 (p =.005)
C	无 (p =.070)	有 (p =.002)	无 (p =.183)
D	有 (p =.049)	有 (p =.000)	有 (p =.001)

注：平均分差异的显著性水平为 p =0.05；"有"指有显著性差异，"无"指无显著性差异。

表 11.4 的数据显示，初级组和中级组之间、中级组和高级组之间在 A 位置和 C 位置的得分差异不显著，p 值均大于 0.05。B、D 位置上各组间的差异有显著性，初级组和高级组之间的 A，B，C，D 位置得分均存在显著性差异 (p <0.05)。

表 11.5　不同水平组 A，B，C，D 位置平均分和得分率比较

	A		B		C		D	
	平均分	得分率	平均分	得分率	平均分	得分率	平均分	得分率
初级	64.8824	90.11%	51.5294	74.68%	36.4706	75.98%	58.0000	84.06%
中级	66.4706	92.32%	54.1765	78.52%	37.6765	78.49%	59.1765	85.76%
高级	67.1176	93.22%	57.2647	82.99%	38.5588	80.33%	61.2941	88.83%

　　表 11.5 显示，初、中、高三组在副词合并位置 A，B，C，D 上的得分（包括得分率）均呈现出上升趋势。但是，不同水平组对 A 位置的掌握情况最好，D 位置次之，B 和 C 较差。除初级组和高级组之间的 A 位置得分有显著性差异外，初级组和中级组、中级组和高级组之间并无显著性差异。这一结果说明，初级阶段对英语副词句末位置就有较好的掌握，但是随后发展缓慢，进步不明显。

　　B 位置副词的习得远低于 A 位置副词，虽然也呈上升趋势。即使到了高级阶段，B 位置的得分率也只有 82.99%，与初级组存在显著差异。C 位置副词得分的组间差异比较细微，除初级组和高级组之间有显著性差异外，其余组之间无显著性差异。C 位置副词知识的发展非常缓慢。D 位置的得分仅次于 A 位置，各水平组之间的得分有显著性差异。

　　与汉语明显不同的 A 位置副词反而掌握情况最好，说明我国学生对副词修饰范围的掌握似乎不受母语的影响。初级水平组在不同位置上的得分率均高于 74.68%，最高达 90.11%，说明学生在高二期间就比较好地掌握了副词的修饰位置。但是，表 11.5 的数据同时表明，随后几年的英语学习没有大幅度提高受试对副词合并位置的掌握程度。

　　11.4.1.3　分题型的副词位置数据

　　1）选择题

　　选择题同时考查副词在句中可出现的多个位置，每题均提供选项。受试在答题时，往往会选择最有把握的选项，对没有把握的选项采取回避策略。答题一般出现两种问题：一，答案含目标考查位置，但受试因知识不全而不选正确答案，或因没把握而漏选；二，答案不含目标考查位置，受试却因为没有掌握好该位置而错选。为尽可能排除回避策略等因素的干扰，无论答案是否包含目标位置，受试的得分均作为统计数据，选择题和翻译题各位置的得分也分别作为统计数据进行分析。

　　某些选择题的正确答案不包含 A，B，C，D 位置之一，我们称此为

"非 A"、"非 B"、"非 C"、"非 D"副词习得。数据显示，初级组和中级组、初级组和高级组之间的非 B 位置副词习得存在显著性差异，初级组和高级组之间在非 C 位置副词习得上也存在显著性差异。其余位置各组间无显著性差异。调查还发现，不同水平组的学生对"非 C"位置合并的副词掌握最好，"非 D"位置次之，"非 A"位置最差。这与前面的发现相吻合。

表 11.6　选择题各位置得分组间差异

	初级 vs. 中级	初级 vs. 高级	中级 vs. 高级
有 A	无（p =.466）	无（p =.932）	无（p =.415）
有 B	无（p =.801）	有（p =.021）	有（p =.039）
有 C	无（p =.619）	无（p =.345）	无（p =.654）
有 D	无（p =.257）	无（p =.171）	有（p =.013）

注：平均分差异的显著性水平为 p =0.05；"有"指有显著性差异，"无"指无显著性差异；"有 A"、"有 B"、"有 C"、"有 D"指选择题中，当副词可以分别在目标考查位置 A、B、C、D 出现时受试在该位置的得分情况。

当正确答查包含目标考查位置时，受试的得分如表 11.6 所示。正确答案包含 B 时，初级组和高级组之间、中级组和高级组之间有显著差异；包含 D 时，中级组和高级组之间存在显著性差异。初级组和高级组之间、中级组和高级组之间在 B 位置副词的习得上，中级组和高级组之间在 D 位置副词的习得上也都存在显著性差异。各组之间在其他位置副词的习得上没有显著性差异。这些结果说明，四个不同位置的副词习得在初级阶段和中级阶段之间发展缓慢，受试对 A，C 位置的掌握均发展缓慢。

表 11.7　选择题四个位置平均分和得分率比较

	有 A		有 B		有 C		有 D	
	平均分	得分率	平均分	得分率	平均分	得分率	平均分	得分率
初级	28.5000	83.82%	26.8824	74.67%	18.5882	66.39%	24.0294	80.10%
中级	29.0000	85.29%	27.0882	75.25%	18.8824	67.44%	23.3235	77.75%
高级	28.4412	83.65%	28.7941	79.98%	19.1471	68.38%	24.8824	82.94%

注："有 A"、"有 B"、"有 C"、"有 D"指副词可以在目标考查位置 A，B，C，D 出现时，受试在该位置的得分情况。

表 11.7 与表 11.5 一样，显示不同水平组的学生对在 A 位置合并的副词掌握得最好，D 位置次之，C 位置掌握得最差。

2) 翻译题

表 11.8　翻译题各副词合并位置得分组间差异

	初级 vs. 中级	初级 vs. 高级	中级 vs. 高级
A	有（p =.013）	有（p =.000）	有（p =.016）
B	有（p =.042）	有（p =.000）	有（p =.034）
C	有（p =.000）	有（p =.000）	无（p =.146）
D	有（p =.000）	有（p =.000）	无（p =.331）

注：平均分差异的显著性水平为 p =0.05；"有"指有显著性差异，"无"指无显著性差异。

根据表 11.8，中级组和高级组之间在翻译题 C，D 位置的掌握上没有显著性差异，其余各组之间在翻译题各位置副词的习得上都存在着显著性差异。翻译题不同于选择题，受试在确定副词的位置时受到的干扰较小，能根据语义表达的需要确定副词的位置，因而更能反映出受试的语言知识水平。A，B 位置副词的掌握呈现出组间差异，C，D 位置到中级阶段后发展比较缓慢。

表 11.9　翻译题四个位置平均分和得分率比较

	A		B		C		D	
	平均分	得分率	平均分	得分率	平均分	得分率	平均分	得分率
初级	30.2059	91.53%	20.0588	74.29%	4.5588	75.98%	23.3235	86.38%
中级	31.5000	95.45%	21.7647	80.61%	5.3235	88.73%	25.1765	93.25%
高级	32.2647	97.77%	23.1765	85.84%	5.6176	93.63%	25.4706	94.34%

表 11.9 说明不同水平组的学生对在 B，C 位置合并的副词的掌握情况不如 A，D 位置的副词，其中 A 位置副词遥遥领先于其他位置的副词。

从测试结果看，不同题型得到略不相同的结果，甚至同一题型不同标准结果也有一定差异，但是整体上的发展趋势没有根本性差别：选择题显示的发展顺序为 A，D，B，C，翻译题为 A，D，C，B。

C 位置的掌握情况尤其耐人寻味，当答案不包含 C 位置时，各水平组的得分率高达 95% 以上，而答案包含此位置时，得分率仅为 66.39% – 68.38%。这些都说明掌握该位置合并副词有较大难度，受试运用此类副词的水平远低于其他位置的副词。

11.4.1.4 **分类副词的正确率顺序**

本研究将副词大致分类为时间 / 频率副词、程度副词、地点副词、方式副词、评注副词及其他类。下面根据副词的这几个语义－功能类型，考查不同英语水平组的受试掌握各类副词的情况。

表 11.10 各类副词得分的组间差异

	初级 vs. 中级	初级 vs. 高级	中级 vs. 高级
时间 / 频率	有（p =.001）	有（p =.000）	有（p =.007）
地点	无（p =.543）	无（p =.130）	无（p =.362）
程度	有（p =.001）	有（p =.000）	无（p =.056）
方式	无（p =.554）	有（p =.001）	有（p =.006）
评注	无（p =.118）	无（p =.067）	有（p =.001）
其他	无（p =.313）	无（p =.173）	无（p =.989）

注：平均分差异的显著性水平为 p =0.05；"有"指有显著性差异，"无"指无显著性差异。

表 11.11 各类副词平均分及得分率

	时间 / 频率		地点		程度		方式		评注		其他	
初级	36.41	75.86%	12.35	72.06%	30.61	82.75%	13.12	72.88%	15.85	68.93%	22.91	67.39%
中级	38.76	80.76%	12.58	78.68%	32.94	89.03%	13.35	74.18%	15.17	65.98%	23.79	69.98%
高级	40.67	84.74%	12.94	80.88%	34.23	92.53%	14.47	80.39%	16.64	72.38%	23.91	70.33%

表 11.10 和表 11.11 显示，各水平组之间在时间 / 频率副词的习得上有显著性差异，并根据受试二语水平从低到高呈现出上升趋势，幅度比较明显。各水平组地点副词的习得根据其水平的高低虽然呈上升趋势，但掌握程度各组间无显著性差异。在程度副词的习得上，初级组和中级组、初级组和高级组之间有显著性差异，而中级组和高级组之间无显著性差异；程度副词的习得整体上呈现上升趋势，但中级组到高级组之间

的差异不明显。

方式副词的习得也呈现上升趋势，初级组和中级组之间没有显著性差异（p=0.554>0.05），但中级组和高级组之间、初级组和高级组之间差异显著。评注副词的习得呈 V 字形发展趋势，初级组的得分高于中级组，低于高级组，但都没有显著性差异；中级组和高级组之间反而差异显著（p=0.001<0.05）。这一结果与其他类别的副词相比略显不同。"其他"类副词的得分虽然呈上升趋势，但各水平组之间无显著性差异。

分类副词得分由高到低排列顺序为：程度、时间 / 频率、地点、方式、评注、其他。

11.4.2　讨论

11.4.2.1　相同副词的习得整体上呈上升趋势

副词习得的整体上升趋势表明，学习二语的时间越长，语言输入量越大，对掌握目标语言知识会产生正面的影响。测试题型对实际得分有一定影响。例如，初级组的翻译题得分率为 83.95%，而选择题的得分率仅为 65.52%；中级组翻译题的得分率为 89.09%，选择题得分率仅为 67.69%；高级组翻译题得分率为 92.20%，而选择题的得分率仅为 70.92%。翻译题的得分率远远高于选择题，说明语言运用题和知识应用题反映出二语学习者不同程度的语言水平，选择题迫使受试对自己不一定熟知的结构知识作出判断，而翻译题无此作用。

选择题同时考查附加语在句中的多个合并位置。目标语知识不全（Schachter，1989）、母语干扰（Lado，1957；Larsen-Freeman & Long，1991）等因素都会影响受试的答题结果。如果受试对目标语副词的掌握不全面，该题型的得分率就会受到影响。翻译题考查副词在句中可出现的合并位置，但不同时考查多个位置。即使受试知识不全，也可能不会影响答题。受试在解答翻译题时，更容易借助其母语知识（Zobl，1983，摘自许菊，2004）。

英语副词和汉语副词在用法上有同有异，Lado（1957）认为母语与目标语的相似之处产生正迁移，相异性则容易产生负迁移。但 Larsen-Freeman 和 Long（1991）认为两种语言的不同并不一定产生干扰作用，反而是两种语言的相似性会给二语学习者带来一些困扰。本研究的结果显示二语的 A 位置副词掌握情况最好，而这正是汉语副词极少合并的位置，这就说明 Larsen-Freeman 和 Long（1991）的观点是有道理的。

11.4.2.2 不同位置的副词呈现差异

调查结果表明，附加语 $v*P$ 层面的合并位置 B，C 是中国学习者掌握较差的位置。尤其是当目标副词不能在 C 位置出现时，不同水平组在该位置的得分率最高，除了初级组和高级组之间表现出显著性差异外，初级组和中级组、中级组和高级组之间均无显著性差异。而当目标副词能在 C 位置出现时，各组的得分率最低，各组之间均无显著性差异。同是 C 位置，仅仅只是副词可或不可在此位置出现的差异怎会得到如此迥异的结果呢？

这一现象与母语干扰有关。某些附加语可以在 TP，$v*P$ 层面分别合并，根据特征核查理论，强特征促使显性移动，弱特征仅发生隐性移动（Chomsky，1995；Radford，1998/2000；戴曼纯，2003；邓思颖，2003 等）。如果 T 实现为助动词或情态动词，推导结束后 $v*P$ 层面合并的附加语仍然在主动词之前，在 TP 层面合并的附加语成分统制尚未提升到 [Spec，TP] 的主语，修饰停留在 $v*P$ 语段边缘的主语（戴曼纯，2003）。英语具有显性屈折词缀特征（邓思颖，2003），当 T 没有实现为助动词或情态动词时，T 实现在主动词词缀上，V 进一步提升至 T。汉语没有显性的屈折词缀变化（邓思颖，2003；何晓炜，2004），动词只能移动到 $v*P$ 层面核查其特征，不能提升至 T，无论附加语在 TP 层面合并还是 $v*P$ 层面合并，句子推导后产生的表面语序仍然是附加语在主动词之前的表面语序。

汉语的这种特点使中国英语学习者混淆 B，C 的差异，知道 B 位置在主动词之前，而不清楚 B 也可能在主动词进一步提升至 T 之后的位置，可能分不清英语 T 之前的 C 位置和汉语 T 前后的 C，B 位置。学习者只能看到表面结构相似的地方，依赖于语言的表层形式建立语言点之间的联系（Gass，1984，转引自王初明，2001）。汉语和英语在 $v*P$ 层面相同，TP 层面有异同。句子推导后的表面语序差异对中国英语学习者有干扰。根据 Eckman（1977）的"标记性差异假说"，与母语不同且其标记性比母语更强的部分属于学习者习得的困难区域。在 TP 层面合并的附加语推导结束后，位于助动词之前的英语附加语标记性比位于主动词之前的母语附加语更强，是二语学习者的困难区域，会产生母语负迁移（许菊，2004）。由于母语和目标语的差异，二语学习者会避免使用较难的语言结构，母语的影响在二语学习者省略的地方得以体现（Ellis，1994/1999）。此次调查结果显示，不同水平组的受试对出现在非 C 位置的副词得分率高达 90% 以上，而 C 位置副词的得分率仅为 60% 多，这也说明母语迁移对中国不同英语水平组的学习者产生了副作用。

所有受试的 C 位置副词得分无组间显著性差异，表明各水平组没有掌握好 TP 层面的副词合并推导。这也说明受试的相关二语能力停滞不前，呈现出语言僵化（Selinker，1972）现象。C 位置的得分情况还说明，二语学习者对于把握不准的目标语结构，倾向于使用"回避策略"（Seliger，1989；Ellis，1994/1999）；这一点在受试解答翻译题时表现得更为明显。

英语附加语句末 A 位置是各水平组掌握得最好的副词位置，初级组得分率为 90.11%，中级组得分率为 92.32%，高级组得分率为 93.22%。学习者的得分表现出上升趋势，但组间显著性差异不明显。虽然初学者能较好地把握 A 位置并掌握该位置合并的副词，但是随后几年的学习没有使学生完全掌握这类副词。汉语有别于英语，附加语大多不在 VP 层面合并，而受试的 A 位置副词得分率高达 90% 以上，表明母语没有迁移至中介语，这与 Eubank（1996）和 White（1990/1991）所论相同。也就是说，母语和目标语的差异并不一定产生干扰（Larsen-Freeman & Long，1991）。

汉语附加语一般不在 VP 层面 A 位置合并（戴曼纯，2003）。A 位置副词的掌握情况最好，说明二语学习者能够掌握与母语不同的句法操作，即附加语在 VP 层面合并推导。二语学习者能运用这一普遍性运算，表明普遍语法在二语学习者的初始语法状态中就起到了作用，能被激活（Otsu & Naoi，1986）。各水平组的受试都能较好地掌握该句法操作，这样的结果回答了研究问题 2），也证明了假设 2）：初级英语学习者能较好地习得英语附加语在 VP 层面的合并和移动，A 位置习得较好。

另一方面，如果母语迁移起作用，受试应该对"非 A"位置合并的附加语掌握得更好。但测试结果正好相反。这可能是因为二语学习者能运用 UG 原则，激活母语中没有被激活的原则（Otsu & Naoi，1986；吴红岩，2004）。但是，学习者构建的新语法规则，可能泛化至"非 A"位置合并的副词，出现规则泛化（overgeneralization）错误，造成不同水平组对"非 A"位置合并的副词的掌握情况比 A 位置副词差。

除 A 位置副词掌握情况最好外，各组对句首位置 D 的掌握也比较好，得分率均在 84.06% 与 88.83% 之间，且呈由低到高的发展趋势。

D 位置副词是 TP 层面合并的整句修饰语。除方式状语外，汉语大部分附加语都可以在 TP 层面合并，修饰整句，与目标语类似。D 位置的较佳得分说明，当二语和母语参数相似时，母语确实起着积极的影响（Lado，1957）。虽然附加语属于非移动成分，但焦点化等特征能促使附加语移动。与在 VP 层面合并的无移动附加语相比，受焦点化等特征驱动而移至 D 位置的附加语仍然修饰其基础生成时的成分统制对象（戴曼纯，2003），但这种操作将修饰关系复杂化了，可能会对二语学习者的理解造成一定的困扰。不同水平组对表焦点、强调、限定等意义的其他类副词掌握较差，就说明了这一点。

11.4.2.3　不同类型的副词发展不一

附加语在句中的合并受附加语种类及语义内涵的影响。英语副词涵义丰富，不同性质的副词在句中的合并位置大不相同。

各组学习者均对程度副词掌握最好，得分率在 82.75% 与 92.53% 之间。英汉程度副词的用法一致。测试题的程度副词除 enough 之外都出现在所修饰词的前面，位置相同产生正迁移；从 v*P 层面合并的程度副词推导前后都成分统制 VP（戴曼纯，2003），修饰关系不发生变化，不会增添学习者的理解困难，因此相对较容易掌握。

评注副词和其他类副词的掌握情况较差。何晓炜（2004）指出 CP 和 v*P 所带的 P 特征因不同语言而定，他所说的 P 特征指的是可驱使句法移动的边缘特征，包括语力、主题、焦点等在内，使句法移动纳入了更多的语义因素，这和邓思颖（2003）、戴曼纯（2003）的观点类似。英语评注副词大多出现在句首，在 TP 层面合并起修饰全句的作用（戴曼纯，2003），成分统制的对象较多，释义颇为复杂，可能干扰二语学习者的理解。评注副词的习得呈现 V 形分布，中级组略低于初级组；虽然高级组的得分率高于初级组，但整体水平仍然较低，受试的二语水平高低对其评注副词的习得无显著影响。V 形分布可能与教学有关。初级组高二学生处于准备高考阶段，关于评注类副词的教学（尤其是写作教学）很可能有助学生掌握全句修饰语，但是学生进入大学后出现了滑坡（backsliding）现象。当然，这一解释不一定很有说服力，关于评注副词的 V 字形发展还有待进一步论证。

受试对其他类副词的掌握较差，得分率在 67.39% 与 70.33% 之间，但是组间进步缓慢，也没有显著性差异，甚至可以说停滞不前，出现语言僵化现象（Ellis，1994/1999）。此次测试考查的其他类副词大多表示焦点、强调或限定意义。这些特征能促使附加语显性移动，移动后的附加语成分统制关系发生了变化，形成附加语前置的表面语序，对二语学习者带来理解上的困难。学习者只能看到表面结构相似的地方，依赖于语言的表层形式建立语言点之间的联系（Gass，1984，转引自王初明，2001），不能充分掌握基础生成时的成分统制关系。

11.4.2.4 回避策略反映二语知识的缺乏

数据分析还发现不少受试采用回避策略，于选择题表现为漏选正确答案，于翻译题则表现为避免使用自己没把握的副词。以 really 为例，有 67.65% 的受试出现漏选的情况，几乎无人得满分。也许因为 really 在 C 位置的合并比较少见，C 位置属于其标记性合并位置。根据 Eckman（1977）的"标记性差异假说"，与母语不同且其标记性比母语更强的部分属于学习者习得的困难区域。受试可能因为没有掌握该词的 C 位置合并而采用回避策略，从而漏选 C。我们认为，受试采用回避策略表明其还没有掌握 really 的某些合法合并位置。

翻译题表现出的回避策略更为明显。例如第 3 题的"东西就在那"应译为 there it is。there 作为地点副词表强调，需置于句首，但大部分受试翻译成 it is there。这是中国英语学习者没有习得副词焦点化造成的。汉语的"就在那"带有信息焦点语义，在英语中应该实现为显性移动 there 至句首。受试因未掌握副词的焦点化而采取回避策略。

再以 often 和 rather 为例。不少受试不清楚这些副词应该在助动词之前还是助动词之后，所以回避进行体或完成体，将"十点时，孩子们通常正在花园里跑来跑去"翻译成 Children often rush in the garden... 而不是 Children are often rushing in the garden... 此外，不少受试分不清副词 still 是在 B 位置还是 C 位置。受试还受母语的影响，倾向于将表时间的 before 放在句首，或将 already 后置。这些都表明受试缺乏相应的二语知识。

11.5 结语

本项调查发现，副词的习得整体上呈现由低到高的发展趋势。但是，不同合并位置副词的习得以及不同类型副词的习得没有完全表现出组间显著性差异。虽然语言输入在二语习得中起作用，但并不是唯一影响因素（Hatch，1978；Ellis，1994/1999）。

各水平组的学生对附加语的 A 位置掌握最好。母语似乎没有干预此位置副词的学习。D 位置和程度副词的掌握情况比较好，说明二语和母语的相似处对二语学习有积极作用。B，C 位置副词掌握情况较差，说明二语学习者只能看到表面结构相似的地方，依赖于语言的表层形式建立语言点之间的联系。母语和英语的表面相似性会给二语学习者带来困扰，产生负迁移。母语和目标语的差异不一定产生负迁移，相似性不一定产生正迁移。

不同类型的副词发展由高到低排列顺序为：程度、时间／频率、地点、方式、评注、其他。评注副词和表焦点、限定、强调等意义的其他类副词掌握最差，学习者不能完全掌握附加语基础生成时的成分统制关系。

测试还发现，不同水平组的学习者在使用目标语遇到困难时采用回避策略，并有规则泛化的倾向，甚至出现某方面副词发展停滞不前的现象。

本研究也存在一些问题。例如，受试使用回避策略使我们很难确定其是否真正掌握了目标语言知识。另外，中级组的非英语专业大二学生可能与初级组高二学生的英语水平差别不大，影响水平组间的显著性差异。评注副词的 V 形发展还没有非常合理的解释。本研究的结果还有待进一步验证。

（作者：丁剑仪、戴曼纯）

英语关系从句外置结构的习得——显性教学与隐性教学作用研究

章节提要

本项研究以中国学生为研究对象，针对英语关系从句外置结构进行了教学实验研究，旨在探讨二语学习中语言结构的可教性问题。统计结果显示，接受显性语言输入的实验组（高中二年级第一学期学生）成绩显著高于接受隐性语言输入的对照组，但两组实验后的成绩仍然显著低于高级组（英语专业本科四年级学生）。这一结果说明，受试处于学习该目标结构的准备状态而尚不具备习得它的水平，课堂教学有利于增强语言知识，提高语法运用和判断的准确率，但还无法构建完备的目标结构知识。

12.1 引言

语言的可教性问题一直是二语习得研究领域争论的一个焦点。语言到底可不可以被教会？语言教学的作用到底有多大？是不是教师传授什么？学习者就学会什么？人们围绕这一系列问题展开了讨论，大致形成以下三类观点：第一类是无接口观点（non-interface position），如 Krashen（1985，1999），Schwartz（1993）；Young-Scholten（1999） 等认为课堂教学与语言习得是两码事，课堂教学无益于真正的语言能力的发展，只有正面语言材料（positive data）才有益于目标语的习得；第二类是弱接口观点（weak-interface position），Doughty 和 Williams（1998）与 Terrel（1991）认为课堂教学的目标是在二语学习过程中提高学习者的注意力，以帮助他们注意并且获得某些语言特征，从而加速语言习得的进程；第三类是强接口观点（strong-interface position），持此观点者关注的是显性语言知识（explicit knowledge） 如何通过不断操练转化为隐性语言知识（implicit knowledge） 的问题（DeKeyser，1997；McLaughlin，1990）。以上三类观点对课堂教学的作用作了不同程度的阐述，核心问题是二语学习是否能在隐性或显性语言输入的作用下完成，隐性或显性的语言教学又能在多大程度上帮助造就成功的二语学习者（Ellis，1994；Schmidt，1993）。

本项研究试图从 Pienemann（1989）的可教性假说（Teachability Hypothesis）出发，探讨在中国的英语学习环境下，以中文为母语的高中二年级学生学习并掌握英语关系从句外置结构的情况。作者分别对两组学生采取不同形式的目标语输入，通过句子连接、合乎语法性判断等测试，调查他们在不同语言输入环境下对目标语的理解与产出情况，从而探讨课堂环境下语言教学在多大程度上促进二语学习的问题。

12.2　实证研究

本实验旨在调查不同形式的语言输入对二语习得产生的影响，即研究在课堂环境下以语法规则教学为重点的显性形式语言输入和以接触目标结构为特点的隐性形式语言输入分别对学习目标结构的不同效果，以探究目标语结构是否可以通过传授而被掌握及掌握程度。本实验的自变量为教学方法。实验组获得显性形式的语法教学，控制组则获得隐性的目标结构输入。受试在实验后（post-test）以及跟踪测试（follow-up test）中的成绩为因变量。

12.2.1　受试

共有 145 名学生自愿参加了本项实验。我们把高中二年级第一学期的两个平行班（每班 42 人）暂定为中低英语水平组（the lower-intermediate），且两班的性别比例以及好、中、差学生的比例均衡。根据我们的调查，到参加实验时为止，他们已学习完限定性英语关系从句，但未曾接触过任何形式的关系从句外置结构输入[1]。作为参照，我们把 30 名英语专业本科二年级第一学期的学生作为中级组（the intermediate）；与中低组相比，中级组不但学习过关系从句的各种形式，而且已经接触过外置结构输入。我们界定的高级组（the advanced group）来自英语专业本科四年级第一学期的 31 名成绩优异者，他们也已较广泛地接触过关系从句输入及其外置结构。

12.2.2　测试内容

本项研究选择外置结构有如下理由：其一，根据调查，到实验之前为止，实验组（中低水平组）虽然学习过关系从句，但是还没有接触过

1　根据调查，外置结构最早出现在高中二年级第一学期课本的后半部分。

其他外置结构；其二，汉语中不存在关系从句外置结构，因此不存在汉、英语言结构迁移问题。

在英语中，关系从句的外置被解释为关系从句的中心名词（head noun）由于其他成分的介入而与从句分开，如（1）所示。

(1) a. A book *appeared* which was written by Chomsky.（主动词短语介于名词中心词与关系从句之间）

   b. A handsome man *walked into the room* who looked like Ewan McGregor.（同上）

根据我们的论证，"外置结构"完全属于"不移动"的结果（戴曼纯，2002；戴曼纯、高海英，2004），从句法运算操作上讲，外置不会导致可学性问题。

为了使每次测试包含足量的句子结构，使句子数量合理而不繁琐，我们从文献中挑出 66 个句子并将其归纳为五种外置结构：SS、SO、OS、OO 以及多重外置，其中第一个字母代表中心名词在主句中的语法功能，如作主语（S）或宾语（O）；第二个字母代表中心名词在关系从句中的功能。因此 SS 和 SO 指修饰主语的外置结构，即关系从句所修饰的中心名词在主句中充当主语；OS 和 OO 修饰宾语的外置结构，即关系从句所修饰的中心名词在主句中充当宾语。多重外置结构即主句的主语和宾语都被一个外置的关系子句所修饰。以上五类句子结构示例如下：

(2) *A letter* arrived yesterday *which* was addressed to Mary.（SS）

(3) *A handsome man* entered *that* we knew in school.（SO）

(4) We will discuss *the announcement* tomorrow *that* John made yesterday.（OO）

(5) I read *a book* during the vacation *which* was written by Chomsky.（OS）

(6) *Someone₁* picked *some books₂* up *which₂* were lying on the table *who₁* really want to.（多重外置）

12.2.3 测试工具

为全面考查受试对外置结构的了解和掌握情况，我们设计了一套试题（包括用于连句的 14 对单句及用于合乎语法性判断的 60 个句子），包括句子连接题和合乎语法性判断题。句子连接题的时间限度为 25 分钟，判断题为 20 分钟。先做句子连接题后做合乎语法性判断题。

实验前，20 名来自三个不同水平组的学生分别参加了试测。我们根据测试结果分别对试卷进行了必要的修改与补充（如给生词加中文注解），并调整了测试的时间与测试项目的排列顺序。

句子连接任务要求受试将 14 对单句连接成含有关系从句的复句，每组句子至少用两种方法连接（非限定性关系从句除外）。测试开始时由教师做示范，以保证受试正确理解任务。该测试包括 SS，SO，OS，OO 类型各三个句子及两个多重外置结构。

合乎语法性判断包括 60 个句子（52 个句子含有关系从句外置，另外 8 句含有其他类型的外置结构）。五种外置句子结构中，前四种（SS，OS，OO，SO）类型各 12 个句子，其中一半为修饰主语的外置结构（SS，SO），一半为修饰宾语的外置结构（OS，OO），第五种（多重外置）4 个句子。每组 12 句包含两个结构更复杂的句子，即句子带两个从句修饰，一个关系子句，一个其他类型的从句，如宾语从句。在 52 个外置结构句子中，一半句子结构正确，另一半则有结构错误。我们根据掌握的文献，将错误类型归纳如下：

(7) *We will discuss the announcement tomorrow that John made *it* yesterday. （代词冗余）

(8) *He$_i$ said that a man came into the room that *John$_i$* didn't like. （违背约束原则）

(9) *A man *who came into the bar* we knew in school. （主从关系错误）

(10) *It struck a grammarian that the sentence is grammatical *who analyzed it*. （单子句位置错误）

(11) *Someone picked some books up *who really didn't want to* which were lying on the table. （多重子句位置错误）

另外 8 个其他形式的外置结构有介词外置、补语外置等，但对这一部分句子的判断不计入成绩。测试的 60 个句子随机排列。测试中每个句子后面标有五个数字代表可接受的五个等级，要求受试阅读句子后，凭语感判断其合乎语法的程度。五个等级中，"5"代表完全可以接受，"1"代表完全不可以接受，而"2"、"3"、"4"介于其中。

以上两项测试中，受试可以询问有关句中的生词、拼写等问题。实验后的测试（post-test）以及跟踪测试（follow-up test）中关于以上两项测试的基本句子结构不变，只替换部分单词、词组，并调整了句子排列的顺序。

我们对以上两类测试分别评分。句子连接类每道题的满分为 1 分，总分 14 分。答案符合目标结构要求者得 1 分，答错得 0 分。连句中出现的拼写错误、主谓搭配错误等不扣分。对于合乎语法性判断题，我们将根据答案的准确程度判 4、3、2、1 或 0 分。例如，对于一个正确句子，选择"5"，则得 4 分，选"4"得 3 分，依此类推，选"1"得 0 分。错句的计分方法则相反。

12.2.4　数据收集

12.2.4.1　前测

本实验根据本章 12.2.1 所述情况计划分两个步骤进行：第一步，调查三个不同英语水平组的中国学生掌握外置结构的情况，其中中低组学习者（the lower-intermediate）的成绩将作为其前实验（pre-test）成绩，而中级组（the intermediate）和高级组（the advanced）的表现将作为中低组在实验后成绩发展与变化的参照；第二步，对两个自然平行班的中低组水平学生（均为高中二年级学生）实施教学实验，分别提供显性或隐性形式的语言输入，以便调查不同形式的语言输入产生的影响。实验组将获得显性教学，控制组仅获得隐性语言输入。

我们对教学实验前的测试结果进行方差分析，发现（均处于中低语言水平的）实验组和控制组的成绩在统计学中无显著差异（p = 0.202>0.05），可以认定两个班处于同一起点。而三个不同水平组（即高、中、中低水平组）之间的成绩在统计学上存在显著性差异（p < 0.05），且三组的成绩与他们的语言水平成正比。

测试后我们对部分受试进行了口头采访。中低水平组反映，由于从来没有接触过外置结构，他们在完成测试任务时全凭猜测。而另两组认为曾见过外置结构，只是未系统地学习过，他们在完成测试时凭的是语感或直觉。口头采访结果与我们在 12.2.1 调查的结果吻合，因此我们认为各受试组适合本项实验。

12.2.4.2　教学实验、实验后测试及五周后测试

我们从文献及英语教科书中挑选出各类型的例句，为两组学生编写了为期十天的教学材料。该材料有五篇短文，每篇短文分别有六至八句同一类型外置结构的句子，句子类型为以上所述 OS，SS，SO，OO 以及多重外置。我们将短文制成了录音带，作为控制组的听力材料。实验组接受显性教学，教学进程为两天教授一篇短文，每天为一个小时，让

实验组充分了解该结构和其中涉及的语法规则；控制组与实验组的时间安排一样，受试也有时间充分接触各类句子结构，但是仅接受隐性教学。显性教学与隐性教学的区别如下：

1）显性教学的主要特征是通过例句讲授语法知识，使学习者清楚地了解该结构的来龙去脉及其中的语法规则。教师首先让学生阅读短文，并且回答短文后面的问题，使其对文章及其细节有一定的了解；其次，老师将文中的外置句子写在黑板上并对其进行详细讲解，如该结构的特点、与普通关系从句的差异等等；然后，老师示范每一个外置结构的分解过程以及两个独立分句组成一个外置关系从句的过程，其中包括对句子中各元素作用的分析（如 head noun）以及对所涉语法规则的讲解。课堂上老师可以回答学生提出的任何语法问题，但课后不再予以解释。

2）隐性教学的目的是在课堂上将目标结构隐性地输入给学习者。具体做法是，学生首先将短文听三遍并写在纸上，然后阅读短文原文，并回答本章后面的问题；学生还需用汉语写一篇关于短文内容的总结；接下来老师为学生讲解短文，帮助理解，老师尽可能使用本章中的外置句子，但不明确要求学生注意结构。老师必须避免回答关系从句外置结构的任何问题，课后也不给予任何形式的目标语输入。

教学结束后的第三天我们对受试进行了一次测验，作为实验后成绩；五周后我们又对受试进行了跟踪测验。所有测验都按实验前测验的格式和方式操作，均不预先通知。为防止课堂实验以外的输入，我们要求英语教师在实验后五周之内不提供任何目标结构的输入。

12.3　分析与讨论

12.3.1　数据分析

我们采用 SPSS 11.0 对实验所得数据进行了统计分析。表 12.1 为三个水平组在产出类（连接句子）测试中的平均成绩和标准差。表 12.2 则是他们在合乎语法性判断测试中的平均成绩和标准差。

表 12.1 产出任务成绩统计

组别		测试 类 型		
		实验前	实验后	五周后
实验组	平均成绩	1.60	8.02	7.52
	标准差	0.88	1.33	1.37
控制组	平均成绩	1.86	5.43	3.21
	标准差	0.98	1.06	0.90
中级组	平均成绩	7.63	/	/
	标准差	1.27	/	/
高级组	平均成绩	9.42	/	/
	标准差	1.46	/	/

表 12.2 合乎语法性判断成绩统计

组别		测试 类 型		
		实验前	实验后	五周后
实验组	平均成绩	81.55	123.57	122.76
	标准差	6.98	7.83	14.59
控制组	平均成绩	81.64	116.21	99.81
	标准差	7.69	10.4	10.15
中级组	平均成绩	128.07	/	/
	标准差	11.76	/	/
高级组	平均成绩	167.16	/	/
	标准差	7.81	/	/

单维方差分析（ANOVA）表明，高级组在合乎语法性判断和产出任务中的成绩显著高于中级组（p<0.05）和中低组（p<0.05），中级组成绩显著高于中低组实验前的成绩（p<0.05）。调查结果显示，中低水平学生实验前因为从未接触过任何涉及目标结构的输入，他们的测试表现完全是猜测的结果，得分极低。外置结构在英语关系从句中的比例很小，且教师未系统地讲解过该语法结构，学生容易忽略遇到的目标结构，又因缺乏对该结构的理解而无法很好地将其掌握。

从表 12.1 和表 12.2 还可以看出，实验后的中低水平组（实验组和控制组）在两项任务中的成绩与中级组的差异缩小了。五周后的成绩亦基本如此。值得注意的是，经过显性教学的实验组，实验后和五周后的成绩与中级组均不存在显著性差异。仅接受隐性语言输入的控制组提高成绩的幅度略小，实验后及五周后的成绩均低于中级组。这一结果似乎表明，显性教学的效果优于隐性教学，使中低水平学生的外置结构知识在较短时间内提高至接近中级水平。这一结果与 White 等（1991）的实验结果一致，但与杨彩梅等（2004）的研究结果不同。我们推想，本项研究的实验组学生可能恰好处于学习关系从句外置结构的预备状态，但不一定处于隐性习得该结构的准备状态。杨彩梅等调查的英语寄生语缺远远超出受试当时可以接受的语言难度水平，即使显性教学也无法起到明显促进学习的作用。

然而，拿实验组与控制组在实验后和五周后的成绩与高级水平组相比，可以看出高级组在两项测试中的成绩均高于实验组和控制组（p<0.05），尤其是在合乎语法性判断方面。这就表明，经历了教学实验后的两个组仍然没有达到高级组的水平，即显性教学或隐性输入都无法使学习者较快地掌握好关系从句外置结构；因此，在短暂的时间内靠某种方式的输入不足以构建某语言结构的完整知识体系。

12.3.2　讨论

就中低组的三类（六次）测试所进行的方差分析结果显示，实验组与控制组组内的成绩变化既有相似性又有差异。两组的相似之处是，无论是产出性连句还是合乎语法性判断，实验后的成绩都显著高于实验前的成绩。差异在于：其一，实验组在实验后和五周后的测试中的成绩均显著高于控制组的成绩；其二，显性教学实验组在五周后的跟踪测试中的成绩与实验后测试相比并无显著下降，而隐性教学控制组五周后的成绩与实验后的成绩有明显回落。这就说明，当目标语言结构处于可以学习的状态时，显性输入与隐性输入的功效不一样，语言知识的吸收程度和稳定性有明显差异。

12.3.2.1　相似性

两组的相似之处表明，显性的语法教学与隐性形式的语言输入都能帮助学习者提高语法正确率，促进其语言知识的发展。根据调查结果可知，高中二年级学生刚刚学习完限定性关系从句，但未接触有关外置结构的输入。外置结构只是将中心语与子句分离，在句子结构复杂性上稍高于限定性关系从句，应该属于一种可理解性输入（comprehensible input），即 Krashen（1985）输入假说中的 i+1 水平。但是，可能因为接触目标结构的时间和方式的关系，隐性输入产生的效果不如显性输入。也就是说，从隐性输入中得到的可理解输入还没有变为被理解的输入（comprehended input）。

12.3.2.2 差异性

组间的单维方差分析显示，实验组在实验后测试和跟踪测试中的成绩都显著高于控制组（p<0.05），表明显性语言知识教学似乎更能帮助学习者掌握目标结构。关于语言教学的作用有很多学者做过反复的研究，一般认为教学能通过增强学习者语法知识达到促进语言能力发展的目的（Ellis，1984；Doughty，1991）。我们认为教学起作用的前提是准备的教学材料具有可教性，Pienemann（1989）在其可教性假说中指出，只有当学习者处于对目标语结构的准备状态时，语法教学才能起到促进语言能力发展的作用。其次，实验组成绩更加显著应归因于实验过程中采用的教学手段，即显性形式的语言输入更能帮助学生注意语言结构。具体来讲，十天的教学突出了外置结构的特征、生成及分解过程，如学生学习如何在两个单句中寻找关系代词、如何将一个单句附加到另一个单句上、如何将关系从句分解为两个单句；其中的每一步都涉及显性语言规则的描述和例证。在教学过程中，学生注意到语言结构，有可能注意到某些语法特征并将其内化（Sharwood Smith，1993；Schmidt，1993）。相反，控制组对目标结构的注意只是附带性的，关注程度不够，可能仅停留在句子的表面，因此在实验后及五周后的测试中表现远不及实验组突出。

两组在跟踪测试中的差异表明，显性形式语言教学的作用似乎更能持久，至少在五周之内如此。语言教学的作用已成为一种共识，而人们对语言教学作用的持久性却存在很大的争论（Norris & Ortega，2001）。本研究的结果与 White 和 Spada（1991）对教学作用的研究结论基本一致。White 和 Spada 认为，语言知识教学不但能帮助学习者发展语言知识，而且在今后的一段时间内仍能延续，即显性语言知识输入能帮助学习者提高注意力，注意到句子结构和语法规则，并为他们提供更多能引起注意的正面材料（positive evidence），从而帮助学习者内化学习过程中可能忽略的那一部分语法知识。

值得一提的是，虽然本研究中教学的作用十分显著，但是学生在五周后测试中的成绩仍然与高级组相差甚远（p<0.05）。这就说明，并不是教师教授了什么，学习者便学会了什么，学习者对目标语结构的掌握与教学目标之间仍然存在一定的差距。

　　学生在接受显性形式的语言教学中可以通过操练增强对目标结构的了解与掌握（Sharwood Smith，1981），而本项研究没有提供机会让学生操练目标结构，因此我们认为这可能成为导致学习者不能完全掌握目标结构的原因之一。二语习得是一项相当艰巨的任务，因为语言结构相当复杂，无论是语言学家、语言教师还是教科书的编者都不能有效地简化语言结构以使学习过程简化（Lightbown，1988）。换言之，学习者最终要学习的东西远远超出书本所包含的内容，超出语言教师所讲授的知识，甚至超出语言学家所能描绘的一切。所以，单靠教学（尤其是单靠语法教学）并不能保证学习者对目标语的掌握达到完美程度。

　　我们还发现，控制组的成绩在五周后的测试中有明显回落。我们认为可理解的语言输入虽然有助于学习者对目标结构的掌握，但学习者并未真正理解该结构，而只是记住了目标语材料中的某些固定句型。虽然教学材料是可理解的语言输入，但如果没有通过进一步的强化将其转化为被理解的语言输入，那么随着时间的推移，隐性获得的某些目标结构知识就会被逐渐遗忘。

12.4　结语

　　本项研究调查了中国学生对于英语关系从句外置的掌握情况，尤其是中低水平的学习者在不同语言输入环境下对该结构的掌握程度。从调查结果看，1）处于中级水平（英语专业本科二年级学生）以下的中国英语学习者对该结构的掌握还十分有限；2）显性的语法教学通过提高学习者的注意力能达到增强语法知识的目的，学习的语言知识能维持至少五周。然而，语言学习的复杂性以及缺乏操练使学习者无法达到完美程度。句法知识的发展仅靠语言教学难以完成。

　　我们从研究中得到启示，显性的语法教学能帮助学习者发展语言知识，促进其中介语的发展，而前提条件是学习者必须处于学习目标结构的准备状态。从这个角度出发进行教学，其作用不容忽视。但是，对一个外置结构进行为期十天的教学（每天的教学时间量应该比较充裕），代价不菲。从一般语法书可以得知，英语的语法规则和结构数量众多，依此计算恐怕十年也完不成教学任务。

　　本项研究也有一定的局限性。虽然显性教学和隐性教学的可比性取决于同样的输入材料和时间量，但是由此断定隐性教学不如显性教学还为时过早。也许隐性输入产生效果所需的输入和时间比显性教学的多，抑或需要与其他结构相互作用才能产生效果。然而，隐性输入一旦产生效果，其结果必是语言习得。显性教学的效果延续至五周后并不表明能延续至半年或更长时间后，更不能断定目标结构及其相关句法知识已经被习得。这些问题还有待进一步研究。

（作者：高海英、戴曼纯）

参考文献

1. Abbott, B. 1995. Some remarks on specificity. *Linguistic Inquiry* 26: 341–347.

2. Akmajian, A., S. Steel & T. Wasow. 1979. The category AUX in universal grammar. *Linguistic Inquiry* 10: 1–64.

3. Alanen, R. 1995. Input enhancement and rule presentation in second language acquisition. In R. Schmidt (ed.). 1995. *Attention and Awareness in Foreign Language Learning*. Honolulu: University of Hawaii Press. pp. 259–302.

4. Anderson, R. 1991. Development sequences: the emergence of aspect marking in second language acquisition. In T. Huebner & C. A. Ferguson (eds.). 1991. *Cross-currents in Second Language Acquisition and Linguistic Theories*. Amsterdam: John Benjamins. pp.305–324.

5. Anderson, R. W. & Y. Shirai. 1996. The primacy of aspect in first and second language acquisition: The pidgin-creole connection. In W. Ritchie & T. Bhatia (eds.). 1996. *Handbook of Second Language Acquisition*. San Diego: Academic Press.

6. Anderson, R. W. 1986. The need for native language comparison data in interpreting second language data. Forum Lecture, TESOL Summer Institute, University of Hawaii.

7. Andrews, A. D. 1994. *Syntax Textbook Draft 4.0*. Canberra: Australia National University.

8. Bailey, N., C. Madden & S. D. Krashen. 1974. Is there a "natural sequence" in adult second language learning? *Language Learning* 24: 235–243.

9. Baker, M. 1988a. *Incorporation: A Theory of Grammatical Function Changing*. Chicago: The University of Chicago Press.

10. Baker, M. 1988b. On the Theta Roles of Psych Verbs. Unpublished ms. Montreal: McGill University.

11. Bardovi-Harlig, K.1992. The relationship of form and meaning: A cross-

sectional study of tense and aspect in the inter-language of learners of English as a second language. *Applied Psycholinguistics* 13: 253–278.

12. Bardovi-Harlig, K. & D. W. Reynolds. 1995. The role of lexical aspect in the acquisition of tense and aspect. *TESOL Quarterly* 29: 107–131.

13. Bardovi-Harlig, K. 1997. Another piece of the puzzle: The emergence of the present perfect. *Language Learning* 47: 375–442.

14. Bardovi-Harlig, K. 2000. *Tense and Aspect in Second Language Acquisition: Form, Meaning and Use*. Oxford and Malden, MA: Blackwell Publishers.

15. Basilico, D. 1997. The topic is "there". *Studia Linguistica* 51: 278–316.

16. Beck, M. L. 1997. Regular verbs, past tense and frequency: Tracking down a potential source of NS/NNS competence differences. *Second Language Research* 13: 93–115.

17. Beck, M. L. 1998. L2 acquisition and obligatory head movement: English speaking learners of German and the local impairment hypothesis. *Studies in Second Language Acquisition* 20: 311–348.

18. Belletti, A. & L. Rizzi. 1988. Psych verbs and theta-theory. *Natural Language and Linguistic Theory* 6: 291–352.

19. Bhatt, R. M. & B. Hancin-Bhatt. 2002. Structural minimality, CP and the initial state in second language acquisition. *Second Language Research* 18/4: 348–392.

20. Biber, D., S. Johansson, G. Leech, S. Conrad & E. Finegan. 2000. *Longman Grammar of Spoken and Written English*. Beijing: Foreign Language Teaching and Research Press.

21. Bley-Vroman, R. 1983.The comparative fallacy in interlanguage studies: The case of systematicity. *Language Learning* 33:1–17.

22. Bley-Vroman, R. 1989. The logical problem for second language learning. In S. M. Gass & J. Schachter (eds.). *Linguistic Perspectives on Second Language Acquisition*. Cambridge: CUP.

23. Boškovic, Z. 1995. Principles of economy in non-finite complementation. PhD dissertation. University of Connecticut.

24. Bowerman, M. 1990. Mapping thematic roles onto syntactic functions: Are children helped by innate "linking rules"? *Linguistics* 28: 1253–1289.

25. Braidi, S. M. 1999. *The Acquisition of Second Language Syntax*. London: Arnold.

26. Brekke, M. 1988. The experiencer constraint. *Linguistic Inquiry* 19: 169–180.

27. Bresnan, J. 1982. The passive in lexical theory. In J. Bresnan (ed.). 1982. *The Mental Representation of Grammatical Relations*. Cambridge, MA: The MIT Press.

28. Bresnan, J. 2001. *Lexical-Functional Syntax*. Malden: Blackwell.

29. Celce-Murcia, M. & D. Larsen-Freeman. 1999. *The Grammar Book: An ESL/EFL Teacher's Course*. Boston: Heinle & Heinle.

30. Chan, A.Y.W. 2004. Syntactic transfer: Evidence from the interlanguage of Hong Kong Chinese ESL learners. *The Modern Language Journal* 88/1: 56–74.

31. Chen, D. 1996. Acquisition of english psych verbs by native speakers of Chinese & French. PhD dissertation. McGill University.

32. Chen, Chun-yin D. & Huang, Hsin-yi C. 2006. Is it difficult to acquire subjacency and the ECP? *Taiwan Journal of Linguistics* 4/1: 89–130.

33. Chen, J. P. 2005. *Studies of EFL Learning in China*. Beijing: Higher Education Press.

34. Chomsky, N. 1981. *Lectures on Government and Binding*. Dordrecht: Foris.

35. Chomsky, N. 1988. *Language and Problems of Knowledge: The Managua Lectures*. Cambridge, MA: The MIT Press.

36. Chomsky, N. 1991. Linguistics and adjacent fields: A personal view. In A. Kasher (ed.). 1991. *The Chomskyan Turn*. Cambridge, MA: Basil Blackwell. pp. 3–25.

37. Chomsky, N. 1991. Some notes on economy of derivation and representation. In R. Freidin (ed.). 1991. *Principles and Parameters in Comparative Grammar*. Cambridge, MA: The MIT Press. pp. 417–454.

38. Chomsky, N. 1993. A minimalist program for linguistic theory. In K. Hale & S. J. Keyser. (eds.). *The View from Building 20: Essays in Linguistics in Honor of Sylvain Bromberger*. Cambridge, MA: The MIT Press.

39. Chomsky, N. 1995. *The Minimalist Program*. Cambridge, MA: The MIT Press.

40. Chomsky, N. 1998. Minimalist inquiries: The framework. *MIT Working Papers in Linguistics* No.15.

41. Chomsky, N. 1999. Derivation by phase. *MIT Occasional Papers in Linguistics. MIT Working Papers in Linguistics* No. 18.

42. Chomsky, N. 2001. Beyond explanatory adequacy. *MIT Occasional Papers in Linguistics* No. 20.

43. Chomsky, N. 2005a. Three factors in language design. *Linguistic Inquiry* 36: 1–22.

44. Chomsky, N. 2005b. On Phases. Unpublished ms.: MIT.

45. Chomsky, N. 2006. Approaching UG from Below. Unpublished ms.: MIT.

46. Chomsky, N. & M. Halle. 1968. *The Sound Pattern of English*. New York: Harper & Row.

47. Clahsen, H. & U. Hong. 1995. Agreement and null subjects in German L2 development: New evidence from reaction-time experiments. *Second Language Research* 11: 57–87.

48. Clahsen, H. & P. Muysken. 1986. The availability of universal grammar to adult and child learners—a study of the acquisition of German word order. *Second Language Research* 2/2: 93–119.

49. Clahsen, H. & P. Muysken. 1989. The UG paradox in L2 acquisition. *Second Language Research* 5/1: 1–29.

50. Cole, P. 1987. Null objects in universal grammar. *Linguistics Inquiry* 18/4: 597–612.

51. Comrie, B. 1976. *Aspect*. New York: CUP.

52. Cook, V. & M. Newson. 1996. *Chomsky's Universal Grammar: An Introduction* (2nd ed). Oxford: Basil Blackwell.

53. Cook, V. 2000. The innateness of a universal grammar principle in L2 users of English. Essex working papers. November, 2000.

54. Corder, S.P. 1967. The significance of learner's errors. *International Review of Applied Linguistics* 5/4: 161–169.

55. Costa, J. 1997. On the behavior of adverbs in sentence-final context. *The Linguistic Review* 14 /1: 43–68.

56. Croft, W. 1993. Case marking and the semantics of mental verbs. In J. Pustejovsky (ed.). *Semantics and the Lexicon*. Netherlands: Kluwer

Academic Publishers.

57. Crystal, D. 2002. *A Dictionary of Linguistics and Phonetics*. Beijing: The Commercial Press.

58. DeCarrico, J. 1986. Tense, aspect and time in the English modality. *TESOL Quarterly* 20: 665–682.

59. DeKeyser, R. 2003. Implicit and explicit learning. In C. Doughty & M. Long (eds.). 2003. *The Handbook of Second Language Acquisition*. Malden, MA: Blackwell Publishing Ltd. pp. 313–348.

60. Dekeyser, R. M. 1997. Beyond explicit rule learning: Automatizing second language morphosyntax. *Studies in Second Language Acquisition* 19:195–221.

61. DiDesidero, L. B. 1999. Psych verbs: acquisition, lexical semantics, and event structure. PhD dissertation. Northwestern University.

62. Doughty, C. 1991. Second language instruction does make a difference: Evidence from an empirical study of second language relativization. *Studies in Second Language Acquisition* 13/4: 431–469.

63. Doughty, C. & J. Williams. 1998. Pedagogical choices in focus on form. In C. Doughty & J. Williams (eds.). *Focus on Form in Classroom Second Language Acquisition*. Cambridge: CUP. pp. 197–261.

64. Doughty, C. & M. Long (eds.). 2003. *The Handbook of Second Language Acquisition*. Malden, MA: Blackwell Publishing Ltd.

65. Dowty, D. 1979. *Word Meaning and Montague Grammar*. Dordrecht: Reidel.

66. Dube, B. 2000. Where are the minimal trees? Evidence from early Zulu L2 subordination. *Second Language Research* 16:233–265.

67. Dulay, H. & M. Burt. 1973. Should we teach children syntax? *Language learning* 23: 245–258.

68. Dulay, H. & M. Burt. 1974. Natural sequences in child second language acquisition. *Language Learning* 24: 37–53.

69. Eckman, F. 1977. Markedness and contrastive analysis hypothesis. *Language Learning* 27/2: 315–330.

70. Ellis, N. 1994. Introduction: Implicit and explicit language learning: An overview. In N. Ellis (ed.). *Implicit and Explicit Learning of Languages*.

London: Academic Press. pp. 1–31.

71. Ellis, R. 1984. Can syntax be taught? A study of the effects of formal instruction on the acquisition of WH questions by children. *Applied Linguistics* 5: 138–155.

72. Ellis, R. 1994/1999. *The Study of Second Language Acquisition*. Oxford: OUP/Shanghai: Shanghai Foreign Language Education.

73. Elman, J., E. Bates, M. Johnson, A. Karmiloff-Smith & D. Paris. 1996. *Rethinking Innateness: A Connectionist Perspective on Development*. Cambridge: CUP.

74. Epstein, S., E. M. Groat, R. Kawashima & H. Kitahara. 1998. *A Derivational Approach to Syntactic Relations*. New York: OUP.

75. Epstein, S., S. Flynn & G. Martohardjono. 1996. Second language acquisition: Theoretical and experimental issues in contemporary research. *Brain and Behavioral Sciences* 19: 677–758.

76. Eubank, L. 1993/1994. On the transfer of parametric values in L2 development. *Language Acquisition* 3/3:183–208.

77. Eubank, L. 1994. Optionality and the initial state in L2 development. In T. Hoekstra & B. Schwartz (eds.). 1994. *Language Acquisition in Generative Grammar*. Amsterdam: John Benjamins. pp. 369–388.

78. Eubank, L. 1996. Negation in early German-English interlanguage: More valueless features in the L2 initial state. *Second Language Research* 12/1: 73–106.

79. Eubank, L., J. Bischof, A. Huffstutler, P. Leek & C. West. 1997. "Tom eats slowly cooked eggs": Thematic verb-raising in L2 knowledge. *Language Acquisition* 6: 171–199.

80. Falk, Y. N. 1984. The English auxiliary system: A lexical-functional analysis. *Language* 60: 483–509.

81. Falk, Y. N. 2003. The English auxiliary system revisited. In M. Butt & T. H. King (eds.). *The Proceedings of the LFG03 Conference*. pp.184–204.

82. Felix, S. 1985. More evidence on competing cognitive systems. *Second Language Research* 1/1: 47–72.

83. Flynn, S. 1987. *A Parameter-setting Model of L2 Acquisition*. Dordrecht: Reidel.

84. Flynn, S. 1996. A parameter-setting approach to second language acquisition. In W. Ritchie & T. Bhatia (eds.).1996. *Handbook of Second Language Acquisition.* San Diego: Academic Press. pp.121–158.

85. Frank, A. & A. Zaenen. 2002. Tense in LFG: Syntax and morphology. In H. Kamp & U. Reyle (eds.). *How We Say WHEN It Happens: Contributions to the Theory of Temporal Reference in Natural Language.* Tübingen: Niemeyer.

86. Gass, S. 1984. A review of interlanguage syntax: Language transfer and language universal. *Language Learning* 34/2: 115–132.

87. Gass, S., I. Svetics & S. Lemelin. 2003. Differential effects of attention. *Language Learning* 53/3: 497–545.

88. Green, P. & K. Hecht. 1992. Implicit and explicit grammar: An empirical study. *Applied Linguistics* 13: 168–182.

89. Gregg, K. 1989. Second language acquisition theory: The case for a generative perspective. In S. Gass & J. Schachter (eds.). 1989. *Linguistic Perspectives on Second Language Acquisition.* Cambridge: CUP. pp.15–40.

90. Gregg, K. 1990. The variable competence model of second language acquisition and why it isn't. *Applied Linguistics* 11: 364–383.

91. Gregg, K. 1996. The logical and developmental problems of second language acquisition. In W. Ritchie & T. Bhatia (eds.). 1996. *Handbook of Second Language Acquisition.* San Diego: Academic Press. pp. 49–81.

92. Grondin, N. & L. White 1996. Functional categories in child L2 acquisition of French. *Language Acquisition* 5/1: 1–34.

93. Hakuta, K. 1974. A preliminary report on the development of grammatical morphemes in a Japanese girl learning English as a second language. *Working Papers on Bilingualism* 3: 18–43.

94. Hatakeyama,Y. 1998. Topic- and focus-topicalizations. *The Linguistic Review* 15/4: 341–359.

95. Harley, H. 1998. You are having me on: Aspects of have. In J. Gueron & A. Zribi-Hertz (eds.). 1998. *La grammaire de la possession.* Paris: Université Paris X-Nanterre. pp. 195–226.

96. Hatch, E. 1978. *Second Language Acquisition.* Rowley, MA: Newbury House.

97. Hauser, E. K. 1999. Explicit and incidental instruction and learner awareness. MA Thesis. University of Hawaii, May, 1999.

98. Hawkins, R. 1998. Explaining the difficulty of French gender attribution for speakers of English. Paper presented at the 8th annual EUROSLA Conference, Paris.

99. Hawkins, R. 2001. *Second Language Syntax: A Generative Introduction.* Oxford: Blackwell.

100. Hawkins, R. & Y. Chan. 1997. The partial availability of Universal Grammar in second language acquisition: The "failed functional features hypothesis". *Second Language Research* 13: 187–226.

101. Haznedar, B. 2001. The acquisition of the IP system in child L2 English. *Studies in Second Language Acquisition* 23: 1–39.

102. Haznedar, B. 2003a. Missing surface inflection in adult and child L2 acquisition. In J. M. Liceras et al. (eds.). *Proceedings of the 6th Generative Approaches to Second Language Acquisition Conference* (GASLA 2002). Somerville, MA: Cascadilla Proceedings Project. pp. 140–149.

103. Haznedar, B. 2003b. The status of functional categories in child second language acquisition: Evidence from the acquisition of CP. *Second Language Research* 19/1: 1–41.

104. Hendriks, H. 2000. The acquisition of topic marking in L1 Chinese and L1 and L2 French. *Studies in Second Language Acquisition* 22/3: 369–397.

105. Herschensohn, J. 2000. *The Second Time Around: Minimalism and L2 Acquisition.* Amsterdam: John Benjamins.

106. Herschensohn, J. 2001. Missing inflection in L2 French: accidental infinitives and other verbal deficits. *Second Language Research* 17/3: 273–305.

107. Hinkel, E. 1992. L2 tense and time reference. *TESOL Quarterly* 26: 557–571.

108. Hirakawa, M. 1995. L2 acquisition of English unaccusative constructions. In D. MacLaughlin & S. McEwen (eds.). *Proceedings of the Annual Boston University Conference on Language Development.* Vol.19: 291–302.

109. Huang, C.-T. James. 1984. On the distribution and reference of empty pronouns. *Linguistic Inquiry* 15: 531–574.

110. Hulstijn, J. H. 2003. Incidental and intentional learning. In C. Doughty & M. Long (eds.). 2003. *The Handbook of Second Language Acquisition.* Malden,

MA: Blackwell Publishing Ltd. pp. 349–381.

111. Hwang, Jong-Bai. 2000. Attention and second language acquisition: The role of detection in the L2 acquisition of English passives. PhD dissertation. University of Oregon.

112. Hyams, N. 1986. *Language Acquisition and the Theory of Parameters.* Dordrecht: Reidel.

113. Hyams, N. 1989. The null subject parameter in language acquisition. In O. Jaeggli & K. Safir (eds.). *The Null Subject Parameter.* Dordrecht: Kluwer. pp. 215–238.

114. Hyams, N. 1996. The underspecification of functional categories in early grammar. In H. Clahsen(ed.). 1996. *Generative Perspectives on Language Acquisition: Empirical Findings, Theoretical Considerations and Crosslinguistic Comparisons.* Amsterdam: John Benjamins. pp. 91–127.

115. Inoue, K. 1979. An analysis of the English present perfect. *Linguistics* 17: 561–589.

116. Izumu, S. & U. Lakshmanan. 1998. Learnability, negative evidence and the L2 acquisition of the English passive. *Second Language Research* 14: 62–101.

117. Jackendoff, R. 1990. On Larson's treatment of the double object constructions. *Linguistic Inquiry* 21/4: 427–456.

118. Jackendoff, R. 1990. *Semantics and Cognition.* Cambridge, MA: The MIT Press.

119. Jaeggli, O. & K. Safir. 1989. The null subject parameter and parametric theory. In O. Jaeggli & K. Safir (eds.). *The Null Subject Parameter.* Dordrecht: Klumer. pp. 215–238.

120. Johnson, J. & E. Newport. 1991. Critical period effects on universal properties of language: The status of subjacency in the acquisition of a second language. *Cognition* 39: 215–258.

121. Juffs, A. 1996. Semantics-syntax correspondences in second language acquisition. *Second Language Research* 12: 177–221.

122. Juffs, A. 2005. The influence of first language on the processing of wh-movement in English as a second language. *Second Language Research* 21/2: 121–151.

123. Kanno, K. 1996. The status of a nonparametrized principle in the L2 initial

state. *Language Acquisition* 5/4: 317–335.

124. Kanno, K. 1997.The acquisition of null and overt pronominals in Japanese by English speakers. *Second Language Research* 13/3: 265–287.

125. Kayne, R. 1994. *The Antisymmetry of Syntax*. Cambridge, MA: The MIT Press.

126. Kong, S. 2005. The partial access of universal grammar in second language acquisition: An investigation of the acquisition of English subjects by L1 Chinese speakers. *Journal of East Asian Linguistics* 14: 227–265.

127. Krashen, S. 1981. *Second Language Learning and Second Language Acquisition*. Oxford: Pergamon.

128. Krashen, S. 1982. *Principles and Practice in Second Language Acquisition*. Oxford: Pergamon.

129. Krashen, S. 1985. *The Input Hypothesis: Issues and Implications*. London: Longman.

130. Krashen, S. 1999. Seeking a role for grammar: A review of some recent studies. *Foreign Language Annals* 32: 245–257.

131. Lado, R. 1957. *Linguistics Across Cultures: Applied Linguistics for Language Teachers*. Ann Arbor, Michigan: The University of Michigan Press.

132. Lakoff, G. 1970. *Irregularities in Syntax*. New York: Holt, Rinehart & Winston.

133. Lakshmanan, U. 1993/1994. "The boy for the cookie"—some evidence for the nonviolation of the case filter in child second language acquisition. *Language Acquisition* 3/1: 55–91.

134. Lakshmanan, U. 1998. The generative study of second language acquisition. In S. Flynn, G. Martohardjono & W. O'Neil (eds.). 1998. *The Generative Study of Second Language Acquisition*. Mahwah, NJ: Lawrence Erlbaum. pp. 3–16.

135. Lakshmanan, U. & L. Selinker. 1994. The status of CP and the tensed complementizer that in the developing L2 grammars of English. *Second Language Research* 10: 25–48.

136. Lakshmanan, U. & L. Selinker. 2001. Analyzing interlanguage: how do we know what learners know? *Second Language Research* 17/4: 393–420.

137. Lardiere, D. 1998a. The case and tense in the "fossilized" steady state. *Second*

Language Research 14: 1–26.

138. Lardiere, D. 1998b. Dissociating syntax from morphology in a divergent end-state grammar. *Second Language Research* 14: 359–375.

139. Lardiere, D. 2000. Mapping features to forms in second language acquisition. In J. Archibald (ed.). 2000. *Second Language Acquisition and Linguistic Theory*. Oxford: Blackwell. pp. 102–128.

140. Lardiere, D. 2008. *Ultimate Attainment in Second Language Acquisition*. Mahwah, NJ: Lawrence Erlbaum.

141. Larsen-Freeman, D. 1975. The acquisition of grammatical morphemes by adult ESL students. *TESOL Quarterly* 9: 409–430.

142. Larsen-Freeman, D. 1976. An explanation for the morpheme acquisition order of second language learners. *Language learning* 26: 125–34.

143. Larsen-Freeman, D. & M. Long. 1991. *An Introduction to Second Language Acquisition Research*. London: Longman.

144. Larson, R. 1988. On the double object construction. *Linguistic Inquiry* 19/3: 335–391.

145. Larson, R. 1990. Double objects revisited: Reply to Jackendoff. *Linguistic Inquiry* 21/4: 589–632.

146. Lasnik, H. 1994. Verbal Morphology: Syntactic Structures Meets the Minimalist Program. Unpublished ms. University of Connecticut, Storrs.

147. Lasnik, H. 1999. On feature strength: Three minimalist approaches to overt movement. *Linguistic Inquiry* 30: 615–634.

148. Lee, Eun-Joo. 1998. Acquisition of English by Korean children: a longitudinal analysis. *Journal of Japan – Korea Association of Applied Linguistics* 2:113–136.

149. Leech, G. & J. Svartvik. 1975. *A Communicative Grammar of English*. Harlow: Longman Group Ltd.

150. Leow, R. 2001. Attention, awareness, and foreign language behavior. In R. Ellis (ed.). *Form-focused Instruction and Second Language Learning*. Malden, MA: Blackwell Publishers. pp.113–155.

151. Li, C. & S. Thompson. 1976. Subject and topic: A new typology of language. In C. Li (ed.). 1976. *Subject and Topic*. London/New York: Academic Press. pp. 457–489.

152. Li, P. & Y. Shirai. 2000. *The Acquisition of Lexical and Grammatical Aspect.* Berlin and New York: Mouton de Gruyter.

153. Liceras, J. 1985. The role of intake in the determination of learners' competence. In S. Gass & C. Madden (eds.). 1985. *Input in Second Language Acquisition.* Rowley, MA: Newbury House. pp. 23–58.

154. Liceras, J. 1997. The then and now of L2 growing pains. In L. Díaz & C. Pérez (eds.). *Views on the Acquisition and Use of a Second Language.* Barcelona: University Pompeu Fabra. pp. 65–85.

155. Liceras, J., H. Zobl & H. Goodluck. 2008. Introduction. In Liceras, Zobl & Goodluck (eds.). 2008. *The Role of Formal Features in Second Language Acquisition.* New York: Lawrence Erlbaum Associates.

156. Liceras, J., H. Zobl & H. Goodluck (eds.). 2008. *The Role of Formal Features in Second Language Acquisition.* New York: Lawrence Erlbaum Associates.

157. Lightbown, P. M. 1980. The acquisition and use of questions by French L2 learners. In S. Felix(ed.). *Second language Development: Trends and Issues.* Tübingen: Gunter Narr. pp.151–175.

158. Lightbown, P. M. 1988. Great expectations: Second language acquisition research and classroom teaching. *Applied Linguistics* 6/2:173–189.

159. Long, M. 2007. *Problems in Second Language Acquisition.* Mahwah, NJ: Lawrence Erlbaum Associates.

160. Marantz, A. 1995. The Minimalist Program. In G. Welbelhuth(ed.). *Government and Binding Theory and the Minimalist Program.* Oxford: Blackwell. pp: 349–382.

161. Mazurkewich, I. 1985. Syntactic markedness and language acquisition. *Studies in Second Language Acquisition* 7:15–35.

162. McLaughlin, B. 1990. Restructuring. *Applied Linguistics* 11: 1–16.

163. Montalbetti, M. 1984. After binding: On the interpretation of pronouns. PhD dissertation. MIT.

164. Montrul, S. 1998. The L2 acquisition of dative experiencer subjects. *Second Language Research* 14/1: pp. 27–61.

165. Montrul, S. 2001. First-language-constrained variability in the second language acquisition of argument-structure-changing morphology with causative verbs. *Second Language Research* 17/2: 144–194.

166. Müller, G. 1997. Partial wh-movement and optimality theory. *The Linguistic Review* 14/3: 249–306.

167. Nakajima, H. 1996. Complementizer selection. *The Linguistic Review* 13:143–164.

168. Nation, P. 1990. *Teaching and Learning Vocabulary.* New York: Newbury House.

169. Norris, J. M. & L. Ortega. 2001. Does type of instruction make a difference? Substantive findings from a meta-analytic review. In R. Ellis(ed.). 2001. *Form-Focused Instruction and Second Language Learning.* Oxford, UK: Blackwell Publishers. pp.157–213.

170. O'Grady, W. 1987. *Principles of Grammar and Learning.* Chicago: The University of Chicago Press.

171. Oshita, H. 2004. Is anything there when there is not there? Null expletives and second language data. *Second Language Research* 20: 95–130.

172. Otsu, Y. & K. Naoi. 1986. Structure dependence in L2 acquisition. Paper presented at J.A.C.E.T, Keio University, Tokyo (September, 1986), cited in L.White.1989. *Universal Grammar and Second Language Acquisition.* Amsterdam: John Benjamins. pp. 63–66.

173. Ouhalla, J. 1991. *Functional Categories and Parameteric Variation.* London: Routledge.

174. Ouhalla, J. 2001. *Introducing Transformational Grammar: From Principles and Parameters to Minimalism.* Beijing: Foreign Language Teaching and Research Press.

175. Park, H. 2004. A minimalist approach to null subjects and objects in second language acquisition. *Second Language Research* 20:1–32.

176. Pesetsky, D. 1987. Binding problems with experiencer verbs. *Linguistic Inquiry* 18: 126–140.

177. Pesetsky, D. 1995. *Zero Syntax: Experiencers and Cascades.* Cambridge, MA: MIT Press.

178. Phinney, M. 1981. Markedness and the development of COMP. In H.Goodluck & L. Solan (eds.). *Papers on Markedness and Learnability. University of Massachusetts Occasional Papers 6.* pp. 107–199.

179. Phinney, M. 1987. The pro-drop parameter in second language acquisition.

In T. Roeper & E. Williams (eds.). *Parameter Setting*. Dordrecht: D. Reidel Publishing Company. pp: 221–238.

180. Pienemann, M. 1989. Is language teachable? Psycholinguistic experiments & hypothesis. *Applied Linguistics* 10/1:52–79.

181. Pierce, A. 1992. *Language Acquisition and Syntactic Theory: A Comparative Analysis of French and English Child Grammars.* London/Boston: Kluwer.

182. Pollock, J. Y. 1989. Verb-movement, UG, and the structure of IP. *Linguistic Inquiry* 20: 365–424.

183. Postal, P. M. 1971. *Crossover Phenomena.* New York: Holt, Rinehart & Winston.

184. Prévost, P. & L. White. 2000. Missing surface inflection or impairment in second language? Evidence from tense and agreement. *Second Language Research* 16: 103–133.

185. Quirk, R., S. Greenbaum, G. Leech & J. Svartvik. 1989. *A Comprehensive Grammar of the English Language*（中译本）. 上海：华东师范大学出版社。

186. Radford, A. 1997. *Syntax: A Minimalist Introduction.* Cambridge: CUP.

187. Radford, A. 1988/2000. *Transformational Grammar: A First Course.* Beijing: Foreign Language Teaching and Research Press.

188. Richards, J. C., J. Platt & H. Platt. 2000. *Longman Dictionary of Language Teaching and Applied Linguistics.* Beijing: Foreign Language Teaching and Research Press.

189. Richards, J. C. & R. Schmidt. 1992/2003. *Longman Dictionary of Language Teaching and Applied Linguistics.* Longman Group UK Ltd./Beijing: Foreign Language Teaching and Research Press.

190. Richards, J. C. 1981. Introducing the progressive. *TESOL Quarterly*15: 391–402.

191. Riddle, E. 1986. Meaning and discourse function of the past in English. *TESOL Quarterly* 20: 267–286.

192. Ritchie, W. & T. Bhatia (eds.). 1996. *Handbook of Second Language Acquisition.* San Diego: Academic Press.

193. Ritchie, W. & T. Bhatia. 1996. Second language acquisition: Introduction, foundations, and overview. In W. Ritchie & T. Bhatia (eds.). 1996. *Handbook of Second Language Acquisition.* San Diego: Academic Press. pp.1–46.

194. Rizzi, L. 1994. Early null subjects and root null subjects. In B. Lust, G. Hermon & J. Kornfilt (eds.). *Syntactic Theory and First Language Acquisition: Cross Linguistic Perspectives Volume 2: Binding, Dependencies, and Learnability.* Hillsdale, NJ: Lawrence Erlbaum, 249–272.

195. Roberts, I. 1998. Have/be raising, move F, and procrastinate. *Linguistic Inquiry* 29: 113–125.

196. Robinson, P. 1995a. Attention, memory, and the "noticing" hypothesis. *Language Learning* 45: 283–331.

197. Robinson, P. 1995b. Aptitude, awareness and the fundamental similarity of implicit and explicit second language learning. In R. Schmidt (ed.). 1995. *Attention and Awareness in Foreign Language Learning.* Honolulu: University of Hawaii Press. pp. 303–357.

198. Robinson, P. 2003. Attention and memory during SLA. In C. Doughty & M. Long (eds.). 2003. pp. 631–678.

199. Robinson, R. 1990. The primacy of aspect: Aspectual marking in English interlanguage. *Studies in Second Language Acquisition* 12: 315–330.

200. Roebuck, R. F., M. A. Martínez-Arbelaiz & J. I. Pérez-Silva. 1999. Null subjects, filled CPs and L2 acquisition. *Second Language Research* 15: 251–282.

201. Roeper, T. & J. Weissenborn. 1990. How to make parameters work. In L. Frazier & J. de Villiers (eds.). *Language Processing and Language Acquisition.* Dordrecht: Kluwer, 147–162.

202. Rosa, E. & M. O'Neill. 1999. Explicitness, intake, and the issue of awareness. *Studies of Second Language Acquisition* 21: 511–556.

203. Rosansky, E. J. 1976. Methods and morphemes in second language acquisition research. *Language Learning* 26: 409–425.

204. Rosch, E. 1973. On the internal structure of perceptual and semantic categories. In T. Moore (ed.). *Cognitive Development and the Acquisition of Language.* New York: Academic Press. pp.111–144.

205. Rothman, J. 2005. On adult accessibility to universal grammar in second language (L2) acquisition: Some evidence from the L2 acquisition of Spanish. PhD dissertation. University of California.

206. Rule, S. & E. Marsden. 2006. The acquisition of functional categories in early

French second language grammars: the use of finite and non-finite verbs in negative contexts. *Second Language Research* 22/2: 188–218.

207. Rutherford, W. & M. Sharwood Smith. 1985. Consciousness-raising and universal grammar. *Applied Linguistics* 6: 274–282.

208. Saito, Y. 2003. Japanese learners' linking problems with English psych verbs. *Linguistics* 7: 125–144.

209. Salaberry, M. R. 2000. *The Development of Past Tense Morphology in L2 Spanish*. Amsterdam and Philadelphia: John Benjamins.

210. Saunders, N. J. 1983. "Will you get off this plane somewhere?" form and function in the L2 acquisition of English by adult Japanese. *Occasional Papers — Applied Linguistics Association of Australia* 6: 66–83.

211. Schachter, J. 1974. An error in error analysis. *Language Learning* 24/2: 205–214.

212. Schachter, J. 1988. Second language acquisition and its relationship to Universal Grammar. *Applied Linguistics* 9/3: 219–234.

213. Schachter, J. 1989. Testing a proposed universal. In S. Gass & J. Schachter (eds.). *Linguistic Perspective on Second Language Acquisition*. Cambridge: CUP.

214. Schachter, J. 1996. Maturation and the issue of UG in second language acquisition. In W. Ritchie & T. Bhatia (eds.). 1996. *Handbook of Second Language Acquisition*. San Diego: Academic Press. pp.159–193.

215. Schmidt, R. 1983. Interaction, acculturation and the acquisition of communication competence. In N. Wolfson & E. Judd (eds.). *Sociolinguistics and Second Language Acquisition*. Rowley, MA: Newbury House.

216. Schmidt, R. 1990. The role of consciousness in second language learning. *Applied Linguistics* 11: 129–58.

217. Schmidt, R. 1993. Awareness and second language acquisition. *Annual Review of Applied Linguistics* 13: 206–226.

218. Schmidt, R. 1995. Consciousness and foreign language learning: A tutorial on the role of attention and awareness in learning. In R. Schmidt (ed.). 1995. *Attention and Awareness in Foreign Language Learning*. Honolulu: University of Hawaii Press. pp. 1–63.

219. Schwartz, B. D. 1992. Testing between UG-based and problem-solving

models of L2A: Developmental sequence data. *Language Acquisition* 2/1:1–19.

220. Schwartz, B. D. 1993. On explicit and negative data effecting and affecting competence and linguistic behaviour. *Studies in Second Language Acquisition* 15:147–163.

221. Schwartz, B. D. & R. A. Sprouse. 1994. Word order and nominative case in nonnative language acquisition: a longitudinal study of (L1 Turkish) German interlanguage. In T. Hoekstra & B. D. Schwartz (eds.). *Language Acquisition Studies in Generative Grammar*. Amsterdam: John Benjamins. pp. 317–368.

222. Schwartz, B. D. & R. A. Sprouse. 1996. L2 cognitive states and the full transfer/full access model. *Second Language Research* 12: 40–72.

223. Seliger, H. W. 1989. Semantic transfer constraints in foreign language speakers' reactions to acceptability. In H. W. Dechert & M. Raupach (eds.). 1989. *Transfer in Language Production*. Norwood, NJ: Ablex Publishing Corporation.

224. Selinker, L. 1972. Interlanguage. *International Review of Applied Linguistics* 10/3﹕209–231.

225. Sharwood Smith, M. 1981.Consciousness raising and the second language learner. *Applied Linguistics* 2:159–168.

226. Sharwood Smith, M. 1993. Input enhancement in instructed SLA: Theoretical based. *Studies in Second Language Acquisition* 15: 165–179.

227. Shirai, Y. & R. W. Andersen. 1995. The acquisition of tense-aspect morphology: A protoytype account. *Language* 71: 743–762.

228. Slabakova, R. 2002. Recent research on the acquisition of aspect: An embarrassment of riches? *Second Language Research* 18/2: 172–188.

229. Smith, C. S. 1991. *The Parameter of Aspect*. Dordrecht: Kluwer.

230. Smith, N. V. & I. M. Tsimpli.1995. *The Mind of a Savant: Language Learning and Modularity*. Oxford: Blackwell.

231. Sobin, N. 1997. Agreement, default rules, and grammatical viruses. *Linguistic Inquiry* 28: 318–343.

232. Stowell, T. 1981. Origins of phrase structure. PhD dissertation. MIT.

233. Stroik, T. 1990. Adverbs as V-sisters. *Linguistic Inquiry* 21/4: 654–661.

234. Stromswold, K. 1991. Learnability and the acquisition of auxiliary and copula

be. In R. Daly & A. Riehl (eds.). *Proceedings — Eastern States Conference on Linguistics* (ESCOL) 8: 335–346.

235. Stern, H. H. 1983/1999. *Fundamental Concepts of Language Teaching.* Oxford: OUP/Shanghai: Shanghai Foreign Language Education Press.

236. Swain, M. 1985. Communicative competence: Some roles of comprehensible input and comprehensible output in its development. In S. Gass & C. Madden (eds.). *Input in Second Language Acquisition.* Rowley, MA: Newbury House. pp. 235–253.

237. Terrel, T. 1991. The role of grammar instruction in a communicative approach. *Modern Language Journal* 75: 52–63.

238. Tomlin, R. & V. Villa. 1994. Attention in cognitive science and second language acquisition. *Studies in Second Language Acquisition* 16: 183–203.

239. Tsimpli, I. M. & M. Dimitrakopoulou. 2007. The Interpretability Hypothesis: Evidence from wh-interrogatives in second language acquisition. *Second Language Research* 23: 215–242.

240. Tsimpli, I. M. & A. Roussou. 1991. Parameter-resetting in L2? *UCL Working Papers in Linguistics* 3: 149–169.

241. Uziel, S. 1993. Resetting universal grammar parameters: Evidence from second language acquisition of subjacency and the Empty Category principle. *Second Language Research* 9/1: 49–83.

242. Vainikka, A. & M. Young-Scholten.1994. Direct access to X-bar theory: Evidence from Korean and Turkish adults learning German. In T. Hoekstra & B.D.Schwartz (eds.). *Language Acquisition Studies in Generative Grammar.* Amsterdam: John Benjamins. pp. 265–316.

243. Vainikka, A. & M. Young-Scholten. 1996a. Gradual development of L2 phrase structure. *Second Language Research* 12/1: 7–39.

244. Vainikka, A. & M. Young-Scholten. 1996b. The early stages in adult L2 syntax: Additional evidence from Romance speakers. *Second Language Research* 12: 140–176.

245. Vainikka, A. & M. Young-Scholten. 1998a. Morphosyntactic triggers in adult SLA. In M. Beck (ed.). *Morphology and Its Interface in L2 Knowledge.* Amsterdam: John Benjamins. pp.89–113.

246. Vainikka, A. & M. Young-Scholten. 1998b. The initial state in the L2

acquisition of phrase structure. In S. Flynn, G. Martohardjono & W. O'Neil (eds.). *The Generative Study of Second Language Acquisition*. Mahwah, NJ: Lawrence Erlbaum Associates. pp. 17–34.

247. Valian, V. 1991. Syntactic subjects in the early speech of American and Italian children. *Cognition* 40: 21–81.

248. Valian, V. 1992. Categories of first syntax: be, be+ing, and nothingness. In J. M. Meisel (ed.). *The Acquisition of Verb Placement: Functional Categories and V2 Phenomena in Language Acquisition*. Dordrecht: Kluwer Academic Publishers. pp. 401–422.

249. Valian, V. 1994. Children's postulation of null subjects: parameter setting and language acquisition. In B. Lust, G. Hermon & K. Kornfilt (eds.). 1994. *Syntactic Theory and First Language Acquisition: Cross Linguistic Perspectives Volume 2: Binding, Dependencies, and Learnability*. Hillsdale, NJ: Lawrence Erlbaum. pp. 273–286.

250. van Gelderen, E. 2005. The tenses and aspects of English. Online article on Mar. 20, 2005 : http//cla.calpoly.edu/~jrubba/syn/Syntax_tense.html

251. Wang, Q., D. Lillo-Martin, C.T. Best & A. Levitt. 1992. Null subject versus null object: Some evidence from the acquisition of Chinese and English. *Language Acquisition* 2: 221–254.

252. Weist, R. M., H. Wysocka, K. Witkowska-Stadnic, W. Buczowska & E. Konieczna. 1984. The defective tense hypothesis: On the emergence of tense and aspect in child Polish. *Journal of Child Language* 11: 347–374.

253. White, L. 1985. The prodrop parameter in adult second language acquisition. *Language Learning* 35: 47–62.

254. White, L. 1986. Implications of parametric variation for adult second language acquisition: An investigation of the pro-drop parameter. In V. J. Cook (ed.). *Experimental Approaches to Second Language Acquisition*. Oxford: Pergamon Press. pp. 55–72.

255. White, L. 1988. Island effects in second language acquisition. In S. Flynn & W. O'Neil (eds.). *Linguistic Theory in Second Language Acquisition*. Dordrecht: Kluwer Academic Publishers. pp. 144–172.

256. White, L. 1989. The principle of adjacency in second language acquisition: do L2 learners observe the subset principle? In S. Gass & J. Schachter (eds.).

1989. *Linguistic Perspectives on Second Language Acquisition.* Cambridge: CUP. pp. 134–158.

257. White, L. 1989. *Universal Grammar and Second Language Acquisition.* Amsterdam: John Benjamins.

258. White, L. 1990/1991. The verb-movement parameter in second language acquisition. *Language Acquisition* 1/4: 337–60.

259. White, L. 1991. Adverb placement in second language acquisition: Some effects of positive and negative evidence in the classroom. *Second Language Research* 7/2:133–161.

260. White, L. 1995. Psych verbs and the T/SM restrictions: What do L2 learners know? In P. Koskinen (ed.). *Proceedings of the 1995 Annual Conference of the Canadian Linguistic Association: Toronto Working Papers in Linguistics.* pp. 615–625.

261. White. L. 1996. Universal grammar and second language acquisition: Current trends and new directions. In W. Ritchie & T. Bhatia (eds.). *Handbook of Second Language Acquisition.* New York: Academic Press. pp. 85–120.

262. White, L. 2003a. On the nature of interlanguage representation: Universal Grammar in the second language. In C. Doughty & M. Long (eds.). 2003. *The Handbook of Second Language Acquisition.* Malden, MA: Blackwell Publishing Ltd. pp.19–42.

263. White, L. 2003b. *Second Language Acquisition and Universal Grammar.* Cambridge: CUP.

264. White, L. & N. Spada. 1991. Input enhancement and L2 question formation. *Applied Linguistics* 12/4: 417–432.

265. White, L., S. Montrul, M. Hirakswa, D. Chen, J. Bruhn-Garavito & C. Brown. 1998. Zero morphology and the T/SM restriction in L2 acquisition of psych verbs. In Maria-Luise Beck (ed.). 1998. *Morphology and Its Interface in Second Language Knowledge.* Amsterdam: John Benjamins.

266. Xu, L-J. 1986. Free empty category. *Linguistic Inquiry* 17: 75–93.

267. Xu, L-J & D.T. Langendoen. 1985. Topic structure in Chinese. *Language* 61/1: 1–27.

268. Yip, V. 1995. *Interlanguage and Learnability: From Chinese to English.* Amsterdam/Philadephia: John Benjamins.

269. Young-Scholten, M. 1999. Focus on form and linguistic competence: Why Krashen is still right. Paper presented at the Annual Conference of the American Association for Applied Linguistics, Stamford, Connecticut. March, 1999.

270. Yuan, B-P. 1995. Acquisition of base-generated topics by English-speaking learners of Chinese. *Language Learning* 45/4: 567–603.

271. Yuan, B-P. 1997. Asymmetry of null subjects and null objects in Chinese speakers' L2 English. *Second Language Research* 19: 467–497.

272. Zobl, H. 1989. Canonical typological structures and ergativity in English L2 acquisition. In S. Gass & J. Schacter (eds.). *Linguistic perspectives on second language acquisition.* Cambridge: CUP. pp. 203–221.

273. Zobl, H. & J. Liceras. 1994. Functional categories and acquisition order. *Language Learning* 44: 150–180.

274. 蔡金亭，1998a，汉语主题突出特征对中国学生英语作文的影响，《外语教学与研究》第 4 期。

275. 蔡金亭，1998b，母语迁移与主题突出结构，《解放军外语学院学报》第 6 期。

276. 蔡金亭，2000，中国学生英语过渡语中的作格动词——一项实证研究，《外语教学与研究》第 4 期。

277. 蔡金亭，2002，英语过渡语中的动词屈折变化——对情状体优先假设的检验，《外语教学与研究》第 2 期。

278. 蔡金亭，2003，《语言因素对英语过渡语中使用一般过去时的影响》，北京：外语教学与研究出版社。

279. 蔡金亭，2004，时体习得的变异研究，《外语教学与研究》第 5 期。

280. 蔡 芸，2002，话题结构迁移——英语表达中主语丢失现象分析，《外语教学》第 4 期。

281. 陈万霞，2002，从中国学习者英语语料库看英语被动语态习得，《外语教学与研究》第 3 期。

282. 陈国华，2006，中国学习者心理谓词 worry 的词汇使役用法习得研究，《英语辅导》（疯狂英语教师版）第 7 期。

283. 陈国华、周榕，2006，基于语料库的使役性心理谓词的习得比较研究，《解放军外国语学院学报》第 4 期。

284. 戴曼纯，1996，"自然习得顺序"质疑，《外语教学与研究》第 4 期。

285. 戴曼纯，1998a，普遍语法可及性三假说，《外语教学与研究》第1期。

286. 戴曼纯，1998b，论中介语系统中的接口问题，《国外外语教学》第1期。

287. 戴曼纯，1999，中介语可变性之争及其意义，《外语与外语教学》第1期。

288. 戴曼纯，2002，广义左向合并理论——来自附加语的证据，《现代外语》第2期。

289. 戴曼纯，2003，《最简方案框架下的广义左向合并理论研究》，北京：外语教学与研究出版社。

290. 戴曼纯，2006，《第二语言习得的语言学视角》导读，载 S. Gass & J. Schachter (eds.). 2006/1989. *Linguistic Perspectives on Second Language Acquisition* [C]. 北京：世界图书出版公司 /Cambridge: CUP.

291. 戴曼纯、高海英，2004，从英语限定性关系从句看外置与"不移动"，《外语学刊》第3期。

292. 戴曼纯、高海英，2004a，中国学生英语关系从句外置结构的习得——显性教学与隐性教学实证研究，《外语教学与研究》第6期。

293. 邓思颖，2003，《汉语方言语法的参数理论》，北京：北京大学出版社。

294. 樊长荣、林海，2002，中国学生英语时体习得中的两大"误区"，《外语教学与研究》第6期。

295. 顾 阳，1997，关于存现结构的理论探讨，《现代外语》第3期。

296. 韩景泉，2001，英汉存现句的生成语法研究，《现代外语》第2期。

297. 何晓炜，2004，核心功能语类与汉英两种语言的结构差异研究，《外国语》第5期。

298. 金积令，1991，英汉语主题结构的对比研究，《外国语》第2期。

299. 刘丰，2003，英语跨语言写作中的话题化，《中国矿业大学学报（社会科学版)》第3期。

300. 唐晋湘，2004，从中国英语学习者习得英语反身代词看第二语言的句法习得，《外语研究》第6期。

301. 王初明，2001，解释二语习得，连接论优于普遍语法，《外语界》第1期。

302. 王文斌，2000，中国高级英语学习者对英语反身代词的习得，《外语教学与研究》第1期。

303. 吴红岩，2004，成人二语习得中邻接原则的可及性研究，《外语教学与研究》第 6 期。

304. 熊建国，2003，英语专业学生英语时体的形式和意义习得研究，《解放军外国语学院学报》第 1 期。

305. 许菊，2004，标记性与母语迁移，《解放军外国语学院学报》第 2 期。

306. 吴红岩，2004，成人二语习得中邻接原则的可及性研究，《外语教学与研究》第 6 期。

307. 徐烈炯、刘丹青，1998，《话题的结构与功能》，上海：上海教育出版社。

308. 杨贝，2003，中国英语学习者与本族语学生写作中 HAVE 用法比较，《外语教学》第 2 期。

309. 杨彩梅、肖云南、戴曼纯，2004，从寄生语缺知识的调查结果看语言习得的逻辑问题及语言的共性，《外语教学与研究》第 3 期。

310. 杨素英、黄月圆、孙德金，1999，汉语作为第二语言的体标记习得，《中文教师学会学报》第 1 期。

311. 杨素英等，1999，汉语作为第二语言的体标记习得，《中文教师学会学报》第 19 期。

312. 杨小璐，2001，中国学生英语习得中的触发性素材，《外语教学与研究》第 1 期。

313. 袁博平，2003，第二语言习得的普遍失败应归咎于功能语类吗？《外语教学与研究》第 4 期。

314. 张爱玲、苏晓军，2002，话题突显结构与汉英中间语，《外国语》第 4 期。

315. 张京鱼，2001，汉语心理动词及其句式，《唐都学刊》第 1 期。

316. 张京鱼，2002，The acquisition of psych predicates by Chinese speaking learners of English: A semantic salience hierarchy model. PhD dissertation. Guangzhou: Guangdong University of Foreign Studies.

317. 张京鱼、问小娟，2004，Animacy as a cognitive strategy in the acquisition of psych adjectives by middle school students. Shanxi: Shanxi Normal University.

318. 张京鱼、张长宗、问小娟，2004，有生性在中学生英语心理动词习得中的认知作用，《外语教学与研究》第 5 期。

319. 郑超，2003，IP 外名词性结构及其在二语习得中的初始重组，《现代外语》第 2 期。